樊昀瑛◎编著

做个懂心理 会沟通 会交际的女人

中国纺织出版社

内 容 提 要

女人闯荡社会，要有非凡的智慧才能让自己更加顺心。本书从女性的视角出发，以轻松睿智的笔触进行层层分析，以上、中、下三篇的形式配以多角度多层次的贴近生活的案例进行阐述，为女性解读读心、沟通和处世的方法与诀窍。这是一本全面、实用、精致的女性社交能力提升读本，可以帮助女人提升自身修养，成就其事业、家庭和婚姻的美满、幸福。

图书在版编目（CIP）数据

做个懂心理会沟通会交际的女人／樊昀瑛编著.—北京：中国纺织出版社，2015.3（2024.1重印）

ISBN 978-7-5180-1378-4

Ⅰ.①做…　Ⅱ.①樊…　Ⅲ.①女性—心理交往—通俗读物　Ⅳ.①C912.1-49

中国版本图书馆CIP数据核字（2015）第026207号

责任编辑：闫　星　　责任印制：储志伟

中国纺织出版社出版发行

地址：北京市朝阳区百子湾东里A407号楼　邮政编码：100124

销售电话：010—67004422　传真：010—87155801

http://www.c-textilep.com

E-mail:faxing@c-textilep.com

中国纺织出版社天猫旗舰店

官方微博 http://weibo.com/2119887771

永清县晔盛亚胶印有限公司印刷　各地新华书店经销

2015年3月第1版　2024年1月第3次印刷

开本：710×1000　1/16　印张：16

字数：214千字　定价：48.00元

Preface

女人想要在如今的社会中立身处世，必须要学会和形形色色的人打交道，学会巧妙地处理各种各样的突发事件。社会是一个由人组成的关系网，每个人都要在这个“网”中活动，如果不能自如地和他人打交道，不懂得如何与他人沟通，不知道如何做事、处世，那么在这个竞争激烈的社会上将寸步难行。

女人在这个社会上安身立命的一种本领便是懂心理，要能够读懂人心，能够从别人的言语、神态、一举一动中揣摩出对方的思想、心理和目的，并且第一时间做出反应，想出对策。有些人在与他人交往的过程中会将自己的真心掩藏起来，语言上的委婉、脸上的表情“面具”都让人很难一下子了解对方。因而学会分析心理，对于女人来说是尤其重要的。当然，由于大多数女人先天拥有细密的心思和敏感的直觉，在读懂人心方面有着先天的优势，所以再加上适当的方法，一定能够让自己事半功倍，快速读懂他人，理解对方意思，从而使自己迅速适应社会，融入社会，为自己成功助一臂之力。

女人与人相处，懂心理只是了解他人的一种方式，而真正要和他人打交道，还是要通过沟通来完成的。如何能更有效地和别人沟通，也是一门不小的学问。会沟通的女人不费吹灰之力就能让自己达到目的，不会沟通的女人不仅自己的目标完成不了，还会因为自己的不会说话而得罪很多人。会沟通的女人在生活中不仅人缘好，而且会办事得力，而不会沟通无疑会成为女人成功路上最大的绊脚石。

此外，女人要想在社会上左右逢源，仅仅能够读懂他人、能够顺利地与人沟通还是不够的，更重要的是学会如何交际。同样的世界，同样要生存，同样要发展，有的女人在忙碌的生活中丢失了自己，不知道如何更好地生存下去；而那些熟稔处世原则、能够从容打理人际关系的女人却能够在奋力打拼的同时享受生活，她们是聪明的女人。阅历的增加让女人知晓了人世间的复杂，经验的增加让女人有了更好的处世观。一个会处世的女人会在这个复杂的社会中找到最适合自己的应对方法，让自己游刃有余地游走于各种交际场合。

你是怎样的女人，你想做怎样的女人呢？如果你想更多地了解女人交际的技巧，请阅读本书吧；如果你想做一个懂心理、会沟通、会交际的八面玲珑的女人，请阅读本书吧。通过阅读本书，你可以学会和形形色色的人打交道而又从容自得，处理纷繁复杂的事而又身心愉悦，忙忙碌碌的处世而又目标明确。通过阅读这本书，你可以更有效地和别人沟通，可以在各种场合都优雅自然、落落大方。耐心读完本书，你就会成为人人羡慕的交际高手！

编著者

2014 年 12 月

Contents

上篇：女人懂心理，知人知面更知心

中篇：女人会沟通，愉快交流受人欢迎

下篇：女人会交际，不被欺负处世易

※上篇※

女人懂心理，知人知面更知心

第1章

女人懂心理，不被假象蒙蔽双眼

人心复杂。很多人都将自己的真实心意掩藏在心底，女人在社会上行走，如果看不透对方的内心，很容易会被对方的假象所迷惑。女人对他人的认知，不能仅仅停留在对方言语、表情等表象上，而应该学会识别他人的内心，因此掌握一些识人小技巧是必要的，这样，女人就容易分辨出对方是个什么样的人了。

懂点心理让生活更澄澈

人们经常说的一句话是:“世事难料,人心难测。”人心是最难读懂的,就像人们经常说的“知人知面不知心”。

女人要想读懂人心,不是件容易的事,因为每个人都不同,想要看穿他人就得花费很长的时间,毕竟日久见人心。但是现实条件往往不会允许女人以这种慢工出细活的速度去读懂一个人的内心,要想迅速读懂一个人的内心,就应该在与其相处期间仔细观察对方的所作所为,从对方做事的小细节以及他对某件事的一些态度上看出对方的内心。在这里,女人可以借鉴古代名人贤士的一些识人策略。

我国最著名的识人心的方法有三种,分别是战国初期魏国政治家李悝的“五视法”,秦朝吕不韦的“六验法”,还有三国时期诸葛亮的“七观法”。这三种识人法各有侧重,是从不同方面教人读心的。李悝的“五视法”侧重的是在不同的环境中观察一个人的表现,看他是否有好的操守,主要就是观察对方的品行是高尚还是低劣;吕不韦的“六验法”,主要是看人在不同情绪时的行为表现;诸葛亮的“七观法”,是有目的地和对方进行交谈,从中达到识人的目的。

从古代这些仁人贤士的识人经验中,我们可以总结出现代女人如何快速识别人心的方法:

(1)看这个人生活的环境。他是处在一个文明守法的居住环境里,还是生活在一个肮脏混乱的环境里,环境可以影响一个人,包括这个人的语言、行为以及人生观、价值观。生活环境可以间接地向人们透露这个人的一些信息。

(2)看这个人所交的朋友。物以类聚,人以群分,一个人的朋友可以直接反映这个人,不管是品位,还是操守,这些都是最好的参考。

(3)看这个人在情绪起伏时的表现。在高兴的时候,是容易得意忘形,

还是喜不形于色；在悲伤的时候，是怨天尤人，还是控制自己悲伤的情绪；在生气的时候，是乱发脾气，还是努力克制自己；在他富裕的时候，是毫无节制地乱花钱，还是淡然对待金钱。就是在这些细节中，一个人才能将自己的内心显示得清清楚楚。

(4)看一个人在财富面前的表现。是秉公执法，为人清廉，还是想方设法地将不义之财甚至是公家财产据为己有。

(5)看这个人的举止谈吐。一个人的举止谈吐往往会反映这个人的修养程度和能力高低。在和对方的谈话中，女人有目的地询问对方对一些事情的看法，注意对方的用词和对事情的看法，这些情况都可以折射出一个人内心的真实想法。

女人要想识别人心不是通过一两句话就能将对方看清楚的，有些人是善于伪装的，他们会将自己的真实想法包裹在一个虚伪的“壳子”里，所以女人要想读懂对方的心理，就应该从对方谈话处世的细节中去探知对方的内心，无意识的行为和说辞往往更能显示一个人的内心。

人心不是一个短小精悍的故事，不是一篇情意绵绵的小说，而是一部耐人寻味的“大部头图书”，每次读都会有不同的感悟，不同的人读会有不同的感悟。女人要想更好地读懂人心，就应该时时读，反复读，每个人都是有不同面的，女人今天读懂的可能仅是对方的一个小侧面，明天再读，又会读懂另一方面。

读懂人心，女人的生活会更澄澈，更少是非，更多精彩。希望天下的每个女人都能通过本书成为读心高手。

看透伪装，女人不被假象迷惑

人都是善于“伪装”的，尤其是在一些庄重的场合下，为了给别人留个好印象，有些人经常会将自己真实的一面隐藏起来，用假象来蒙蔽对方的双眼。女人在识人的时候，要学会透过假象看到对方真实的一面。

社会上的一些小人，经常是打着漂亮的旗号将自己的内心隐藏起来，有些人在人前会表现得非常能干，但是在别人看不见的地方，就懒惰得不得了；有些人在人前让自己表现得非常有责任心，但是转个身就连自己的职责都分不清了；有些人喜欢在别人面前吹嘘自己，将自己说成是天上有、地上无的一类人，这种人的吹嘘功夫经常会勾起别人的羡慕之心。但这些都是假象，女人应该学会透过这些假象看到他们真实的本质。

古人曾经说过："事之至难，莫如知人。"人世间最难做的事往往就是读懂一个人，人心本来就是很难读懂的，现在的很多人还将自己真实的内心掩饰起来，这样一来，读懂别人的内心就更困难了。人的外貌会呈现出无数的假象，所以女人在识人的时候，一定要睁大自己的双眼，不要被众生的假象所迷惑。

女人要想在交往中尽快地识别他人的假象，就应该学会以下几个技巧。

（1）想识别别人的所作所为是不是假象，就不应该仅看对方处理一件事情的做法，也不应该仅看他对待一个人的态度，而是应该多熟悉对方，不仅要看其如何对待自己的上司，也要看其如何对待自己的下属；不仅看其在一个人前的表现，也要看其在其他人前的表现。这些都是相辅相成的，单方面看一个人是不会看透人的本质的。

（2）如果一个人在女人面前表现得很博学、很能干，这时，这个女人就应该看他其他时候是不是也很能干，是不是也很博学，有些人喜欢做出这样一种假象，就是因为他想在对方面前树立起自己的良好形象，或者是为了达到自己一些不可告人的目的。就像在谈恋爱的时候，男人经常会将自己不好的一面隐藏起来，在心爱的女人面前，他们经常让自己表现得很优秀，无疑就是为了在心爱的女人面前留个好印象。所以，女人在恋爱的时候，更应该睁大眼睛，认清对方的为人，这对自己以后的婚姻幸福也是一种保障。

（3）有些人喜欢让自己表现得很清廉，尤其是官场上的人，更喜欢让自己表现得廉洁奉公，这种人通常喜欢做一些表面文章给别人看，但是背地里却做一些违法的交易和勾当，像这种情况，女人就不应该仅仅将眼光盯在对方在"阳光下"的这些行为上，而是应该将眼光放在众人看不见的事情上，平时多向和他交往的人打听，这样就能更加全面地了解对方了。

(4)人们经常说大智若愚。有些人就喜欢用木讷的外表向别人表示自己很“明智”，自己有“大智”，这样的人往往自视甚高，看不起周围的人，像这样的人，女人在和其交往的时候，不要被对方的头衔、对方的光芒所吓退。看一个人是不是有大智，关键在于看对方的做法，而不要看他张口闭口地向众人说出无数的人生哲理，如果他也是用这样的人生信条规范自己人生的话，那就说明这个人是言行一致，有人生大智之人，假如对方说的是一套，但是仅仅是说教，对方的处世风格、行为方式，完全与此相反，那这样的人就算是有智慧，也是虚伪的小聪明。

人生在世，凡事都不可能按照人们的想法发展，人也不可能像弗洛伊德说的“本我”那样生活，想怎么样就怎么样，人戴上假面具生存是为了让自己的生活变得更加和谐，前提是不会危害到别人。而另外一些喜欢用假象示人的人，他们戴的假面具虽然也是为了让自己的生活更好，但是本意却是危害别人。女人为了让自己的生活少受到他人假象的迷惑和危害，就应该在和别人的交往中，多分析，时时保持冷静，不要因为自己的一时冲动而看走了眼。

切勿先入为主，影响正确判断

细心的女人经常会发现，在认识某人之前，如果先听过别人介绍该人，就会影响自己对这个人的判断，假如介绍人说这个人还不错，女人见到这个人后往往会觉得这个人还是不错的，甚至能不断发现这个人身上的优点，假如介绍人说这个人不怎么样，那么就算这个人在和自己相处的时候表现得很好，女人也往往不会对其产生过多好感，这就是先入为主影响了女人的判断力。

所以女人要想识别一个人，就应该摒弃先入为主给自己造成的影响，别人的评论仅是别人的判断，并不能代表自己的判断，就像是在一千个人心中会有一千个哈姆雷特一样。同样，一个人在不同人的面前也会有不同的表

现，这些都是很正常的，自然每个人给他下的定论也是不一而足。别人向你灌输对某个人的评论，是将她个人的看法传递给了你，但是女人应该知道，每个人评价别人的标准是不一样的。

女人应该克服先入为主给自己造成的偏见，因为先入为主往往会给女人留下很深刻的印象，所以女人经常会让先入为主影响自己的视听，这种情况经常发生在和陌生人打交道的时候，先入为主带有很强的主观性，经常会被居心叵测的人利用。

李芸是一个公司的白领，面容姣好，已经28岁了，依旧没有结婚的意思，虽然自己现在是大龄青年，但是李芸认为结婚不是小事，不能随便，她想找一个和自己情投意合的男人。后来在一次聚会上，李芸结识了大自己四岁的王奇，李芸对他很有好感，但是她向自己的好友婷说王奇时，婷却一直说这个王奇不是好人，自己认识他，还说这个人的品质不好，做事冲动，非常抠门，于是李芸一听，就庆幸自己没有和这样的男人走得很近。再说当时王奇见到李芸，也是大有好感，他使出浑身解数来追求李芸，但是李芸始终将他拒之门外，王奇也很纳闷，自己在李芸的面前一直表现得很好，可就是得不到李芸的一点回应。后来李芸在和王奇打交道的时候，李芸也觉得他表现得很好，但是因为婷的介绍，她始终不敢接受王奇。后来王奇见没有什么结果，就重新找了个女人结婚了。一次李芸在和婷交谈的时候，婷不小心说出了当时自己正在追王奇，这时李芸才明白，自己让婷害苦了，原来当时婷是王奇的下属，喜欢王奇，但是王奇不喜欢婷这种爱慕虚荣的女人，于是王奇一直没答应她。这直接导致了婷对王奇的一番负面评价，而李芸也因此错失了自己的幸福。

李芸为什么当时没把握住自己的幸福？是怨婷的报复之心，还是怨自己的没有主见？假如李芸不让自己的先入为主影响到自己的判断，那李芸就不会因此错过王奇，所以，女人应该避免先入为主影响自己的判断力。先入为主主要有三种方式会影响女人对别人的判断，分别是首因效应、近因效应和晕轮效应。

首因效应就是人们所说的人的第一印象，第一印象在女人的脑海中往往是最牢固的，往往直接左右着女人对他人的评价，由于第一印象带

有很强的主观性，因此这时候女人对他人做出的评价往往会有很大的出入。

近因效应就是女人仅看到对方眼前的表现，按照眼前的表现，给对方下了定论，就像是一个人平时表现很好，由于某些原因，最近一段时间表现得不是很好了，而恰恰是在这段时间的表现被某女人看到了，于是该女人就直接否定了对方以往的表现，这是有失偏颇的，所以，女人判断一个人要从全面、长期来看，不能只看一时，也不能只看一事。

晕轮效应就是人们通常所说的以点带面的效应，这就是只看到了对方在某方面的表现，直接扩大到了其他方面，就像大风前的月晕一样。晕轮效应往往会因为接收到的信息少，而使女人一叶障目，最终造成对他人的识别误差，以偏概全。

女人由此可以看出有时先入为主是多么可怕，不管是做什么事，一定要处理好自己先入为主的思维定式，正确对待先入为主。先入为主的主观性太强，很容易让女人只看到对方的某一方面而忽视了对方的全部，很容易给别人下一个错误的评论。先入为主只能作为女人识别他人的参考，并不能将其拿来直接作为自己对他人的判断。这既是对别人的不公平，也是对自己的不负责。

通过细节看出真实情谊

女人在谈恋爱的时候，往往会被对方的甜言蜜语所蒙蔽，爱情不只是一个男人整天对你说甜言蜜语，不是一个男人整天只会围着女人献殷勤，女人要想看清对方是不是一片真心，关键还是看对方在细节上是怎么做的，一个注重在细节上体现对女人关爱的男人，才是一个真心爱她的男人。

以下这些细节能让女人看穿对方是不是真心：

(1)是不是经常无意识地叫女人的昵称：一个经常无意识地称呼女人昵

称的男人往往是一个真正爱女人的人，男人的克制力比较强，不喜欢将自己的感情外露，尤其是当陌生人在场的时候，更是喜欢克制自己的感情，假如女人央求着男人称呼她的昵称时，男人才勉强地称呼，有时甚至是敷衍女人，这样的男人对女人的心未必就是真的。无意识地称呼女人的昵称，那就说明爱已经让男人情不自禁，甚至是不分场合。

(2)当你们在一起时，男人是喜欢自娱自乐，还是喜欢陪着女人：有些男人就算是和女人在一起，也是将自己表现得和一个人似的，一个人吃饭，一个人玩电脑，一个人看电视，完全不管女人在做什么，出现这样的情况时，女人就应该想想了，是你们之间的爱情亮起了红灯，还是你们在一起太长时间，已经让爱情转化成了亲情。

(3)是否主动向女人谈及他的家庭和家人：再不善言谈的男人在心爱的女人面前，也是言无不尽的，他总是想将自己家里的事和他的家人介绍给女人，这样做说明男人已经将女人当成是自己家里的一员，作为新加入的一员当然应该对家里的事情有所了解了。如果男人一直对自己的家人或者家事讳莫如深，闭口不谈，或许是因为男人觉得现在时机还不成熟，还有一种情况，就是男人根本就没想和女人成家。

(4)是否将他的朋友介绍给女人：一个真心爱女人的男人，总想把你介绍给自己的朋友，因为他同样希望自己爱的女人能够得到自己朋友的赞同和认可，希望女人尽早融入他的圈子中。假如男人根本就不想让女人结识自己的朋友，也许就说明，这个男人对你还没有投入所有的感情，至少在他的心里，女人的分量不及他的朋友。

(5)女人犯错的时候，看男人是抱怨还是安慰：女人犯错了，往往最需要的就是对方的安慰和爱护，而不是责怪和指责，女人犯错了，心里本来就不好受，假如男人还在一直埋怨你笨手笨脚，女人心里肯定更难受，这就说明这个男人心里可能根本就不以你为主。一个真心爱女人的男人，应该是在女人犯错的时候，轻轻将女人揽在怀中，然后一直安慰女人，看见女人不高兴或者是很委屈时，还会主动开玩笑将女人逗笑。

(6)对男人不良嗜好抱怨时，看男人是积极改正，还是不断狡辩：男人身上多少都会有女人难以忍受的缺点和毛病，女人向他抱怨时，如果男人积极

改正或者是少犯些错误，就说明女人在他的心里的分量不轻。假如男人根本就不听女人的话，甚至还不断地狡辩，那就说明女人一定不是他最爱的那个。

(7)与男人交流时，看他的眼神：眼神往往能传递一个人的想法，一个不喜欢和别人进行眼神交流的人，往往不是一个值得信赖的人，如果男人在和女人说话的时候喜欢盯着女人，这就说明这个男人有胁迫女人的意思，而一个含情脉脉地看着女人的男人，对女人往往是一片真心。

(8)与女人约会时，看穿男人心思：如果男人在和女人约会时，总是提前赶到，衣着整洁，这说明他在乎你，在乎他给你的印象。如果每次总是迟到，约会过程中也总是心不在焉，甚至是非常反感，这往往说明了他根本就是在敷衍女人。有时穿着随意、偶尔迟到未必就是男人不在乎女人，可能是因为时间太过紧张，他根本就来不及顾虑衣着。

以上这些小细节，都可以反映出女人的“他”是不是真心待女人好，是不是真的将女人放在自己的心上，两个人的感情，不是靠语言说出来的，不是只有在关键时刻才能考验出来的，细节虽小，但是却能真实地反映出一个男人的心，因为细节是最不容易掩饰的地方。聪明的女人应该会从细节中看出他是不是对你一片真心。

别被心理学效应影响，误会他人

女人在和他人交往的时候，对他人的印象往往和真实的情况有所差别，原因就是女人的一些心理效应在作怪。积极地了解这些心理效应，可以让女人更好地学会如何给别人留下好印象，同时也能避免这些心理效应对自己产生的消极作用。

首因效应也叫首次效应、优先效应或者是第一印象效应，是女人在和人初次交往的时候，对交往对象的直觉观察和归因判断。在这种交往背景下，女人对他人所形成的印象就称为第一印象或者是最初形象，第一印象对女

人的判断力影响比较强，持续的时间往往也是比较长的，首因效应对女人以后认知的影响，其实就是第一印象输入的信息对女人以后的认知所产生的影响作用。

由于首因效应对人的认知影响比较强，所以，很多人都倾向于在第一印象上做文章，众所周知的“新官上任三把火”，让老百姓深知了“下马威”的威力。很多人都会非常注意自己给别人留下的第一印象，因为人们对第一印象的感知，往往很难再改变，要想改变初次见面所留下的印象，往往要在长时间的相处和磨合中改变。所以，女人在和陌生人交往的时候，首因效应所发挥的作用，往往是巨大的。

女人在和他人第一次见面的时候，会根据对方的体态、姿势、谈吐、衣着打扮等方面给对方一个定位，因为这些形象会在一定程度上反映出这个人的内在修养和个性特征，也能反映出这个人的生活环境以及其他一些外在的条件。给人的第一印象好，自然会为以后的交往打下基础。由于首因效应对女人的影响比较大，女人也经常会通过第一印象的好坏给对方下结论，因此这样的行为往往有很大的主观性，对方一点好就会扩大成无限的好，对方一点坏，就会变成无限的坏，对于对方身上的其他缺点和优点可能会视而不见，这样的识人方式往往会让女人读错他人心。

不仅首因效应对女人的影响比较大，近因效应对女人的影响也不小。正与首因效应相反，近因效应是指人们在交往时的最后一面给人留下的印象，这个印象会在人们的头脑中存留很长时间。在学习和交往的时候，效果非常明显。心理学家研究发现，当多个刺激共同刺激人们的时候，人们对末尾部分项目的记忆效果明显优于中间部分项目的记忆效果。在人们交往初期，首因效应对人的影响比较大，但是在交往后期的时候，就是近因效应发挥主导作用了。

这两种心理效应，经常会被人们拿来使用，为了给别人留下美好的第一印象，很多人精心准备自己和他人初次见面的服装、打扮甚至连语言、行为都进行过一定的包装。良好的第一印象会为人增加好多印象分。很多人经常会忽视了近因效应，草率地结束谈话，给对方留下一个虎头蛇尾的印象。深谙近因效应的人往往会在最后给对方留下一个好

的印象，即使你对他的第一印象不是很好，但是最后的印象好，就会弥补最初损失的印象分。

以上这两种效应在女人和他人交往的时候，对女人的心理影响作用比较大，女人在这两种心理效应的影响下，会变得非常主观，为了避免这两种效应对女人的影响，女人在和他人交往的时候，应该时时提醒自己，不要太早对某人下结论，认识一个人应该全面，不要只看他的某一行为，不要只听他的某一言论，不要草率地评判某个人是个什么样的人，多和他周围的人沟通，综合多人的评价，往往才会得出相符的结论。

人都是具有两面性的，认识一个人同样应该公正客观地认识，女人在和他人交往的时候，一定要注意减少或回避被首因效应和近因效应对自己的影响。不要让自己的主观意见成了和他人交往的最大障碍，不要让"有色眼镜"挡住了他人优点的光芒。

女人在和他人交往的时候，同样可以利用这两种效应给自己的形象加分。希望每个女人都是深谙并熟练使用这两种效应的人。

路遥知马力，日久才可见真心

人们经常说的是，路遥知马力，日久见人心。女人在和他人交往的时候，要想彻底了解一个人，就应该有长时间地和这个人相处，这样才能看出这个人到底是个什么样的人。

俗话说，知人知面不知心。很多人为了给别人留下好印象，经常会用虚伪的假象和别人交往，在生活中，这种情形也经常出现。女人在和人交往的时候，尤其是和一个不是很熟悉的人交往的时候，如果被他的假象迷惑了，就会给这个人下个错的结论，而这也会直接影响到女人和他们以后的关系。很多女人容易被对方的假象所迷惑，基于这种原因，女人在给他人下定论的时候，千万不能太轻易，应该多和对方接触之后再下结论。

马只有在长远路途的奔跑中，才能显现出它真正的实力。人也只有在长久的相处中，才能看出对方的真心到底是怎么样的。女人要想深入地了解一个人的内心，就应该多和这个人接触，在生活点滴中看清这个人。女人在和他人交往的时候，应该从哪些方面看一个人的内心呢？

(1)看他是否尊重你：很多人在和女人初次见面的时候，往往会表现得很尊敬、很虔诚，但是这种情况可能仅仅是个假象。在长时间的相处中，对方往往会暴露他真实的内心，看他是不是尊重你，是不是待你像初次见面时那般。很多时候，人们在熟悉了以后，往往不会再像第一次见面时那样拘束，但是尊重对方还是能够体会出来的。

(2)看他是否关心你：男人在初次见面的时候，为了给对方留下好印象，也为了让以后的交往有个好的基础，经常会表现出对女人的生活很感兴趣，女人应该知道，对方这样做的目的，或许是伪装出来的。在长期的相处中，如果对方是真的关心你，就会关注你生活所发生的那些事，当女人向他们提起发生在自己生活中的某件大事时，如果对方关心女人，就会在以后的生活中对这件事有所提及；假如对方根本就不在意女人的生活，他根本就不会将其放在心上。

(3)看他是否诚实：很多人为了博取女人的好感，经常会说一些讨女人欢心的话，或者是做一些让女人高兴的事，他们为了讨女人的欢心，经常会不管事情对女人是有利还是不利，仅仅是为了讨的女人的欢心。而诚实的人，往往不会为了讨女人欢心，而故意做出对女人不利的事情，他们不会因为女人的不满而阻止自己说出那些逆耳忠言。

(4)看他是否为你的成功而高兴：有些人在和女人初次见面的时候，经常会做些表面文章，他会因为女人的激动而激动，因为女人的高兴而高兴，女人千万不能被这种假象所迷惑，因为对方的激动和高兴可能是装出来的。在长时间的相处中，如果对方对女人的成功一直像以前那样表现出惊喜，就说明这个人是真的很在乎你的感受，能够和你同悲欢，只有这样，才能说明他对女人开始时的表现不是装出来的。

(5)看他是否经常打听你的隐私：有些人在和女人初次见面的时候，表现得很好，但是因为怀有某些不可告人的目的，于是他们会在长时间的相处

中，对自己的事情避而不谈，对女人的事情倒是非常关心，经常会有意无意地打听女人的事情。这个时候，女人就该注意了，也许对方的目的是不单纯的，这时候就应该多加小心了。

女人在对某个人尚未了解之前，就不应该轻易地给某人下结论，对人心的认识是在生活中不断了解的。如果女人因为对方给自己的第一印象好，或者是最后的印象好，就轻易地给某人下结论，往往会对这个人的缺点或优点视而不见，这是很主观的行为。很容易因为自己的主观而给对方下个错的结论。生活中经常会出现一些女人上当的事情，就是因为女人对对方没有透彻的了解，就将自己的真实底细和自己的所有秘密告诉了对方，而对方正是用这些事情来伤害女人的，女人要想避免这样的情况出现，首先应该加强自己的戒心，不能因为见过几次，就将自己所有的秘密告诉给对方。其次，要有日久才能见人心的意识，客观全面地认识一个人，只有这样，女人才能在今后的生活中少受骗，也只有这样，才能更好地保护自己。

分析判断应客观，不受外物影响

女人在和他人交往的时候，不仅心理效应会让女人对对方的认识产生偏差，客观环境的改变，女人心情的好坏，同样会影响女人识人的正确与否。不利的环境、不好的心情，直接左右着女人对对方的判断，所以，为了避免犯这样的错误，女人应该对这方面有所了解，勿让心情、环境的偏差影响到女人的正确分析。

女人经常会有这样的感受，自己心情好的时候，和别人的交往通常都很愉快，就算是对方犯了点小错误，自己也不会放在心上。当自己心情不好的时候，根本就没有心情去想其他的事情，这时候的交往，往往会激起自己强烈的反感，对方说的事是高兴的事，往往会觉得对方是在故意刺激自己，幸灾乐祸；对方说的事如果是不高兴的事，往往会觉得对方

是在故意给自己添堵，自己的火气会变得更大，甚至有可能还会将自己的怒气全都发泄到对方的身上，不仅如此，还会认为对方就是个不会来事的人。

不仅心情对女人的影响非常大，环境同样会影响女人的情绪。很多女人都有这样的经验，自己的心情和天气有明显的关系，天气好的时候，自己的心情也会一片大好；阴雨天气里，一切都是湿乎乎的，就连心情也是湿乎乎的，因此自己会变得非常阴郁、易急躁。消极的环境会让女人变得很消极，乐观的、积极向上的环境，会让女人也会自发地乐观向上。不仅气候对女人的影响很重大，就连女人身处环境的光线、色彩、噪声、音乐等，同样会影响女人的心情。

不同的两种环境，主导着女人不同的心情，不同的心情，自然会有不同的交往情绪。于是在两种不同的交往情绪下，女人对对方的判断也有天壤之别。当女人心情好的时候，对方开个小玩笑会让女人觉得对方很幽默、很风趣；当女人心情不好的时候，这个小玩笑可能会使女人觉得这个人爱耍小聪明、处世圆滑。明明是同一个人的同一种行为，之所以会得出完全相反的判断结果，不能不说心理因素对女人的影响实在是太重大了。

要想和别人交往愉快，女人想完全避免环境和心情的影响几乎是不可能的，因为这些因素会不自觉地影响女人的心情。但是女人在知道了这方面的知识后，可以尽量让自己不去想这方面的因素，用意识控制自己不要受这方面太大的影响。因为环境和心情都是可变的，环境的变化，可以引起女人心情的变化，基于这个条件，如果女人在和他人交往的时候，意识到自己的心情会影响到交往的情绪，就应该尽量选择一个让自己心情愉快的环境，例如高雅的咖啡厅等，让自己的心情逐渐变好，这样一来，女人在和对方交往的时候，就会减少很多消极因素。

多数女人是情感胜过理智的，情绪的好坏，直接左右着女人和他人的交往。为了避免这些因素对女人的影响，女人应该在和他人交往之前，确定一下自己是否有个好心情。当自己心情不好的时候，如果自己尚且能控制这种情绪，那么与他人交往就没有问题。如果自己无法控制心情，那么就要在

和别人交往之前，先将自己的情绪发泄出去，无论是找人倾诉，还是自己想办法排解，只要自己能放下不好的心情，就能保证接下来的交往顺利，从而也能客观友好地和他人交往了。

用积极的思维调整自己的心态，如果女人在和他人交往的时候总是认为这是在给自己添麻烦的话，肯定会心情不好，这样一来，怎么能和别人好好地交往呢，又怎么会给对方公平正确的评价呢？如果女人能积极地看待身边的事，那么女人在和他人交往的时候，心情自然会平和得多。

第2章

女人巧看言色，细节之处了解他人

人们经常说："出门看天色，进门看脸色。"这就是告诉女人在和别人交流沟通之前，首先应该会察言观色，然后再借机行事。会察言观色，女人自然就会少碰些钉子；会察言观色，自然说出的话会讨得对方的欢喜。如果说会说话是一门艺术，那么会察言观色就是艺术中的艺术。

从言语看对方的修养和情操

语言是人们交流的直接工具，是人们表达思想感情，传递情感的工具。语言同时是一个人的道德符号，是一个人文化修养的真实表现。一个谈吐文雅的女人往往能博得别人的好感。一个满嘴脏话、恶语伤人的女人一定是个让人厌恶的女人。

一个人的学历、经验、修养，往往会通过他的谈吐向人们表现出来，一个有修养的女人说出的话，会让人感觉如沐春风，直达人的心田。有修养的女人非常重视自己的语言，就算是自己的情绪很激动，她们也不允许自己说出脏话，因为她们要维护自己在别人心目中的形象。而一个没有多少文化的女人，往往就不会想到去注意自己的形象，只要自己心里有话，不管说出来伤不伤人，都会倾倒出来，这样的女人通常不会受到别人的欢迎。

女人在和别人交谈的时候，应该知道自己的语言不仅仅是和别人交流的工具，同时更是自己的招牌，说话的时候应该注意分寸，说话之前一定要过一下自己的脑子，伤人尊严的话不要说，就算是不得不说，也应该学会换一种方式来说，将危害减到最小。

一个女人说话，不仅仅是简单地传递自己说话的内容，同时无形中也会加上自己的感情思想，一个张口闭口都是脏话的女人，给人的感觉往往是一个泼妇。

女人就应该谈吐优雅，虽然说不能做到彬彬有礼，但是最起码也应该懂得说话的礼仪，远离脏话。有些女人说脏话，有时候是无意识的，因为她所生活的环境中人们都是这样说话，所以她们无形中也就受其“熏染”了。语言是会传染的，只要有一些人在说话的时候注意文明用语，其他人也会慢慢地改说文明话的。

女人在平时的说话中应该注意以下细节，这样一来，说话才会给别人留下有涵养的印象。

首先，说话的时候一定要诚恳、亲切。说话的时候不应该面无表情地和人进行交流、沟通，而应该非常的诚恳、亲切，同时脸上应该有相应的表情，尤其是在平时的谈话中，一个说话面无表情的女人，给人的感觉就是在敷衍对方。所以说话的时候，人应该表里如一，表情也是传达思想感情的媒介。没有表情的语言是没有说服力的，同时是不生动的，比如慷慨激昂的陈词如果没有强硬的表情做衬托，语言再铿锵有力，那也是没有什么效果的。

其次，女人说话的时候，应该态度谦逊，语言文雅。说话的时候应该注意文明用语，这本是我们在启蒙时期就受到的教育，现在随着人们渐渐长大，有些女人已经将这些东西忘记了。比如称呼别人的时候，应该说“先生”“小姐”。别人帮助了自己后要记得说“谢谢”，自己冒犯了对方要说“对不起”。说话的时候应该用一些敬语，不文雅的语句最好不用，或换种说法，比如问对方年龄时，就应该注意自己的礼貌，和自己同龄的人可以问对方芳龄，比自己年长的，就应该问对方贵庚，年龄再大些就应该问高寿。在别人家中做客就应该说“多有打扰，还请见谅”等，这些都是人们交际之间的礼貌，对别人用敬语，对自己用谦辞，只有这样才能显示自己对别人的礼貌和尊敬，只有这样，别人才会尊敬你。

说话的时候，一定要注意自己说话的语速、语调、语气。说话的时候，声音大小一定要合适，声音太小，别人听不清，声音太大，又会影响人的情绪，大小适中最合适。讲话的时候，一定要吐字清晰，让对方听得懂，语速要适中。语调要平稳，不要老是一惊一乍的，这样给人的感觉很不好。说话尽量少用语气词，不要故意装腔，这样做很容易引起对方的反感。网络上的语言少用，如果双方都很熟悉，彼此心照不宣的情况下，为了调节一下气氛，倒是可以适度地使用，但是也不宜频繁使用。

说话不是一件简单的事，说文雅的话更不是一件简单的事。女人在平时的说话中，就应该多注意一些说话时的小细节，只有这样才能在和别人交流的时候体现出女人的优雅。

小小口头禅，大大的心理影响

女人在和别人交流的时候，往往会不经意地说出一些自己的口头禅。我们不要小看这些口头禅，小小的一句口头禅也可以向人们透露你的秘密。

口头禅的种类非常多，有些口头禅可以带给别人积极向上的意思，比如，"加油"、"坚持"、"不错嘛"。有些口头禅带给别人的是消极的意思，比如"活着就是没劲"、"活着有什么意思"等，这样的口头禅经常会让人越来越消极。对生活充满信心的女人，她们经常会说一些鼓励人的口头禅来鼓励自己，但是在生活中屡屡碰壁的女人，她们看见的往往就是社会的黑暗，使用这种消极的口头禅，只会让自己越来越消沉。

一个女人的口头禅往往是她在自己长期的生活中，内心对外界事物的一种看法，是内心对外界信息的一种语言加工，形成的一种固定的语言模式，当再出现类似的外界环境时，这些口头禅就会脱口而出。

口头禅一半是人在无意识的情况下说出的，仔细分析一个人的口头禅，我们就能看出这个人是个什么性格的人。听一些女人的口头禅，就可知道她对生活的态度。就像时时说鼓励自己的口头禅的人往往会鼓励当事人，而且这种不断向上的精神也会给其周围的人带来积极的鼓励。如果一个女人经常对自己说"太没劲了"、"烦透了"，往往是她对自己的生活不满意，同时这个人的消极思想同样也会传给她身边的其他人。

心理学家研究后发现，有些口头禅是可以帮助人们发泄的，比如现在经常被女人挂在嘴边的"郁闷"，好像不管干什么，就是心里闷得慌，这句口头禅是由于现在人生活压力大，经常无处去发泄自己的郁闷情绪而形成的，通过说这样的口头禅，往往可以将自己心里的不满情绪发泄出去，这对女人来说应该是有好处的。

口头禅不仅会向人们透露一个人的性格，同时也会暴露出说话者的一些心态。

经常会说“说真的”、“的确”、“不骗你”、“老实说”的人，经常担心自己的话会被对方误解，说这些口头禅是为了让对方更加相信自己，她们的内心经常是非常的急躁，希望自己说的这些话能够得到对方的认可和赞同，更希望别人能够信赖自己。

经常说“应该”、“必须”、“一定”的人，往往对自己都是非常有自信的人，这样的人做事一般都比较理智，处事非常冷静，说这种口头禅的女人往往都是事业心很强的女人，她们一般都会担任领导职务。

将“听说”、“据说”、“听人讲”这种口头禅经常挂在嘴边的女人往往比较“八卦”，喜欢打听小道消息，但是她们的决断力往往不是很强，而且她们做事的时候非常圆滑，说这种口头禅其实也是在为自己说话留后路。

说“可能是吧”、“也许吧”、“大概可能吧”这种口头禅的人往往有很强的自卫心理，她们一般不会直接表露自己的意思，她们一般不喜欢将自己的真实想法表露出来，而是为了让自己不要说什么太绝对的话。这种人，做事总是非常冷静，而且她们的人缘比较好，一般来说从事政治的人往往会说这样的口头禅。平常人在自己对某事不想表态的时候，往往也会经常用到这种口头禅。

有些人说话的时候喜欢用上一些表示转折意味的口头禅，比如“但是”、“不过”、“然而”这些口头禅，这经常是为了让自己说的话变得更加婉转，不是断然否定，这样的口头禅经常是为了给别人和自己留有余地，这样说出的话往往也不会太伤人，往往在公司做领导的女性经常会说这样的口头禅。

经常将“啊”、“这个”、“那个”、“嗯”这些语气词作为自己口头禅的人往往是反应比较迟钝或者是表示自己在思考的人，这种口头禅往往是回答一些很难回答的问题时的一种方式。怕自己说错话，不能直接回答这个问题，所以他们采用这样的口头禅来为自己争取一点思考时间。

心理学家指出，人的口头禅往往会对人产生非常重要的作用，所以，女人在选择某类词或句子作为自己的口头禅时，应该谨慎选择，尽量选择一些能激励自己的口头禅，这样不仅对自己是种激励，对别人也是一种鼓励。对于一些消极处世的口头禅，虽然是对自己人生经历中的一些事情的总结，但是人应该不断地向前看，不要老让社会的黑暗面来影响自己。每个人的人

生还是自己说了算的，是想每天快快乐乐地生活，还是一天牢骚满腹地生活，全在自己了。

透过说话方式看对方性格

女人在说话的时候，都有自己的说话方式，不可能人们的说话方式都是一样的。不同的说话方式往往会向人们透露出说话者的性格。女人说话的方式往往有如下这些，对照这些说话方式，女性朋友就能分析出自己是什么性格的人。

讲话大声的人，性格往往活泼开朗，为人正直，对朋友非常关心，她们一般不会有什么害人的想法，这种女人人缘较好，是值得信赖的人。

一般说话很小声的女人在性格气度上比较小，这样的女人善于谋略。喜欢和别人窃窃私语的人，做事的时候会小心翼翼，这样的人心里有什么秘密的话，一般不会告诉别人。

说话硬邦邦的人，个性往往非常强，有独裁的性格，喜欢别人按照他说的意思做，否则，就会受到其训斥。

说话低沉的人一般体力不是很好，他们对于工作上的事，往往无法下决断。

说话快速的人，性子往往非常的急躁，这样的人会比较易怒。

说话的时候，嗲声嗲气的女人，一般都想讨得异性的欢心，她们用这样的方式向对方撒娇。这样的女人往往有双重人格，善于编织谎言。

讲话的时候喜欢撅着嘴的女人，比较容易愤世嫉俗，喜欢发牢骚，平常的时候喜欢唠叨，这样的女人比较自私，不能为别人着想。

讲话非常沉稳，语速缓慢的女人，具有耐性，是可信赖的一种人。

讲话的时候，比较木讷的女人，说的话往往更有说服力。

说话的时候，不看对方的女人，可能是因为自己比较害羞，也可能是因为自己心里有什么事情要瞒着对方，不敢讲真话，为了不让对方看出自己的

心事，所以才不看对方。

说话的时候，口气像在发怒的女人，往往性格比较的内向，平时也喜欢闹情绪，使小性子，但是她们的本性正直，就是经常会自卑，没有什么社交性。

边说话边打手势的人，表现力非常强，这种人往往比较的乐观，性格也比较豪爽大方，他们的缺点就是自信心过剩。

说话的时候喜欢摸着下巴的人，往往过于自信，而且经常会看不起别人，这种人往往是很有权势的人。

喜欢边说话边思考的女人，往往做事非常的谨慎小心，做事能够顾全大局，经常是临危不惧，这种女人很有大将风范。

在别人说话的时候，喜欢中断他人谈话的人，经常会因为自己的武断而造成判断的失误，他们不会体贴别人，内心比较自私。

看了上面这些内容后，女人在以后的说话时就应该多留意一下自己的说话方式，每个小细节都是自己个性的彰显，说话的时候，选对自己的说话方式，就会收到好的谈话效果。一个人可以在谈话的内容上掩饰自己的性格、态度，但是说话的方式却是无法掩饰的，仔细留意一下和你交谈的人的说话方式，我们就会对对方的性格有所了解，同时也会知道哪个地方是他的"雷区"。号准对方的脉，然后再进行交流沟通。

不仅说话的方式可以透露一个人的性格，一个人的感情或意见也会在她的谈话方式中显现出来，只要仔细揣摩，就能听懂对方的弦外之音。

如果说话的人对某个人怀有敌意，或者是成见的话，在谈到这个人时，对方的语速会放慢，语调会渐渐地变得低沉。如果一个人在说谎，他的语速往往会变快，因为他的心里是不安的。

两个人在发生争执的时候，如果一方渐渐提高自己的音量，往往就是想从气势上压过对方，对于心怀企图的人，往往会让自己的说话变的抑扬顿挫，以这种方式来吸引对方的注意，这样的话，自我显示欲就能不断得到满足。

有些女人在说话的时候，经常不能控制自己的情绪，自己悲伤的时候，说话不断哽咽，以致不能完整说完。自己兴奋的时候，就会哈哈大笑，这样

的女人很率真，她们不喜欢压抑自己的情绪，就是做事的时候容易感情用事。

人的说话方式是多种多样的，在这里也不可能都说全，不管是什么样的说话方式，总能表现说话者的内心，只要女人仔细观察，就能对对方心里有数，同时也能在交谈中不断调整自己的说话方式。

通过语速可以辨识个性和心情

人们是通过语言进行交流沟通的，每个人说话都会有各自的风格，有的人说话，语速比较快；有的人说话，语速就比较慢。语速的快慢不仅会显示出这个人的个性，同时还会显现出这个人的思想感情和内心情绪。女人可以通过一个人的语速快慢来探究对方的内心。

一般来说，急性子的人说话就比较快，说话的时候可能会像机关枪一样，容不得别人插嘴，而慢性子的人说话一般就比较慢，不管事情是多么的紧急，他们都是不疾不徐地说。这是他们在自己生长过程中形成的习惯，很难改变。平时人们说话的时候，往往是介于两者之间，但是这也是随着说话内容改变而不断改变的。如果一个人情绪比较激动的时候，语速就会比较快，以此来表达自己的激动情绪。如果一个人在读一篇措辞优美的抒情散文时，语速就会放慢，这是为了表现其内心的恬静优美。由此可见，语速的快慢会直接表现一个人的情绪。

一般来说，一个性情比较老实敦厚的人语速比较慢，这种人往往不善于用语言表示自己的内心感受，这样的人一般不善于和别人打交道。说话语速比较快的人，通常比较精明，这样的人脑子比较灵活，对别人的提问反应比较快，这样的人一般都比较热情，性格比较外向。女人在和别人初次见面的时候，可以根据对方的语速信息，初步判断出对方是个什么样的人，然后再有针对性地与其更好地交流。

女人不仅可以凭借对方的语速判断对方是个什么样的人，通过语速的

微妙变化，也可以看出一个人的心理变化。如果一个平时说话口若悬河的人，在面对某个人时，说话的语速突然变得很慢，并且吞吞吐吐，这个时候就应该注意了，他可能是有什么事情瞒着对方，或者是做了什么对不起对方的事情，所以内心非常慌张，以致说话的时候，不能以平时的语速说话。比如一个男人下班以后出去和朋友打麻将了，但是回家之后他对自己的妻子说加班去了，在他说的时候可能语速就会很慢，仔细留意这些微妙的变化，女人可能就能发现丈夫心里隐藏的秘密。

不仅如此，仔细观察，女人还会发现这样一种情况，就是一个女人在和别人说话的时候，思路清晰，滔滔不绝，幽默风趣，非常健谈。但是也有例外的时候，假如她在某个异性面前，突然就会变得非常的局促，说话吞吞吐吐，思维非常地混乱，完全意识不到自己到底在说些什么，这种情况往往就表明，她喜欢对方，一在对方的面前自己就会变得不由自主地结巴。当女人碰到这种情况的时候，应该清楚地明白，自己可能已经不知不觉地喜欢上了这个人，千万不要错过一段美好的相遇！

平时说话慢吞吞的人在遇到别人说他的时候，语速会变得很快，同时音量也会不断地提高，这是因为他觉得对方在诬陷自己，内心急于反驳对方的话。而如果他的语速没有变快，反而变得更慢，甚至是口不择言，这八成就是说到他的要害了。

语速的快慢往往也是身份的象征，权力比较大，地位比较高的人，说话的时候语速就不是很快，一是为了让别人注意到他说的话，听懂他话里的意思，再就是他说的话分量重，一言九鼎。而下属在向上级做报告的时候，语速一般都会比较快，这就是身份、地位不同，导致了说话语速的不同。

语速，是人们在交流中一个很重要的能识别对方心理的工具，有些人会在语言的内容上将自己的秘密有所隐瞒，但是在语速上却不能掩饰。内心的变化，会无意识地显现在自己的语速上，这时候，只要听话者仔细倾听，就能听出对方内心的微妙变化，这样就能大体猜测出对方的心理，然后再采取巧妙的谈话方式，询问出对方的真实心理了。

女人应该学会“读懂”对方的语速，这会对自己和别人打交道有很好的帮助作用，能够更好地识别对方的心思。同时，这对自己的生活也是有百利

而无一害的，可以更好地维持自己和丈夫的关系，更好地处理自己和同事的关系，甚至是和领导的关系。“听”得懂对方的语速所透露出的信息，自己就能在平时说话的时候更好地表达自己的心理了。

谈话主题暴露真实思想和个性

女人在和人交流沟通的时候，总会从某个主题开始，然后循序渐进地开始熟悉对方，女人在和别人进行谈话的时候，如果仔细观察，就会发现其实人们谈话的主题也能暴露这个人的个性。

人与人的性格不同，爱好各异，生活的环境、受到的教育、工作的内容都是不同的，所以人们对于自己和别人谈什么样的话题，也是各有侧重的。女人在和别人进行交谈的时候，应该注意一下对方和你交谈的主题，谈话的主题往往能反映对方的个性。

如果对方说话的时候，不是主动说起什么，而是一直在顺着你的话聊，这种人往往就是性格比较木讷的人，他不善于和别人打交道，当谈到他熟悉的话题时，他往往就会话多起来，但是如果你所谈的话题他不是很熟悉的话，可能你们交谈的大部分时间都是你在说，而他大部分时间是在听。所以如果找到了他的谈话兴趣点，就应该顺着这个点不断地扩展成面。

相反的情况就是和你谈话的对方是个很能聊的人，这样的人，虽然不是上知天文，下晓地理，但是他懂得的应该也不少，和他交谈，根本就不会担心你们之间会没有话聊，大到国际之间的事情，小到平时的鸡毛蒜皮，他总会和你说出自己的见解，这样的人非常外向，而且性格也比较的开朗，喜欢广泛地交朋友，不管对象是谁，他都能说上话。这种人的缺点就是平时比较唠叨，而且这种人做事的时候，经常是欠考虑，比较冲动。

有些人在和你交谈的时候，说不到三句话，就扯到他在职场中碰到的人，这种人做事比较的谨慎，尤其是对待自己的工作，责任心非常强。他们将大部分的精力放在自己的工作上，很少考虑工作以外的事情，所以他们在

自己的生活中，往往会闹一些笑话，这种人一般不太和别人打交道。

与人交谈的时候，喜欢兜圈子的人，往往是公务员，或者是与政治有关的人，他们不喜欢谈及一些涉及自己职业的问题，就算对方谈到这样的话题，他也会想办法将其转移开，这是因为他们不喜欢在这方面表现自己的真实想法，他们只会和你交谈一些无关紧要的话题。这种人不管是说话还是做事，都不喜欢得罪人，而且也会尽量地回避得罪人。请他们办事情的时候，他们往往不会态度鲜明地告诉你能不能帮你办成这件事，所以有什么紧急事情要办的时候，最好还是避开这种人。

和人在交谈的时候，经常喜欢聊一些政治上的事情，或者是一些国际上的大事的人，往往就是做领导的人。这种人在说话的时候，条理比较清晰，他们不会谈一些鸡毛蒜皮的小事，因为他们不会将自己的精力放到这些小事上，他们说话的时候，喜欢围绕着一个话题不断地延伸开去。

在和一些人谈话的时候，如果这个人谈话的主题经常是某些他身边人的坏话，这样的人，不是嫉妒对方，就是对方得罪过他，所以故意在对方的背后说人坏话，以发泄自己的不忿。记住这样一条，既然现在他可以当着你说别人的坏话，某天你得罪他的时候，他也会在你的背后说你的坏话，这样的人不适合深交，是应当远离的小人。

有些人说话的时候，就光明磊落，从不在背后说别人的坏话，甚至当听到别人在议论某人时，他们还会主动地反驳对方，这样的人才是值得深交的人，他们做事的时候，非常坚持自己的做事原则，正直豪爽，遇事非常地理智，这是特别值得信赖的一类人。

有些女性在交谈的时候，不管说什么话，总是围绕着自己转，这种人通常都有非常强的自我表现欲，她们喜欢别人围着她们转，这样的女人，通常都比较自私，不会体贴别人，喜欢得到别人的恭维。这样的女人不适合作为自己的闺中密友，你告诉她的秘密，可能过不了多久，就会让所有人知道。

女人在和别人打交道的时候，一定要留心对方和你交谈的主题，交谈的主题，往往能反映对方的个性，根据对方交谈的主题，再判断出适不适合和对方进行深交。

从哭声笑声中看心声

女人多是感性的，自己内心的感情往往会通过自己的哭笑来表现，不要小看这简单的哭和笑，它们往往就能表现人的心声。

女人的感情要比男人的感情丰富、敏感，来得也比较容易，不要以为女人的哭和笑只是简单的情绪反应，仔细研究一下女人的哭和笑，就会发现，她的小心思就藏在这看似简单的哭笑当中。

女人的哭千奇百怪，有涕泪滂沱的哭，有梨花带雨的哭，有哽咽不能言的哭，有小声的哭，有失声的大哭，有此时无声胜有声的哭……不同的哭向人们表现了女人不同的心声。同样，女人的笑也是异彩纷呈、多种多样，有娇羞的笑，有不露齿的笑，有哈哈大笑，有咯咯的笑，还有花枝乱颤的笑。哭能表达女人的心声，笑同样能展现女人的心声。

一个不会掩饰自己情绪的女人，遇到高兴的事时，会说笑就笑；遇到伤心的事情时，往往会说哭就哭，这种女人，往往是没有心计的女人，她们非常的率真，不会掩饰自己的情绪，这样的女人非常富有同情心，禁不住别人的软磨硬泡，心地非常善良。她们的缺点就是在做事的时候，感情非常容易冲动，往往做事之前不会考虑后果。

一个见到什么人都笑的女人，内心非常的真诚，这样的女人都有好人缘，这样的女人非常能为别人考虑。就算自己遇到什么伤心的事情，她们也不会在别人面前流眼泪，而是在别人看不见的地方悄悄地流泪，因为她们怕别人看见，再让别人也跟着伤心，这样的女人是最善解人意的女人，和这样的女人交往，总能感受到她们的真诚和热情。

有些女人善于伪装自己，她们一般都是处在一定的位置上，遇到什么高兴的事情，就算心里很高兴，但是在她们的脸上，你也不会看见微笑的迹象。当她们遇到什么难过伤心的事情时，也是将所有的伤心悲伤掩藏在自己的内心里。但是脱离了工作，她们往往就会脱下披在身上的伪装，在生活中才

向人们展示自己的真性情，这样的女人在生活中往往是以大姐姐的身份照顾着身边的人，她们喜欢向自己熟悉的朋友展示自己的内心世界，和她在一起的朋友，完全可以放心地将自己的心事说给她们，她们通常都能为你保守秘密。

有些女人在生活中直接以女强人的身份出现，不管是高兴还是悲伤，她们从不向别人展示。她们习惯一个人独来独往，在工作上往往表现突出，经常是工作上的佼佼者。这样的女人在感情的道路上往往不是很顺利，她们的感情非常的脆弱，但是她们在别人的面前很少示弱，所以遇到什么事情总是一个人默默地扛着。她们组成了家庭总是希望将自己的大部分精力投入到家庭中，但是因为工作的缘故，她们很难做到两全，所以注定会因为工作而将自己的儿女情长抛到一边，虽然整天一副公事公办的表情，但是她们内心的感情还是非常脆弱的，这样的女人在经受了感情的巨大创伤之后，往往很难恢复到以往的状态，所以对待自己的感情，她们一般都非常重视，轻易不敢不顾一切地投入。

还有一种女人非常善于伪装自己的感情，虽然她们经常笑着面对所有的人，但是她们这样的笑容往往是别有深意的笑容，让人感觉到很假，这样的女人善于将自己真实的表情隐藏在内心里，她们脸上会戴上一副虚伪的面具。不管是对人笑，还是对着人哭，往往是在作假，没有人知道她心里的真实情绪是怎样的，这样的女人非常的虚伪，而且非常势利，这样的女人不适合作为自己真心交往的朋友，因为她们经常会将自己的真实情绪隐藏在自己的心里，让人很难捉摸。这样的女人往往不是具有姣好的容貌，就是具有令人艳羡的身材。她们经常会得到异性的倾慕和追求。

所以女人在和同性打交道的时候，不要忽视对方的笑容和哭泣，这些不经意的小细节往往就是女人心声的表现，张大自己的双眼，看清对方是个什么样的人，这样，自己在和别人交往的时候，就能有的放矢了。

从神情看出对方的破绽

女人在和别人见面的时候，首先注意到的就是对方的神情，人的神情不仅会因人而异，就是同一个人在内心处于不同的心理时，表现出来的神情也是不一样的。女人在和别人打交道时，只要仔细注意观察对方的神情，有时就能看透对方的心理。这对于自己接下来该说什么话可是大有裨益。

一般人在心里有点什么事情，往往就会在脸上直接表现出来。而有些经过训练的人，往往会将自己内心的情绪控制得很好，他们一般不会非常明显地将自己的心事表现出来，但是在一些细节上还是会有所体现的。

人在伤心难过的时候，往往会表现得非常的落寞，变得不是很爱说话，而且经常会不自觉地叹气，当人感到越发伤心的时候，眼泪就会不自主地流下来。在这种心情下，人们的嘴角是向下的，眉毛也会变得很低，经常会皱着眉头，表现出一副忧心忡忡的样子。

与此相反的就是，人在高兴的时候，眉毛一般是上扬的，嘴角也会经常向上翘，她们经常会将自己的好情绪带给自己身边的人，往往在说话的时候，会表现得非常兴奋，音量会比平时说话的时候高。

人在痛苦的时候，往往会皱紧眉头，瞳孔会变小，鼻孔会张大，如果是疼痛，并且疼痛得很厉害，则嘴巴会不断地吸气，如果有人有此种反应，则应该立即询问对方，并将对方及时送进医院。

人在内心犹豫不决、拿不定主意的时候，往往就会一直低着头思考，或是对着一个地方不断地出神，有些人喜欢抱着胳膊，不断地走来走去。如果有人表现出此种举动，那么其他人就应该尽量的少说话，因为可能对方现在最需要的就是静静地思考。

人在内疚的时候，往往不敢注视别人的眼睛，因为他可能是做了什么对不起对方的事情，或者是因为自己的缘故，为对方带来了一些不必要的麻烦，为了不让自己眼中的秘密被对方看穿，他经常会将眼睛停留在其他的东

西上，就算是和对方有眼神交流，她也会很快闪开对方的眼睛。

女人在害羞的时候，往往会是这样的：娇羞的心情会将女人的脸变得如熟透了的苹果，同时，她还会轻轻地将自己的头低下，然而眉毛是上扬的，嘴角是微笑的。

人在厌恶对方的时候，最明显的神情就是眼睛会放出冷光，而且还一直在频频地看时间，或者是直接下逐客令，在这种时候对其说什么都是无益的，因为对方根本就听不进去。

有些人当对自己的地位、职位比较志得意满，同时看不起比他地位低的人时，就会将自己的眼神一直停留在别处，甚至是连看都不看对方，就算是看对方，往往也是从眼角处看，这样的人自视甚高，往往目中无人，是典型的巴结逢迎之人。

有些人不管自己的内心如何，不管心里有没有事，在她们的脸上，根本就看不出什么表情，或者可以说是没有表情，她们对什么事情都是一副无所谓的样子，尤其是对待陌生人，更是不喜欢表现出什么表情，这种人通常都会将自己掩饰得很好。虽然她们不善于表现自己的情感，但是仔细观察她们的嘴角和眼睛，也能发现很多表现她们情绪的“符号”。

女人在和别人打交道的时候，应该仔细观察对方的神情，当和陌生人第一次见面的时候，仔细观察对方的这些细节，你就能辨别出对方是真心诚意，还是虚情假意。当和自己很熟悉的朋友交往时，这也非常适用，当朋友内心有事而又不想让你知道时，虽然她们不会在语言上表现出来，但是她们的神情往往会在第一时间将她们出卖。

第3章

女人火眼金睛，待人接物辨其人

一个人的待人处世，往往能显示出这个人的品德、秉性以及这个人真实的内心。女人现在和别人进行社交的概率越来越高，但是社交时间的短暂，往往无法让女人迅速了解一个人的为人，所以女人要想识别对方的为人，应该学会一些快速识人法。和别人交往的时候，观察对方的待人处世，往往就能让女人快速地识别对方内心。

从握手看对方态度和脾性

握手不仅是一种礼貌,同时也是一种礼节,一般在见面的时候或者是分别的时候,都会用到握手。

女人在和他人交往中,不仅会和自己熟悉的人打交道,还会和一些陌生人打交道。如何在第一次见面的时候就了解对方是个什么样的人呢?有些女人觉得这是一件很困难的事情,其实不然,只要注意生活中的一些小细节,比如和陌生人握手,在这看似普通的握手中,我们就能大致洞悉出一个人是什么样的人。

握手是一个最为普遍的陌生者之间第一次的亲密接触,有时候,就在短短的几秒钟里,女人能从这最为简单的细节中,发现对方的很多信息。如对方的握手方式、握手轻重、手的干湿程度都在无声地向你传递着他的信息,对方的性格、对方的可信度、对方的认真热情程度都会在简单的握手中表现得淋漓尽致。

一个人对人是热情还是冷漠,是积极还是消极,是尊重别人还是自视清高、高人一等,是认真对待对方还是敷衍对方,这些内心的情绪往往都会通过和对方的握手表现出来。如果女人在和别人握手的时候选错了握手的方式,就会向对方传达出一个不利于自己的信息,这些错误是无法用言语来解释的。这个错误的握手也许会让你在对方的心里留下一个难以磨灭的坏印象,并且直接影响你们以后的交往。

加拿大的形象设计师凯伦认为:“握手是一门如此有趣的艺术,它让我们瞬间产生种种猜测和判断,握手的信息是无言的,但它却是那么的丰富和微妙。握手如此感性,但它却在对方开口之前,让我们感受到他的内心活动。”

同样是握手,有的握手就能让人感受到热情诚恳,而有的握手则让人感受到冷漠、傲慢和轻视。

有些自认为自己地位很高的人喜欢用“死鱼”似的方式和别人握手，就是将自己的手直直地伸出去，等待着别人来和自己相握，就算是别人和他握手，他的手也根本不会弯曲，笔直笔直的，这些人往往用这样的方式彰显自己的身份和尊贵，这样的人，往往是不懂得交往礼仪的，他们这样做是会使人生厌的，是没有人愿与他们做朋友的。

心理学家以及身体语言专家经过调查分析后认为，通过握手可以判断一个人的性格。在同性的陌生人中，主动伸出手的人性格坚定、热情，有丰富的人际关系经验，在社会上历练的时间要长一些。性格是属于支配欲望强烈的人则会在握手时让自己的手心朝下压在别人的手上。手心是湿漉漉的、汗涔涔的人往往内心非常紧张、焦虑，可能是初次见面让他的心理非常有压力。性格粗犷的人往往手劲比较大，他们一般会不重视小节，在握手的时候用的劲特别大，这种人的性情比较豪爽。当你伸出手给对方，准备与对方握手，但是对方没有任何反应的人，往往是因为对人比较冷淡，性格也比较孤僻、内向或者是根本就没有看见你伸出的手。

有些女人在和别人握手的时候，眼睛喜欢盯在握的手上，而不是将视线投放在对方的脸上，这样的人性格往往比较内向，比较拘谨、腼腆。握手的时候眼睛紧盯在对方的脸上的人，性格比较的外向，人也比较的随和。在和别人握手的时候，眼睛习惯东张西望的人，表现出来的是诡秘、傲慢、冷漠。

女人经常会看见一些双手握紧对方的人，专家们称这样的握手方式为手套式握手。这样的握手方式往往就能表现握手人内心的热情和诚恳，能够使人感受到亲切，可以很好地消除初次见面的陌生感，但是在某些场合下，这种握手方式可能是不适宜的，如果有男人用这样的方式握着女人的手，往往会被理解成是有好感的意思。

女人在和他人打交道，尤其是在和陌生人第一次接触时，一定要注意自己的握手方式，一定要态度诚恳地和别人握手，不要将自己的握手方式表现得太过冷漠或者是太过热情，适度即可。

勿轻下结论，多角度识人

女人认识别人应该从多角度去认识，不要单从一个方面去认识他人，这样很容易看错一个人。女人在识人的时候不仅应该从一个人的外表去认识一个人，更应该从他做人、做事的方式去认识该人。不仅应该从一个人的品德角度、行为角度去识别一个人，还应该从对方的喜好、气质角度去衡量一个人。不仅仅要看一个人的个体素质，也应该看到一个人在群体中的行为表现。女人只有从多角度去识别一个人，才能更好地了解这个人。

人都是会变化的，就像古时候人们说的那样“士别三日，当刮目相看”，女人在识人的时候，不应该只看到一个人现在的情况，也应该看到他现在的努力，用发展的观点看待一个人。如果一直用静止的观点看待一个人，就会识错人。

有些女人在识别一个人的时候，经常受别人的意见所左右，别人说这个人不行，自己就戴着不行的“眼镜”去看他，就算对方表现得再好，但是这依然不会改变这个人在你头脑中的形象，这些都是非常不利的。女人识人的时候，不应该受到旁人的左右，别人的观点有可能也是道听途说来的，根本就不值得相信。要想真正认识一个人，关键还是自己的眼睛、自己的耳朵以及自己的思考说了算。女人在识人的时候，应该有自己的主见。

在古代的时候，一些智者或者国家的贤臣就很会识别人才，他们总结出了一套自己的识人方略。中国古代的大教育家孔子识人的言行观察法是：“君子远使求之而观其忠，繁使之而观其能，猝然问之而观其智，急与之期而观其信，委之以财而观其廉，告之以危而观其节。”孔子从人的言行对人才进行判断，通过对方的言行考察人的忠、能、智、信、廉和节，从多个角度来识别人才。不仅孔子会识人，王阳明也有一套专门的明心志审度法：“躁于其心者，其动妄。荡于其心者，其视浮。忽于其心者，其貌惰。傲于其心者，其色矜。”

古人在识别人才的时候，不管运用哪种识人方法，可以看出都不是片面地从一个方面来识别人才，而是从多方面、多角度来认识一个人。女人要想识别一个人，也不应该只看到这个人的一个方面就下定结论。就像一个人做生意很成功，但是这个人的学历可能只有初中毕业，如果你就单从这一方面来看，你可能会认为这个人是暴发户，于是你对这个人的印象可能会一下子大打折扣，但你其实并不知道对方可能是通过自学，然后通过不断地向人请教才有了今天这样辉煌的成绩的。这样一来，对方的成功就不是你想象的那样简单了，而是对方经过不断努力拼搏才得来的。所以女人要想彻底认识一个人，应从多方面来了解那个人。

女人要想识别一个人，不应该只看到对方的言论、思想，更应该看到他的行动。有些人可能会在自己的语言上隐瞒自己的个性，但是这些人的行动却可能会暴露一个人的内心，就像孔子说的那样，从对方的行动上去识别一个人。女人应该如何识别一个人呢?

首先应该看这个人的度量大小。度量的大小决定一个人的处世方式，行为态度，也决定了他的待人方式、决策方式。有的女人度量就比较小，做什么事情都喜欢斤斤计较，一点也不能容忍别人。而有的女人的度量就比较大，她们有容人的雅量，在小事上往往不会计较，她们一般都是成大事之人。

其次就是看一个人品格的高低。品格高尚的女人，处世比较光明磊落，做事坦坦荡荡，不会闪烁其词，做一些见不得人的事。而有些女人行事就比较阴险，她们容不得别人比自己好，千方百计地让别人不得安宁。这样的女人往往有一颗邪恶的心，不值得交往。

再次就是看一个人的智力高低。一般来说，一个人的智力水平越高，学历越高，素质往往就越高，他的能力也会比较高。现在社会要求的人都是一些有高智能的人，一个没有文化的人，很快就会被社会淘汰。

最后就是看一个人的能力强弱。要想在社会上生存下去并且不断地得到发展，关键就是看这个人的能力强弱。

总而言之，女人要想识别一个人，就不仅仅应该只看到这个人的某一方面，或带着自己的偏见去看一个人，而是应该学会从多角度去公正、客观、准确地识别一个人。

从他的朋友入手认识他

我们中国人经常说的一句话是“物以类聚，人以群分”，一般而言，女人在交朋友的时候，往往会选择一些与自己的习惯、性格很相近的人，不管是情趣还是性格方面，也不管是选择自己的红颜知己、蓝颜知己还是闺中密友，他们都是和自己志趣相投的人。

所以基于这个道理，我们就可以得出这样的结论：从一个人的朋友可以了解一个人的层次，她的朋友就是这个人的“影子”。朋友品质的高低往往间接地反映出了这个人的品质高低。女人往往喜欢交往一些和自己兴趣相投或者是在某方面能够有话聊的人，一个和自己根本就不投缘的人，话很难说到一块去，又怎么可能成为朋友呢？所以，女人要想彻底了解一个人，可以从她交往的朋友身上发现很多关于这个人的信息。

有个人曾经做过这样的试验，让一个人将自己最好的五位朋友的薪资写下来，然后他就能算出这个人的薪水是多少，结果就是这五个人薪水的平均数。在有些人看来这可能是无稽之谈，但是仔细想想，这也是有一定道理的。一个人最亲密的五位朋友，往往都是和这个人同一阶层的人，这样的话，就算大家所从事的工作千差万别，但是得到的工资确实会相差不大的。就像是一个上流人士，他们结交的人物，往往也都是一些声名显赫的人，他们很难和一个处在下流阶层的人成为生活上的好友。因为自己身处上层，结交一些和自己身份差不多的人，这样的话，大家不会在金钱方面有顾虑，这里面就会刨除一些关于金钱上的自卑。同是声名显赫，所以都是一些领军人物，这样彼此之间就可以在某些方面有更多的合作价值。同样，一个身处下流阶层的小人物也很难和一些达官贵人成为知己好友，因为彼此无论是在金钱观、还是在价值观、人生观等方面，都是没有相交点的。

由此我们可以看出这样一个事实，一个人的朋友往往就能反映出这个人是个什么样的人。因为彼此都是一个阶层的，所以无论是从收入方面，待

人处世方面，还是生活中的做事细节方面，都能从这个人的朋友身上看见这个人的影子。

我们中国有句话，叫做“近朱者赤，近墨者黑”，环境会影响一个人，同样，和自己的朋友相处久了，自己也会无形中受到他们的影响，这些都是潜意识的，自己可能根本就没有意识到自己竟然被朋友的生活方式给同化了，可见朋友的力量真的是不容小觑的。

懂得了这个道理，女人在交朋友的时候，就应该注意结交一些对自己有积极影响的人，而不是一些对自己只有消极影响的人。交朋友的时候，也应该知道不要只交往一些和自己兴趣或者是爱好相同的人，或者是和自己在某方面上能够产生共鸣的人。女人应该知道，选择什么样的人作为自己的朋友那都是自己可以决定的，要想让自己的人生越来越精彩，就应该选择一些对自己的工作或事业有帮助的人。有些人认为这是一种带有功利性和势利性的交友方式，有些人会鄙视这样的做法。而女人应该明白，自己的未来掌握在自己的手中，一个女人要想单凭自己的力量闯出一片精彩的未来，这往往会比登天还难。出门靠朋友，一个女人自己拼尽全力做不到的事情，可能她的朋友不费吹灰之力就能做到。所以，女人交朋友一定要将自己的眼界放开，不要只认为自己的朋友就是一些跟自己“臭味相投”的朋友，一些和自己逛街消费的朋友，还应该有一些和自己互补的朋友，无论是在性格、工作还是在其他的方面。

女人要想认识一个人，就应该从她身边的朋友入手，朋友的品位往往也是这个人的品位，就算有差距，那也是很小的。要想了解一个人的身价，也应该看她身边的朋友。朋友的反映和表现往往就有这个人的影子，这些都是无形中体现出来的。

从吃饭观其品识其人

应酬这个词对现代人来说，已经不再陌生，有些女人每天都要有很多的应酬，不论是在工作中，还是在家里，甚至是在自己来回行走的路上，只要是

和人打交道，就少不了应酬。只要女人仔细观察，不同人的应酬方式往往也能向我们透露一些信息。

应酬不是敷衍对方，应酬的最高境界就是在自然状态下，让他人感受到你的真诚。女人只有将自己应酬的功夫修炼到家，才会在社会上如鱼得水。女人如果不懂得如何与别人应酬，自己可能就会变得和人们格格不入，甚至不受欢迎。

仔细观察别人的应酬之术，女人就能更好地了解一个人。一些在社会上经验多的人，他们往往很会应酬，不会得罪人，并且可以将自己的应酬处理得非常自然，没有一点敷衍了事之感。不管是身处高位，还是身处低位，女人少不了要和别人打交道，少不了要和别人应酬。应酬现在已经不是一个简单的求人办事的事了，而是深入到人们生活中的“必备品”。应酬是门学问。人际关系好的人，往往都是很会应酬的人，而应酬不好的人，往往他的人际关系也很糟糕。

有些人在应酬的时候，非常会说话，他们往往都是看着对方的神情说话的，他们会边揣摩对方的心理边说话，这样的谈话，很容易获得对方的好感。尤其是在职场上，一个人会不会应酬往往会使这个人有天壤之别。有些人会应酬，不管是什么样的客户，他们都能找到适合对方的应酬之道。他们会从对方的穿衣打扮、衣服谈吐中了解对方的职业，或者是对方的兴趣所在，然后自己再有目的地筛选谈话的内容。这样的人往往在社会上总是如鱼得水，因为他们擅长和别人打交道。

有些善于应酬的人，在和人交往的时候，往往是两面三刀，见人说人话，见鬼说鬼话。他们一般不会将自己内心的真实想法透露给别人，有些时候，应酬对方往往就是为了实现自己的目的。为了迎合对方，他们往往会说一些违心的话，女人在和这样的人打交道的时候，应该特别的注意，不要让自己陷进这些人的谈话圈套里。

有些人就不怎么擅长应酬之道，因为自己不擅长和别人打交道，所以和别人应酬的时候，自己基本上处于被动的地位，无论别人说什么，他们始终处于被动的地位，这样的人往往会因为自己的不善于应酬而在职场上处处碰壁。

有些女性性情比较木讷,她们不喜欢过多地和人进行应酬,就算是朋友组织的一些活动,她们也不喜欢参加,经常是能躲则躲,她们更喜欢的是一个人静静地待着,不喜欢热闹,这样的女人往往没有多少心计,一般都比较单纯,喜欢独处。

而有些女性在应酬场合会表现得非常的热情,她们喜欢和别人进行应酬,是应酬场上的主角,不管是和什么样的人进行交际,她们都能应付自如,完全看不到一丝紧张慌乱的神情,她们的气质让众人叹服,她们在职场上同样会表现得风轻云淡,做事从大局考虑,不会因为自己的情绪而让事情办砸。这是她们在人生道路上阅尽千帆的经验总结。

有些女性在应酬的时候经常会表现得非常失态,她们一到应酬场所,就会将自己的职业姿态全部一扫而光。她们一般都是大大咧咧的,不在乎自己在众人面前的姿态,尤其是成了家的女性,更是将自己的姿态抛在一边,和其他的同事一起狂欢。这样的女性在职场上给人的感觉就是不太稳重,时间长了以后,别的同事就不会很尊重她,尤其是异性同事。

不管是什么应酬场所,女性应该始终记得自己的身份,不要让自己的形象在应酬的失态中毁于一旦。应酬不是一个让人放浪形骸的地方,而是一个为了增加彼此感情,相互交流的放松场所。一些聪明的领导也会在应酬场所考验自己的下属,酒后失言、酒后失态的人往往就是不能担当大任的人。只有那些在应酬的时候依然表现得体,完全不失风范的人才是真正值得信赖的人。

从言行是否一致看品行

女人和他人打交道,最重要的就是看对方是否讲诚信。诚信是一个人最重要的美德,一个不讲诚信的人,即使他的事业再成功,那也不会长久。只有讲诚信的人,才会真正做出一番成就。

女人在和人打交道的时候,尤其是和陌生人打交道的时候,一定要仔细

辨别对方是不是个讲诚信的人，如果对方不将诚信放在眼里，和这样的人，最好不要有什么交往，应该尽量远离这种人。

要想看清一个人是否讲诚信，关键要看对方的做法，而不单单是看对方的说辞。

有些人将诚信作为自己的首要人生信条，不管从事什么职业，他们都是童叟无欺。这种人做事通常都会非常诚实、可靠、值得别人的信赖。而有些人做事，经常是打着讲诚信的幌子行不仁不义之事，现在社会上的很多现象都在向人们诉说着诚信缺失的可怕。一个人不讲诚信不仅会伤害到别人，关键的是他在自毁信誉和名声。

女人应该怎样考察出一个人是不是讲诚信呢？一般来说，讲诚信的人人缘比较好，他们得到的一般都是一些积极的正面的评价，而不讲诚信的人往往没有太多好评。看一个人是不是讲诚信，不一定非要和对方相处时间很久，也不用非要向他身边的人打听，小事往往就能显出这个人是不是讲诚信。

女人在和他人初次见面的时候，往往都是事先约好的，讲诚信的人往往都会按时赴约，甚至是提前到达。就算是有什么突发情况，除非是非常特殊不能推辞的，否则他们一般不会爽约。但是不讲诚信的人，往往就不会在意这些小细节，他们经常会放对方“鸽子”，因为他们根本就没有将诚信这个人生美德视为自己做人的基本规则，所以他们才不会将按时赴约这件事放在心里，这样的人，往往会因为自己的资历较深或者是自己在某方面的成就比较突出，而将自己的诚信丢到一边，这样的人做事往往不会有太强的责任心。

一些人经常是为了自己的利益而将自己的诚信抛弃。为了追求利益，他们不惜铤而走险，为了追求利益的最大化，有些人经常是弄虚作假，买空卖空。这样的人做生意赚的往往是新来的顾客的钱，因为他没有回头客，不管是小到一家店铺，还是大到一家公司，诚信才是真正的立身之本，发展之源。一个没有诚信的人，毁掉的不仅是自己，还有自己所属的职业或者是企业。

孔子曾经说过：“人无信不立。”不管是一个地位显赫的风云人物，还是

一个生活在社会底层的小小民众，诚信应该永远伴随在这个人的身上。考察一个人是不是讲诚信，就是看他在利益面前如何抉择，是让自己的诚信迷失在诱人的利益中，还是让诚信为自己的将来铺路。

女人应该学会在众人中识别人是否是讲诚信，从对方的行为处事中，从对方对待利益的态度中，从对方给人的第一印象中，结交一个讲诚信的人，是女人的幸福，因为这样的人不会因为利益，而让女人蒙受损失。一个不讲诚信的人，往往会为了自己的利益，而将对方的尊严名声全部碾在自己的脚下，不管他们身边有多少好友，这些朋友在未来的某天，可能就是他攀登高峰的垫脚石。

从利益辨别真的朋友关系

人们经常说“在家靠父母，出门靠朋友”，女人在社会上行走处世，肯定也有不少的朋友，虽说多个朋友多条路，但是女人也应该仔细辨别自己身边的朋友：有些人交朋友为的是对自己的工作前途有帮助，或者是看中了对方的权势地位，结交对方是为了更好地从对方那里得到些实际的利益。

女人结交的朋友往往有很多，在这些朋友中有的是可以深交的朋友，而有的则不宜深交，这就要看你们之间的这份友谊是否纯洁了。一份纯洁的友谊应该没有利益上的尔虞我诈，没有金钱上的钩心斗角，双方之间的关系就是志同道合的朋友关系，没有金钱的熏染，没有利益的牵扯。

人们经常说的一句话就是患难之中见真情，真正的朋友就是看见自己陷入困难时能伸手相助，就是看见自己无助时能送上贴心鼓励的话语；真正的朋友不是在你无限风光时为你锦上添花，而是在你志得意满时为你敲响警钟；不是在你陷入麻烦时落井下石，而是在你孤立无援时，为你雪中送炭。真正的友情是不掺带铜臭味的，女人应该仔细分辨自己身边的朋友是对自己有什么企图的人，还是真正值得自己交往的朋友。

一般来说，人在志得意满、风光无限的时候，往往就会有很多人来和自己交朋友，这些人中有一些人或者是为了沾点自己的光，或者是为了自己的将来，为自己积累些人脉。这种人因为有着一些特殊的目的，所以他们在和女人交朋友的时候，往往不是出于真心，而是因为利益上的往来。当自己在利益上的关系已经行不通的时候，最先背弃自己的人，往往就是这些利益上的朋友。

一些女人长得比较漂亮，于是便成为很多异性追逐的目标，为了更好地追求这些漂亮的女性，男人往往都是打着朋友的幌子出现在女人的视野中的。女人对这样的情况更是应该仔细鉴别。女人也应该仔细审视一下自己身边的异性朋友了，对方对自己的友谊是不是爱情的前奏，双方之间的友谊是纯洁的男女关系，还是掺入了小小暧昧的男女关系。假如自己不想让这种友谊关系变质，最好的方法就是向对方说明自己的看法，同时不要做出一些暧昧的举动，让对方误解。

纯洁的友谊关系应该是建立在大家相互信任的基础上的，是在彼此熟悉的基础上形成的一种长久的感情，而不是为了实现某种利益，双方彼此走在一起的合作关系。不可避免，女人在和他人的相处交往中，会形成一种长久的朋友关系，但是这种友谊的产生，往往不会很长久，当双方之间的利益关系一旦结束，可能随之中断的也有双方的友谊。

纯洁的友谊应该是无所求的，就像英国诗人赫巴德说的那样:“一个不是我们有所求的朋友，才是真正的朋友。”纯洁的友情就应该具有无所求的性质，不能因为今天你对她有用，你就是她的朋友，而当你没有用处了，你就不再是她的朋友。纯洁的友情不是功利的，而是发自内心的和对方愿意相处。所以女人看自己的友情是否纯洁，就应该看到自己的朋友是不是真的将自己作为他们真心相处的朋友，当自己有困难时，他们是不是无怨无悔地帮助自己渡过困难;当自己取得成就时，他们是不是发自内心地恭喜自己，还是在暗中使阴险招数嫉妒自己。

纯洁的友情不是用钱买来的，也不是自己求来的。用金钱维系的朋友不长久，用利益维系的朋友不牢固。真正朋友不会因为你的身份地位就将你刨除出其世界的。真正的朋友会将你的快乐作为自己的快乐，甚至你过

得好了，他比自己过得好还要高兴。当你身处困难时，他比你还揪心，甚至希望这样的事情不要发生在你的身上，宁愿发生在自己的身上。这才是真正而纯洁的友情，是剔除一切利益感受的真性情。

女人应该在自己交往的朋友中，识别出这些值得自己交往一辈子的真心真挚的朋友，就算是双方彼此很久不见，但是你们之间的友谊依然醇厚，这才是真正的朋友，这才是纯洁而真挚的值得一辈子珍惜的友谊。

从关键时刻看出真心

人们经常说的一句话是患难见真情。女人要想知道自己的朋友是不是真心朋友，自己的爱人是不是值得一辈子爱的人，“关键时刻”往往就能考验出来。

有些人喜欢在别人春风得意的时候，自己主动迎上前，为的就是能够在对方身上沾点光，而当对方陷入困难的时候，他们就会尽力和对方划清界限，唯恐和对方扯上一点关系，给自己带来麻烦，像这样只能同甘，不能共苦的人，又如何能成为自己一辈子的朋友呢。女人在生活中肯定有不少朋友，但是这些朋友究竟是不是能够同甘共苦的人，还要仔细地加以鉴别。

关键时刻往往能考验一个人，同样，真爱和真情也是在关键时刻才能体现出来的。关键时刻往往是很少的，有些女人过一辈子未必能体会到什么是关键时刻，就像是面临生死存亡的一瞬间，有多少人能感受到那千钧一发的生命瞬间？人们往往在这种时刻做出的举动才是发自内心的。就像汶川大地震，强烈的地震波及周围很多地方，多处地方的房子岌岌可危，生命似乎转眼就会湮没在这一片废墟中，就在这短短的几秒钟内最能考验一个人的真性情是自私自利还是大公无私，在这一刻将人的心理全部展现出来。其中有很多夫妻在地震后离婚，原因就是地震发生的一刹那，丈夫不管妻子的死活，竟然一个人独自去求生。这样的男人又如何能共度

一生？

所以女人应该学会审视自己的朋友，真心的朋友，不是对自己有所求，在自己遇到关键时刻对自己置之不理的人，而是那些和自己共担困难的人。真心的爱人，不是一个整天对女人花言巧语的人，而是一个在关键时刻，能用自己的肩膀为女人撑起一片天的男人。

从与上司的交往态度看人品

现在的人身在职场，少不了要和自己的上司老板打交道。女人在和别人交往的时候，多观察一下对方是如何和自己的上司打交道的，往往就能发现这个人是怎样的一个人。

女人不仅可以从一个人对待上司的态度中看出这个人的人品，就是在平时的工作中，也能看出一个人的品质。

有些人在面对自己上司的时候，毕恭毕敬、满脸虔诚，一旦老板不在的时候，就会表现得非常无礼，甚至是用语言来攻击上司，这种人前一套人后一套的做法，完全可以显示出这个人是一个虚伪的人，表面上和人关系很好，其实背地里不知道会说对方什么坏话，这种人明显是个势利小人。

有些人喜欢在上司面前做一些表面文章，在上司面前表现得非常努力、诚恳、任劳任怨，但是一旦上司不在面前的时候，就会表现得无拘无束，甚至在工作的时间做一些私事。

有些人经常抱怨自己的能力一流、技术一流，但是在公司里就是不被重用，于是就一直在散播谣言，说自己的上司这不好、那不好，无论怎么说都是上司的不对，为什么这些人不被自己公司的上司重用？原因就是这些人不会和上司处好人际关系。这种人往往不管遇到什么问题，总是不会从自身找原因，总是喜欢追究别人的过错。

有些人和自己的上司相处，很会赞美自己的上司，但是赞美并不是拍上

司的马屁，也不是阿谀奉承，而是找出上司真正值得赞美的地方。这种赞美是发自内心的赞美，这种真心的赞赏往往就很能得到上司的器重。真心赞美对方的人，才是一个人品好的人，这样的人经常能发现别人身上的闪光点，他们不仅和上司的关系处理得好，在职场的是非也少。

有些人觉得自己很有能力，在上司面前表现得肆无忌惮，甚至觉得自己应该和上司同等地位，这种人非常自大、自傲、目中无人。他们连自己的顶头上司都不放在眼里，又更何况别人呢？这种人不管在自己上司面前表现得多强势，多厉害，他们始终是上司手下的一名员工，如果一个人始终不知道自己应该处在什么位置上，这样的人在社会上肯定也不会给自己一个准确的定位。

有些女性为了让自己的地位逐渐提高，她们不从自己的能力、学识、经验上抓起，反而从一些歪门邪道上下手，她们经常和上司的关系搞得很暧昧。有时候，经常是借着上司的名声做一些违法乱纪的事情，殊不知这样不仅不会对她们有什么好处，反而让她们的处境更加危险。如果这些关系都是莫须有的话，那上司肯定会严惩她们。就算关系可能不是捕风捉影，她们这样破坏上司的名声，上司肯定也会想办法惩治她们。

职场就是一个复杂的小社会，里面的人际关系非常复杂，如何对待自己的上司，如何和自己的上司搞好关系，这都是不小的学问，有些人在职场上如鱼得水，要风得风，要雨得雨，就是因为他们揣摩透了上司的心理，同时在和上司相处的时候能够看清自己的位置，给自己一个准确的定位，做的事让上司放心，这样的人才能得到上司的器重。这样的人，不仅能在职场表现得非常如意，在社会上和人交往的时候，一样能表现得非常精彩。

懂得了这些道理，女人在和人交往的时候，就能从对方对待自己上司的态度中发现这个人的人品，同时也能在这些人的经验中，找出一条适合自己的职场之道。

第4章

女人看懂人情，轻松识破小人心

古今中外的历史上，小人经常出现在大众的视野中，这些小人经常是为虎作伥，做出一些陷害忠良的事情。历史上一再上演小人危害百姓、危害国家的斑斑劣迹。为了不被身边的小人算计，女人同样应该提高警惕，懂得一些识别小人伎俩的技巧，尽早识别潜伏在自己身边的小人，不让这些小人的阴谋得逞，让自己的利益免遭损失。

小心小人的嘴脸——见利忘义

孔子曾经说过："君子坦荡荡，小人常戚戚。"小人一直是处在君子的对立面的，在古代的时候，社会上就不乏小人，现在社会上，小人更是不乏其类，对于自己身边的小人，女人应该学会防范，尽早地识别出小人丑恶的嘴脸。

小人的嘴脸其实很容易看出来，他们最看重的就是利益，他们对于利益的占有更是到了疯狂的地步，甚至可以见利忘义。他们唯利是图，哪怕是一点的利益，也会费尽心机地将其捞到手中，他们不会在乎别人怎么看他们，怎么说他们，只要能赚到自己想要的利益，就是被人说，那又如何。

小人最看重的就是自己的利益，假如某个人对他有用处，他会想尽一切曲意逢迎之计来获得对方的欢心，进而得到利益。假如这个人后来对小人来说没用了，他们就会一脚将其踹开，甚至是翻脸不认人。这才是小人真正的嘴脸，为了利益什么样的事情都是可以做出来的。

有些女人向来心地善良，思想也比较单纯，假如自己没有识破小人嘴脸的本领，吃亏的就是自己了。女人在交朋友的时候一定要注意对方的人品，自己的朋友虽然不可能像君子一样，但是至少不能是小人。对小人而言，自己根本就没有朋友，就算是有朋友，那也是自己在追求利益道路上的一块块铺路石。在他们的字典里，人生只是为了追求利益，不择手段地追求自己的利益，世界上的一切都是可变的，没有什么永恒的朋友，只有持久的利益。

小人经常做的就是喜欢在领导面前搬弄是非，不将对方扳倒，就会对自己的前途不利，于是他们不惜将一些莫须有的帽子戴在对方的头上。当自己在领导面前得势后，就会想尽办法捞取利益；没有得势时，就会极尽阿谀奉承，溜须拍马，只要能够讨得领导的欢心，就是将自己的祖宗拿出来做笑料也是可以的。当自己昔日的领导下台之后，他们就会将自己的小人嘴脸完全暴露出来，看见对方失势了，他们就会满心高兴，而且还会落井下石。

小人在讨得别人的欢心时，经常是大献殷勤，人前曲意逢迎，大献殷勤；

人后恶语相向，不断贬低。历史上一些有权有势的人身边，往往就不缺少见利忘义之人的影子，只要谁有钱有势，他们就会如影随形地跟随其左右，等待着时机将这些人推翻，甚至是杀害。有权势的人一旦落魄了，他们就会变本加厉地虐待他们，完全不顾以往的情意。所以，如果自己的身边有这种见利忘义的小人，就应该时刻提防着他们。

小人的见利忘义不是一时的心血来潮，而是在生活的点点滴滴中都能体现出来的，这种人在平时的生活中就表现得非常的自私，甚至是为了省下自己的钱，不惜用各种方式去欺骗别人。女人在平时的生活中应该学会识别这些见利忘义的小人，不要让这些小人的见利忘义破坏自己的利益。

生活中，这种见利忘义的小人往往不会念及双方之间的恩情，只要有利益可图，哪怕是蝇头小利，也可以和自己的朋友反目成仇。如果女人的身边出现了这样的人，要么就是对你大献殷勤，溜须拍马，要么就是和你搞好关系，整天围在你身边，这时候，你就应该小心了，肯定是自己在某方面对他而言有利可图，所以他才会这样黏着你。这个时候，就应该尽量让自己远离小人，还有不要让自己陷入小人设的陷阱里。小人们深谙人们的心理，他们经常会根据人们的心理揣摩出适合的言辞，说出的话正中对方的心坎，所以一定不要上小人们的这些当。

女人不管是在生活中，还是在工作中，一定要尽量远离那些见利忘义的小人，否则，一旦我们得罪他们，他们睚眦必报的品性必然会让你受到双倍的打击。他们见利忘义的品性已经让他们看不见人们之间的真情，所以如果有小人在自己的身边，就应该尽量地远离他们，但是千万不要得罪他们。

见利忘义的小人，总有一天会尝到自己酿的这枚苦果。

谨防小人的把戏——工于心计

工于心计的意思是不断费尽心机地去完成某件事，小人在做某些事情的时候，往往会工于心计，他们为了达到自己的目的，会想方设法地去实现

这件事情，甚至是不择手段。工于心计是小人们擅长的拿手好戏。

人们喜欢说的是一个人做什么事，应该有心计，就是自己应该有点计谋和策略，做什么事情应该聪明一点，但这并不是要人工于心计，处处算计别人。有些小人经常会先为自己找好未来要走的路，然后再用心计慢慢地去接触这些对他应该有帮助的人，只要能达到自己的目的，小人们会想出各种各样的办法，耍心计。

在一些电视上，如果是演绎小人的镜头，我们会发现他们有很大一部分时间是在精心算计怎样才能赚取到利益，结识什么样的人，结识哪个人才对自己有帮助，哪个人又是自己路上的绊脚石，该怎样除掉这些绊脚石等，并将这些想清楚以后，他们就会主动地采取行动。这就是小人工于心计的典型描写。

君子做事讲究的是谋略，小人做事讲究的是算计。小人喜欢围绕着对自己有帮助的人转，而得罪过他们的人，他们一个都不会放过，甚至会想尽千方百计来害对方。

历史上的很多小人为了自己的前途更加光明，他们在权威至上者的身边不断地进谗言，陷害国家的忠良，而这些位高者往往会被小人的言语所迷惑，从而对小人的话言听计从，他们甚至直接将国家大事交给这些小人处理，这样，他们想陷害一些对自己不利的人，就更加的名正言顺了。诸葛亮曾经在《出师表》中写道“亲贤臣，远小人”，这不仅适用在以前的君主专制时期，在今天的社会上同样适用。现在的小人同样是非常的猖獗，为了达到自己的目的，他们不惜去陷害别人，污蔑别人，甚至是直接将对方的生死不放在眼里。

一个公司的领导身边如果是个只进谗言的小人，则公司的其他人就会受到他的毒害，公司的前途就会让人堪忧。一些小人经常会使劲浑身解数来靠近领导，在领导的身边不断灌输自己的观点，让领导混淆是非，不断地进入他们所设下的种种陷阱，直接借领导的力量铲除异己，或者是曾经得罪过自己的人。

女人在为人处世的时候，应该睁大自己的双眼，不要陷入小人设计的把戏里。小人根本就不会顾忌自己有没有违反社会道德，自己做这样卑鄙的事情是不是有悖于自己的良心。所以女人交朋友的时候应该提高警惕，尤其是那些有一定地位的女士，更是应该在看清了对方是什么样的人后，再决

定是否与其做长久的朋友。

女人要学会躲闪暗箭的伤害

俗话说："明枪易躲，暗箭难防。"在现在的社会中，尤其是在职场上，一些嫉妒心强的人往往就会暗中给别人放冷箭。这些暗箭可能虽然不致命，但是却很影响人的情绪。女人在生活和工作中，应该睁大自己的双眼，时时提防着身边的小人，小心暗箭的伤害。

一些胸怀大度的女人经常对小人这种放暗箭的行为嗤之以鼻，她们认为自己身正不怕影子斜，所以小人的冷枪暗箭根本就伤害不了她们。但是如果小人见这样没有成效的话，反而会更变本加厉，甚至是直接向上级打小报告，写匿名信等，他们会将对方的无视视为是好欺负。因为他们根本就看不见对方对他们这种伎俩的宽容，他们眼中有的只是利益和前途，其他的什么道德、人格对他们而言根本就不存在。

历史上皇上身边的一些小人经常会为了自己的前途而对身边的一些大臣甚至是国家忠臣放暗箭，这样的人比比皆是，为了让自己的前途更加"光明"，他们根本就不将国家的利益放在眼里，如果没有这些小人的出现，可能历史就会被重新改写。

唐明皇在位时，对名重一时的绛郡太守严挺之非常看好，要将他加以重用。李林甫怕严挺之得到重用后会影响自己的前途，于是就想办法让严挺之被远调。于是李林甫想办法将严挺之的弟弟严损之找来，并且非常友好地告诉他，自己和他的哥哥关系特别好，交往特别深，还拍着严损之的肩头说道，自己一定会想办法将严损之保奏成员外郎，以此表示对严挺之的友好和敬意。李林甫说到这里，话题一转，说道："皇上对令兄非常看重，我们应该想个办法，将你哥哥调到京城，然后再想办法让他得到皇上的重用。"此时的严损之已经被说得晕头转向，沉浸在对以后美好的生活的向往中，于是忙问李林甫有什么办法没有，李林甫就告诉他，让他赶紧给他哥哥写信，让严

挺之亲自写一封呈文，就说自己患有风湿病，希望能到京城来看病。严挺之接到弟弟的家信，赶紧写了一封呈文。李林甫将成呈递给唐明皇，说道："严挺之年事已高，而且还患有风湿病，不如给他个闲官调到气候好点的地方养病去吧。"唐明皇一听，就直接批准了李林甫的要求，就这样，严挺之到洛阳做了个闲官，连太守都做不成了。

严挺之本来可以更好地为朝廷出力，但是因为李林甫的暗箭，他不仅丢了现有的官职，而且自己的一生也因为李林甫而发生了改变。小人想害别人，他们不会明目张胆地向你放箭，而是面带微笑、态度谦和地陷害你。人心难测，使人防不胜防。所以女人在生活和工作中应该时时保持一颗警惕之心，不要被小人虚伪的善意所迷惑，不要被小人的花言巧语所蒙蔽。

害人之心不可有，但是防人之心不可无！对这种放暗箭的小人，女人在生活中就应该多长个心眼，睁大双眼，看清对方的企图，和他们保持适当的距离，尽量不要和他们有利益上的关系，惹不起总是能够躲得起的。

看破小人的追求——唯利是图

《论语》里面曾经说过这样一句话："君子喻于义，小人喻于利。"意思就是君子做事情，考虑的是道德上允不允许，而小人做事情考虑的是有没有利益。简单来说就是君子看重的是义，小人看重的是利。

对于小人而言，利是他们的第一追求，小人在生活中看到的是实际的物质利益，至于其他一些道德、道义上的合不合规范，他们根本就不放在眼里。在他们的眼中，再多的名利都是为了挣钱。所以他们可以为了利益和自己的朋友反目成仇，可以为了利益和自己的家人势同水火，可以为了赚取利益，不断地坑蒙拐骗熟人。在他们的人生信条中，利是放在第一位的，其他的一切都是应该往后排的。

人们不断追求自己的利益，这本来是无可厚非的事情。司马迁曾在《史记》中写道："天下熙熙，皆为利来；天下往往，皆为利往。"女人一生在世本来

就是应该不断追求自己的利益，没有利益的事情，没有人愿意干。毕竟人为财死，鸟为食亡。不管社会怎么进步，金钱是衡量一个人生活标准和档次的最重要的东西。没有金钱，没有利益，很少有谁会去费心尽力地做一件事。这是大多数女人都知晓的观点，但是小人和常人的观点不同，就是因为他们不会顾及对方的情感，他们往往将人们之间的温情以及种种人间感情弃之不顾，为了利益，他们什么都可以牺牲，甚至是不道德的事情，他们也会无所顾忌地去做，因为小人没有羞耻之心。

小人唯利是图，没有利益的牵扯，他和所有人都是陌路之人，只要有了利益的牵扯，几分钟前还是敌人，顷刻之间也会成为朋友。小人们往往认为世界上没有什么真正的朋友，就算是他们有朋友，那也不过是自己追求利益的一阶阶天梯，没了利益的牵引，昔日的朋友，一样可以成为陌生人。

小人们看中的是自己能到手的实实在在的利益，所以他们会尽自己最大的努力来实现利益最大化，用最小的代价获得最大的利益，这是所有小人的心愿，为了实现自己的目的，他们总会想尽一切办法。他们可以为了利益丢掉自己的人格，放弃自己的尊严，摇尾乞怜地在旁人面前流眼泪，装可怜，只要能实现自己的利益目标，他们可以什么都放弃。

无论是在生活中，还是在平时的社交处世中，小人和别人打交道的前提就是利，为了自己的利益，他们可以两面三刀，笑里藏刀，只要能让自己得到利益，什么样的计谋都是可以利用的。这种观点自古以来就有据可循，人在得势的时候，可以呼朋唤友，风光无限；而在失势的时候，就会变得非常的落魄，让一些人看不起，所以小人为了使自己风光无限，就会不断地追求利益。

小人们为了追求更多的利益，不断地攀附权贵，因为只有这样，自己才能背倚大树，这样的话，自己再去追求一些利益，就会变得非常的容易。他们清楚地知道谁才是自己在这条路上的真正依靠，并且尽自己的能力不断去接触对方，并且借助对方的权势不断地占有更多的利益。至于谁是自己前进路上的绊脚石，他们也会不断地想尽办法去打击对方，甚至会害得对方倾家荡产。

女人在自己的生活中应该看清小人的最终目的，尽量避开他们，不要让自己扮演他们前进路上的垫脚石，在自己的工作中，肯定就有一些人是将自

己的利益建立在别人痛苦的基础上的。这些小人为了让自己占有更多的利益,他们会想尽一切办法达到自己的目的,或者是向领导打小报告,或者是毁坏对方的名声。为了夺取利益,小人经常是阳奉阴违的,通常是人前一套,人后一套,为了占有利益,在人前的时候就装可怜,不断地恭维对方,在背后就说对方的坏话,甚至是贬低对方,抬高自己。小人为了占有更多的利益经常是踩着别人的头不断往上爬。

所以女人一定要看清唯利是图的小人,不要让自己成为他们的垫脚石或绊脚石,远离这些小人,女人的生活才更美好。

挖掘小人的病根——嫉贤妒能

生活中,经常会有各方面都比我们做得好的人,甚至比我们优秀很多,这是一件很正常的事情,可是小人却将比他们优秀的人视为是他们的眼中钉,肉中刺,不断地想将其除去。这种心态产生的原因就是小人的嫉妒心比较强,他们见不得别人比自己好。

其实每个人都会有些嫉妒心,这是一件很正常的事情,人外有人,天外有天,谁也不可能说自己就是最优秀的。女人的嫉妒心往往会比较强,如果看见别人比自己强,然后自己更加努力地去追赶、超越对方,使对方成为自己前进的一个目标,将自己的嫉妒变成不断激励自己的动力,那么这样的嫉妒可以说是处理适当的嫉妒。小人之所以不断地攻击比他们强的人,就是因为他们不会处理自己的嫉妒情绪,作为小人,他们最见不得的就是一个人比自己更加优秀,于是为了将对方击垮,他们千方百计地想办法将对方清除,在老板的面前攻击对方,在同事的面前散布关于对方的流言飞语,这样的竞争就不再是正当的竞争了。

嫉妒往往是由于自己缺乏能力和意志,自己技不如人而产生的,小人不仅不会去想办法弥补自己在实力上的不足,相反,他们会用自己的嫉妒心理去排遣自己内心的不平。小人经常的做法就是让自己的嫉妒心理自由发

展，这样，自己就更会嫉妒比自己强的人，同时他们还会想办法不断地孤立这些比自己强的人，慢慢地，一个公司就会被小人们搞得鸡犬不宁，更不要说搞什么发展了。

有些小人就是见不得别人比自己更有才，比自己更受领导的喜欢，所以他们会想尽办法去诬陷对方，诋毁对方的名声，给对方放暗箭，使冷枪，小人就是用这样的招数来攻击对方的，他们甚至会想方设法使对方做的事情不顺利，他们总以为自己使用些心计就能将自己所处的危险给消除了，事实的发展有些时候是让他们不能预料的。小人经常能计划着事情按照他所设想的方向发展，但是事情的发展往往会超出他们的预料，他们往往也无法收拾残局。

一家电器公司的销售经理近来觉得自己的地位岌岌可危，因为自己手下的一个职员的业绩扶摇直上，眼看她的销售业绩很快就能超过自己了，而根据公司的规定，遇到这种情况，就得庸者下，能者上了，她应该主动让出自己的职位了，一想到自己坐了5年的位置就这样让给别人，而且自己的大笔奖金和福利马上也会化为乌有，于是她就变得怒火中烧，为了保住自己的职位，她想到了一个不光彩的解决办法，她打听到那位职员最大客户的联系方式，于是自己偷偷地和对方“公关”起来，她向对方的采购经理许诺，一定会给其回扣，但是条件就是取消或者推迟这位职员的那笔单子。她不知道的是，这个采购经理就是那家公司的老板娘，企业又是私营企业，根本就没有回扣这一说，而且对方对她这样的行为也非常的反感，于是将这个情况告诉给了那位职员，那位职员非常生气，直接向上司反映了这一情况，在确凿的证据面前，这位销售经理提前“下台”了。

这位销售经理嫉妒对方的业绩比自己的好，这是很正常的情况，其实只要自己多下点工夫，在业绩方面超过对方就可以了，但是这位销售经理却不用正确的方法解决这个问题，反而是从暗处给对方“使绊”，这样不仅没有达到自己的目的，反而加速了自己的下台。

小人为了自己的利益妒忌贤能，这点别人也是有目共睹的，就算自己隐藏的再好，也会有露出马脚的那一天，只要自己多留心一下小人的计谋，就能发现他在嫉妒谁，他又想害谁。女人完全可以无视小人的那些阴谋，只要

自己的身子正，就不要惧怕自己的影子斜。要是真的威胁到了自己的前途，就应该给对方以还击，让对方尝到自己酿的苦酒。

女人勿轻易透露自己的底细

俗话说知人知面不知心，女人在和人交往的时候，尤其是初次见面或者是仅仅见过几次面的时候，千万不要将自己的"老底"告诉给对方，否则，总有一天自己会为自己的口无遮拦付出代价。

有些女人比较的单纯，她们在和人交谈的时候，如果发现对方和自己一见如故，便觉得对方和自己有缘，或者是自己的知音，于是就将自己的"老底"全部都告诉给了对方，可是在此之前她们对对方完全是不熟悉的，或者是根本就不知道对方的底细，这就很有可能使自己处于不安全中。所以女人还是应该谨记"逢人只说三分话，未可全抛一片心"。

社会上的一些小人就是借助这样的方法来伤害对方的。你将自己的"底细"毫不掩饰地告诉了对方，对方就会从你的"底细"中发现你的职业、身份甚至你的很多相关信息。于是这就给他们创造了一些犯罪的机会，他们可能会套出一些你的密码、电话，然后拿走你银行卡里的钱，或者是给你家里的亲人打电话，进行敲诈勒索，这样的事情不是没有发生过。有些时候，不要认为对别人隐瞒自己的一些事情是不诚实的表现。女人应该知道这样一件事情，那就是自己就算要向别人说三分话，对方也未必对你的话感兴趣，因为你说的这些话，全部都是关于你自己的事情，对方可能根本就不想知道，尤其是两人是初次见面时。你将自己的"老底"交给对方了，你觉得自己这是诚实，说明自己实心眼，对方可能会觉得你这个人比较傻，说话一点分寸都没有。将自己的"老底"交给对方，不但没有树立起自己的形象，反而会让自己的形象更差。

逢人只说三分话，并不是说你说的话不可说，而是不必说、不用说。双方在初次见面，都不了解对方底细时，不要被有些人诚实、有修养的外表给

迷惑了，有很多小人往往会装成一副知书达理、温文尔雅的样子来欺骗对方，甚至是诱惑对方说出一些关于自己“老底”的话，然后在恰当的时机，对对方做一些图谋不轨的行为。所以为了自己的安全，还是应该小心为上，不要将“自己的老底”这种大实话当成是自己茶余饭后的谈资进行闲聊。

不仅如此，女人在和自己的朋友或者是同事进行交谈的时候，也不要因为双方之间的关系比较亲密，或者是双方之间太过熟悉，就将自己的底细和盘托出，因为我们要时刻谨记防人之心不可无。可能今日还和你非常亲密的朋友，明天就会成为你的敌人，这时他们会将你的“底细”作为攻击你的主要武器，使你难以躲闪。有些职场上的一些小人也会将你的“老底”宣传出去，作为自己不断向上“攀登”的台阶，以此来给你造成很不利的影响。

女人在与自己的男朋友交往的过程中，往往不会太防备着对方，往往是自己心底有什么样的秘密就直接向对方和盘托出，可是自己和对方交往可能也只是了解对方的某一方面或者是某几个方面，就算对方现在和你很亲密无间，谁也不能预测以后的事情，如果以后双方没有缘分了，甚至成了你在工作中的对手，或由于其他利益而与你对立，那么你的“老底”可能就会成为他的有力武器，这往往会使你付出惨痛的代价。

女人在生活中，虽然不能时时提防着别人，但是在对待自己的“老底”这一方面应该学会自我保护，不管是自己的记忆，还是自己所有的信息，都应该学会适当地保护起来。这是对自己的负责，同时也是对别人的一种尊重，自己的事情就是自己的，不管这些事情是好的还是坏的，将它们当做自己最宝贵的财产存在心底，就算是以后将它们淡忘了，这些“老底”也不会因为遗忘而让女人付出代价。

第5章

女人揣摩需求，了解客户的心理

职场上的女人经常要和客户打交道，客户和女人之间最重要的衔接纽带就是利益，如何让自己在和客户打交道的时候争取到更多的利益？女人应该知道和客户打交道，不仅仅是金钱利益上的较量，更多的还有心理上的较量，女人在和客户打交道的时候，最好能揣摩透客户的心理，这样，女人就会占尽先机，在合作中处于主动地位。

从神情中探知适合谈判的信息

女人在说话的时候，应该学会察言观色，在和别人进行谈判的时候，更要学会察言观色，注意观察谈判伙伴的神情，仔细揣摩他们的心理，当对方在心情愉快的时候，双方之间的协议就会非常容易的谈成。如果对方的神情不好，就很难达成双方之间的协议，那就应该重新商定一下谈判的时间，以后再议。这样往往可以促使谈判成功。

一些成功的女性在和别人进行谈判的时候，往往善于观察对方的神色，然后说一些正中对方下怀的话，这样对方可能就能更容易接受你的条件了。谈判的过程就是一个双方不断说服对方的过程，是心与心的较量，只要哪一方善于在对方的神情上发现一些对方的心思，往往就能在谈判中占据主动位置，能够更好地控制谈判的进行。

要想在谈判时学会察言观色，就应该在谈判之前，先对对方的消息有所了解，如谈判公司的近况，谈判伙伴的一些消息，都应该积极地收集起来，这样就能更好地把握谈判时的气氛了。

如果谈判对方的心情不错，那么他的神情上应该也会有所表现，比如眉角上扬，嘴角的两端微微扬起，如果是这样，那么双方之间的谈判就会在非常愉快融洽的气氛中进行，而且双方之间也不会因为意见的分歧而发生激烈的言辞争辩，双方往往会本着互利双赢的原则进行谈判，即使在谈判过程中遇到了一些小问题，双方可能也会因为心情不错而互相做出一些让步，而不会因为情绪的激动，说一些过激的言论，导致谈判的失败。

在军事上曾有这样一句话，就是“不打无准备之仗”。谈判亦是如此。如果对方的心情不是很好，比如昨天刚挨了老板的一顿批评，现在让他来进行谈判，本来因为昨天不顺，今天心情已经很不好了，为了在老板面前扳回面子，对方往往会想：“今天无论如何也要让对方接受自己的条件”。如果是这样，那么谈判时发生意见的分歧是一件很正常的事情，因为这时候对方心

里本来就不好受，现在一听对方的条件，往往会将自己本来不好的情绪加上今天的不良情绪一并爆发出来，这时候，正确的做法就是赶紧中止谈判，应重新商定时间，择日再进行谈判。

谈判既是一场利益的战争，同时也是心的较量，有些时候，女人还应该学会辨别有些人的情绪也可能只是一种表演，而并不是真的从心里发怒。在谈判时，往往是好几个谈判伙伴一起出席，越是重要的谈判，谈判的人数就会越多，这时候就应该仔细分辨他们中谁在唱白脸谁在唱红脸，他们之所以这样做，目的还是为了在谈判中多得到一些利益。如果对方因为自己的报价情绪一下子变得很激动，那么他可能是故意表演的，目的就是想让你压价，所以这个时候你应该详细地向他说明，自己这样报价是有原因的，在有条件的情况下，可以向他们展示自己的报价项目表。

有些人在谈判时，情绪容易变得很激动，这时，你可以适当使用沉默的战略，这样一来，对方在不了解己方心理的时候，就会变得沉不住气。己方的沉默也会迫使对方仔细思考己方提出的条件。当然在谈判之前应该做好一切准备工作，比如商品的市场行情，对方公司的实力，自己现在有多少竞争对手，将这些情况了解了以后，在谈判的时候，往往就能直击对方的要害。

找到一个真正能够进行合作的伙伴不是很容易，双方之间肯定都应该相互珍惜这样的合作关系，所以为了让合作能顺利进行，谈判的时候双方都应该适当地做出让步，最后达成的协议应该不是任何一方起草的协议，而是经过不断地磨合而成的协议。假如对方想进行合作，不管他会表现出怎样的情绪，女人都应该沉着冷静地进行谈判，而不应该意气用事、感情冲动地和对方进行语言上的攻击，这样既达不成协议，还会伤害双方之间的关系。所以谈判的时候，千万不要被对方的情绪所左右。

所以女人在和人进行谈判的时候，应该学会观察对方的神色，从对方的神情中探知适合谈判的信息。

用幽默的语言营造好的谈判气氛

谈判时的气氛对于谈判的成功非常重要，好的谈判结果往往有一个好的谈判气氛做铺垫。成功的谈判应该在愉快、融洽的气氛中结束。谈判的环境不应该让人倍感紧张，而应该让人感到放松，在谈判的时候，谈判的双方如果一直在板着脸讲话交谈，很容易使彼此产生反感。女人在谈判时，应该学会使用幽默的语言为谈判营造好的谈判气氛。

使用幽默的语言，这不仅可以消除双方之间的紧张气氛，还能让谈判伙伴消除陌生感。商务谈判就是一种智力竞赛，双方之间的谈判就是语言上的竞争。女人在谈判的时候恰当地使用幽默的语言，不仅可以避开对方的锋芒，同时还能显示出自己的机智和灵活应变。幽默是紧张谈判气氛中的一种缓和剂，既能为自己解答对方带有敌意的咄咄提问，同时还能为自己树立形象。比如有时候，对方为了拖延时间，可能一再地向你提出一些比较琐碎、无聊的问题，这时候如果你对其一一答复，就会中了对方的圈套，可是如果你不进行答复，就会显得自己很无礼。所以这个时候我们就可以用幽默的语言来回答对方："谢谢您对我们公司产品这样感兴趣，我很想立即回答您提出的问题，不过根据我的估计，在我下面介绍商品的过程中，您的那些问题我都会有解答，只要您耐心地等上几分钟，再将我没有提到的问题提出来，我肯定能为您节省下不少时间。"或者你可以这样说："对不起，您说得太快了，在这么多的问题中，我不知道您最先想问的是哪个问题呢？"使用幽默的语言就可以化解双方之间的尴尬，甚至是有冲突的气氛。

幽默的语言在谈判中就像是润滑剂，能很好地缓和双方之间剑拔弩张的关系。谈判的气氛并不是一成不变的，有时候，谈判开始时的气氛是非常和谐融洽的，但是在谈判中，因为一个实质性的问题，气氛一下子就会变得非常的紧张，一下子可能就从愉快的谈判气氛走到谈判失败的边缘，这个时候，不是继续就这个问题比个谁输谁赢，而是应该尽快让双方的紧张气氛缓和下来,此时,幽默的谈判语言就会发挥巨大的作用。它能使谈判双方的紧张气氛一下子消除掉,双方继续进行谈判。

没有幽默感的人是一个不懂得生活情趣的人,没有幽默感的谈判是一个没有生机的谈判。在幽默的气氛中达成的协议,既能在对方心里树立起良好的形象,还能为以后的合作打下基础。谈判双方在进行谈判时,如果都是秉持着公正严肃的态度对待,那么在谈判中,如果双方因为某些问题发生了争执,就会很难消除双方之间的这种尴尬气氛,甚至使谈判陷入僵局。在回答某些不方便回答的问题或者是说些不适合说的话时,用幽默的语言来为自己消除这种尴尬的气氛是一种明智的选择。幽默的语言不仅可以缓和谈判双方的气氛,同时还能在无形中批评对方,让对方无言以对。

一位个体鞋商向某位商场的女经理推销一批质次价高的旅游鞋,在谈判的时候,这位推销商为了达成自己的目的,不断地向女经理吹嘘自己的鞋质量有多好,最后的时候,他甚至大言不惭地说道:“经理,你就拍板吧,这批鞋的质量绝对没有问题,它的寿命会和您的寿命一样长。”这位女经理翻了翻样品,然后说道:“我昨天刚查过身体,我可是一点毛病也没有,我可不相信我会很快就死。”这位鞋商听了女经理的话后,一句话也说不出来了。

这位女经理看出了这批鞋的质量不行,但是她什么也没有说,最后借着鞋商老板的话,顺带着用幽默的语言说出了鞋的质量不行,既没有直接点明鞋不行,也没有让鞋商失了面子。女经理的幽默真是恰到好处。

女人在和别人进行谈判的时候,就应该学会使用幽默的语言。幽默是一种智慧,它不是平时开玩笑,而是在诙谐的话中蕴藏着说话者的语言智慧,它需要谈话者有博大的心胸,丰富的知识和坦然的态度,一个斤斤计较的女性肯定不会想着用幽默的态度和对方进行谈判。幽默也是一种人生态度,是人生的一抹亮彩。没有幽默感的人往往很难有生活的乐趣。谈判本来就是一件事关重大的事情,在谈判的时候,能够将幽默运用自如的人,往往就会收到谈判成功的效果。

先发制人，在谈判过程中占据主动

谈判实际上是一种对话，是双方各自陈述自己的观点，并不断地倾听对方谈话，从而达成满足双方的共同协议。女人只要在谈判中掌握谈判技巧，就能在谈判的过程中占据主动，从而获得满意的效果。

在谈判中，有些女人错误地认为，谈判主要就是发表自己的观点、意见，她们经常犯的一个错误就是在谈判的时候，不注意听对方讲话，始终在喋喋不休地说着自己这方的观点，这往往会使她们错过了很多宝贵的信息。优秀的商务谈判代表不仅仅只阐述自己的观点，他们大部分的时间都在仔细倾听对方的谈话，并在谈话中对某些实质性的问题进行提问，从而在提问中找到更多利于自己的信息，进而在谈判中占据主动。

女人在谈判中应该学会提问的技巧，努力在谈判的问话中获取更多的信息，从而在谈判中找到更加有利于己方的信息。优秀的谈判代表能在谈判的提问中摸到对方的真实底细。女人应该重视谈判中的提问，因为适当的提问，可以有如下几个作用。

第一，可以在提问中消除对方的紧张，增加双方的熟悉感。比如双方在谈判开始的时候，可以先进行一番寒暄，如“今天天气不错，是不是？”等之类的问话。这类问话往往能够得到肯定的回答，能很好地消除对方的焦虑和紧张。

第二，通过向对方进行提问，了解自己不熟悉的情况。比如自己不熟悉对方是如何部署的，于是就可以问对方：“对这个情况，你们是怎样考虑的呢？”一般来说，买方在提出自己对价格的看法后，往往都会询问一下卖方的意见，这样的话，卖方的心里就会比较踏实，往往会根据对方所传达的信息，仔细斟酌自己的回答。

第三，有些问题既可以向对方传达自己的信息，同时还能在对方的答案中得到自己想要的信息。比如，在谈判中可以向对方这样问：“你有把握保

证质量吗?”这既向对方传达了自己重视质量的信息,同时还能从对方的回答中,知道对方保证质量的根据。

第四,适当的提问,可以引起对方的思考。比如“你说的具体是哪方面?”“你是否考虑过这样会有什么样的结果?”等,这类提问就是在引起对方的重视和深思,对方可能会更加详细地阐述自己的观点。

第五,通过提问,可以鼓励对方继续发表自己的看法。比如,在对方谈话结束的时候可以向对方这样询问“你说完了吗?”“你还有其他什么想法吗?”这类问题就是在鼓励对方继续谈下去,以便从对方的谈话中发现更多的信息。

第六,适当的问题可以转变谈判时的尴尬场面或者僵局,比如,当双方因为某个实质性的问题始终无法用自己的观点和证据说服对方时,谈判的气氛会一下子紧张起来,双方陷入无话可说的局面时,女性可以这样向对方发问:“既然在这个问题上,我们无法统一观点,那就等我们回去以后再做思考,等下次谈判的时候,我们再谈这个问题吧,现在我们换个话题好吗?”这样的话,就能很好地转变僵局,从而进入下面一些问题的谈判中。双方也不会因此而陷入尴尬的场面了。

第七,有些问题可以作为谈判的终结语,或者是总结词,这样的问题能让双方达成很好的共识,从而为下次合作谈判打下良好的基础,这是谈判成功的一个信号。比如,谈判结束的时候,女人可以这样说:“现在理论上的问题,我们已经达成共识,就差体现在行动上了,为什么我们还不赶紧开始行动呢?”

总之,女人要想在谈判中占据主动,就应该掌握一些谈判中的提问技巧,适当的提问,既可以从中了解对方的信息,还能从自己的提问中向对方传达己方的观点,这样,对方在谈话的时候,也能够有的放矢。女人应该注意一下谈判时的提问技巧,有些问题,变换一种问法,可能就会是一种好的提问方式,而不会引起歧义。适当的提问可以让谈判变得不再呆板、单调,从而更能促进谈判的进行。所以,聪明的女人就应该在谈判中多向对方进行一些有意义的提问,不要总是将谈话的重心放在己方,只有这样,谈判才能收到好的结果。

吊起对方胃口，使结果有利于己方

欲擒故纵，是三十六计中的一计，要想将对方擒在手，先让对方放松警惕，然后再一举将其拿下。现在欲擒故纵已经不仅仅适用在军事上，在恋爱时、谈判中一样可以使用。谈判时，使用欲擒故纵，就能更好地吊起对方的谈判胃口，从而使得谈判结果更加有利于己方。

女人在谈判的时候，应该不要向对方流露出自己很急迫的样子，就算自己真的很急需某批物资或者是很想将手中的东西转手出去，也千万不要将自己的急迫展现在对方的眼中，如果对方流露出这种姿态，女人也应该多加小心，这是不是对方的一种谋略或者是陷阱呢？为了在谈判中占据主动，女人应该在谈判中学会欲擒故纵的谋略，适当地吊起对方的胃口，这样才能使对方按照自己的思路走，自己才能在谈判中更好地占据主动，取得好的谈判结果。

女人在和别人进行谈判的时候，千万不要咄咄逼人，这样不仅很难达到效果，同时还会使得谈判失败。人都是有逆反心理的，你越是想达成某件事，别人往往越不会让你达成，因为别人也怕自己上当受骗。这就要求女人应该有欲擒故纵的谈判策略，明明自己急着想将这种东西出手，越是表现出一副很漫不经心的样子，让对方在没有压力的情况下，心悦诚服地接受你的建议或者是和你达成协议。

女人在谈判的时候，应该掌握以下几个技巧。

首先就是在谈判的时候要保持高度的警觉，仔细而快速地识别出不同的时机，什么时候该保持冷静，什么时候该主动争取利益，什么时候可以做出让步，什么时候又该寸步不让，这些都是转瞬即逝的好时机，错过了这些时机，自己丢掉的就可能不是一星半点的利益。这就需要女人应该有准确而快速的应变能力。

其次就是对谈判伙伴始终要若即若离，太远了，对方可能会误解你的意思，认为你根本就没想和他们进行合作；太近了，他们又会认为你急着将东西

转手出去，或者是非常急需这笔生意，所以他们就会趁机提出更高的条件。所以最好的距离就是不是很远，同时也不是很近，让对方难以将你掌控。

再次就是充分吊起对方的胃口，人们总是珍惜那些自己很难得到的东西，这就是人的猎奇在心理作祟。明明是同样一件东西，假如自己不费吹灰之力就将它得到了，人就会觉得这件东西根本就没有什么好珍惜的。假如自己费了很大的力气才将它得到，人们往往会觉得这些东西得来不易，从而就会比较珍惜它。女人在谈判时也应该知晓这其中的道理。所以在谈判的时候，不应该很快地就做出让步，或者是让步让得很厉害，这些都会给谈判伙伴一种感觉，那就是“还能继续往下谈条件”，“这绝对不是对方的谈判底线”等，这样一来，等到谈判结束的时候，女人可能会发现，自己在无形中，竟然放弃了那么多利于自己的利益。在谈判中，应该谨慎地对待自己说出口的每个条件，不管是自己做出让步的条件，还是自己对对方的额外服务，都不应该说得太仓促，而应该让对方始终感觉到这个谈判不是很容易就能够取得成功的。

女人在吊对方胃口的时候，可以创造出一个“第三者”，给谈判伙伴制造一种心理压力，以让他觉得自己应该赶紧行动，不然会让别人捷足先登。为了不让“第三者”占得先机，对方可能很快就会和你签订协议。

女人在平时就应该学会放长线，这样在关键的时候，才能钓到大鱼。在谈判的时候，女人越是逼着对方赶紧上钩，对方可能就会躲得越远，只有在谈判时，耐心等待，对方才会上你的鱼钩。

如果对方对自己的这些策略都无动于衷的话，那很可能就是对方不需要这些东西，这种时候，自己千万不要急躁，而是应该礼貌地退到一边，给对方一个思考的空间。

抓住对方弱点，让自己占据优势

优秀的谈判代表在谈判的时候，总是善于抓住对方的弱点或者是把柄，不断地攻击对方，进而达到让对方降低条件的目的。这在追求谈判成功的

路上的确是一个非常妙的策略，但是女人在使用这个策略的同时，也应该知道别人也会用这样的方式来攻击自己，所以，女人在谈判的时候，应该尽量不要让对方抓住你的把柄。

优秀的谈判专家往往会在谈判中随机应变，抓住对方的弱点或把柄就狠狠地攻击对方，只要在谈判中抓到了对方的弱点，那么在谈判中，自己就占据了谈判的主动权。但是同样的道理，一旦自己不小心暴露了自己的弱点或把柄，就会给对方更好的与我们谈判的机会。对方一旦用我们的把柄攻击我们，我们往往是很难取得最后的胜利的。

谈判是一场心与气的较量，有时谈判看的是谁更有耐心，哪方在气势上更胜一筹，往往哪方就会更容易取得胜利。人们在谈判的时候，可能在谈判之前就已经摸清对方的把柄了，比如双方在谈判之前打过几次交道，或者是向他人打听过彼此的相关信息。还有就是在双方进行谈判的时候，自己这方面因为言辞比较激烈，一下说漏嘴了，而对方正好抓住这个刚刚“捕获”的信息，不断地就这点对我方进行“攻击”，这就让己方在谈判中完全处于劣势地位了。

女人在谈判的时候，应该学会规避自己的弱点，不要授人以柄。这就要求女人在说话的时候，一定要小心谨慎，该说的话，谨慎地说；不该说的话，无论如何也不能说。其次就是在不暴露自己把柄的情况下，积极地寻找对方的把柄。

如何让对方暴露出自己的把柄，就得考验女人的心志了。要想人不知，除非己莫为。同样，一个人要是不想让自己的把柄落在别人的手中，就不应该做一些能让人找出破绽的事情。

在谈判的时候，女人一定先要保证自己不会向对方暴露自己的把柄，然后再仔细倾听对方语言上的漏洞，甚至是语言上的矛盾点，质疑对方。从对方的把柄上攻击对方，往往就能非常好地打击对方的嚣张气焰，从而乖乖地败下阵来。

人都是有弱点的，没有人会十全十美，攻无不克。有些时候，也应该慎用这一谈判绝招，因为这样不仅会伤害到对方的自尊心，同时也会使自己留给对方一个咄咄逼人的印象，将对方吓跑，导致谈判鸡飞蛋打，得不偿失。

所以女人在用这招谈判的时候，应该用一些随和的语气，不要语气非常冲地告诉对方，否则最后往往会两败俱伤。所以对于这个谈判策略，女人应该慎用。

控制说话节奏，把握交谈时机

女人如果经常谈判，就会发现这样一件事情，那就是谈判的时候，最后期限往往能在谈判中发挥很大的作用。因为随着谈判终止时间的到来，人就会变得更加的焦虑和紧张，这样的情况在谈判终止的那天会变得更加的严重。那种没有定下最终期限的谈判，往往不会引起谈判人员的紧张，他们总会觉得谈判遥遥无期，根本就不用紧张，慢慢谈好了。

女人要想在谈判上获得成功，不妨在谈判时间上做点文章，这样说不定就能取得很好的谈判结果了呢。尤其是在一些复杂的谈判中，为谈判设定一个最终的期限，往往就能收到很好的谈判结果。有些优秀的谈判高手，就是在谈判时间上动了点小脑筋，结果就大获全胜。因为他们一直在为最后谈判时刻的到来而努力。随着对方谈判时间的到来，他可能顾不上很多的谈判细节，匆匆忙忙中，为了赶紧结束这次谈判，他们就会接受对方提出的很多不利于自己的条件。

同样的道理，女人在和他人进行谈判时，千万不要将自己的最后谈判期限透露给对方，这是一个极不利于己方的举动，因为你可以在别人谈判期限上做文章，那么别人也一样会在你的谈判时间上做文章。假如自己没有应对对方这种策略的方法，就更应该小心谨慎。不管是哪方限定了最后期限，女人都应该积极筹备自己所需的信息，在期限到来之前做好所有的准备工作，以免再受到期限的压力。如果一味地等待着对方最后谈判期限的到来，没有做好准备工作的我们，也未必就会得到好的谈判结果。而如果定下谈判期限的是我们，为了让对方尽快在最后期限到来之前和我们达成协议，那就更应该加倍努力，拟定优秀的谈判策略，一种策略不行，赶紧准备下一种

策略，不要因为埋怨对方的不讲理而错过了谈判的最佳时间。女人的正确做法是，不管自己有多少谈判时间，都应该积极、冷静地制订应对策略，不要让谈判时间左右了自己的谈判，从而进入对方设下的圈套。

一家美国百货公司想在中国开一些分店，因为他们在中国没有任何销售渠道，于是他们想和中国的某个百货公司进行合作，等自己熟悉这边的市场行情之后，再重新制订自己的分店计划。于是这家美国百货公司的总部派出了两个谈判人员来到中国进行此事的谈判。作为东道主的中国百货公司老板，特地派了自己手下的一位女经理亲自去机场迎接，和美国公司谈判人员在车上进行寒暄时，女经理不经意地问道："不知道要不要代你们二位买回程的机票呢？"于是两位美国人觉得中国人太热情了，就说自己怎么好意思麻烦对方呢。女经理一再表示这是尽地主之谊，无伤大碍，于是两位美国人就说他们打算定十天后的飞机票。于是女经理心里就了然了。在接下来的一个星期，双方迟迟不进行谈判，这位女经理亲自带领他们在当地旅游，两个美国人一直在说自己已经歇息过来了，但是中国这方面一直在说时间不急，可以慢慢来。还劝他们好不容易来中国一趟，应该好好地玩玩才是。一个星期过后，谈判开始进行，还有很多的谈判问题双方谈不拢，可是美国人的返航时间就要到了，美国人变得越来越着急，但是中国这方却始终是慢条斯理地进行着谈判，返航的那天时间到了，但是谈判还是没有达成协议，这时美国人慌了，他们在飞机起飞的前一个半小时内，被迫接受了很多的条件，中国百货公司因此得到了很多有利于自己的条件。

美国人之所以在谈判中失败，就是因为他们没有掌握好自己的谈判时间，一直在被中国人牵着鼻子走，假如他们在一开始的时候，就制订好自己的谈判策略，那么也许谈判就不会那么仓促地达成协议。

假如女人因为谈判时间的限制，自己在谈判的时候，明显地感觉到谈判时间的牵制，这种时候，也不应该泄气，冷静地制订自己的谈判策略，而不要一味地怪对方，积极地改变自己的被动地位，争取在谈判中占据一定的主动位置，在谈判期限以前，尽量达成双方都能接受的协议，这才是理智的应对策略。

坚定信心，女人要打好心理战

谈判不仅是一场谈判双方的口水战，更是一场双方之间的心理战，要想在谈判中获胜，女人就得坚定信心，只有这样，才有可能在谈判中获胜。

女人要想打好这场心理战，就得在谈判前做好心理准备，明确自己的谈判目标，比如可以将目标定位为期望目标、达到目标和底线目标。女人一定要清楚自己什么能做，什么不能做；什么地方可以让步，什么地方不可以让步，这样，在谈判的时候就能有的放矢了。在确定了谈判的目标后，女人一定要坚定自己的谈判信心，在谈判的时候，不管对方使用什么样的手段，一定不要轻易地更改自己的立场和条件。谈判之前一定要对自己有信心，无论是在气势上，还是在自信程度上，都要表现出必胜的态度，只有这样才能在谈判中发挥好的表现。

女人在谈判开始前，应该先制订出几套谈判计划，这些谈判计划中自己所占的利益肯定是不同的，第一份谈判计划中自己的利益应该是最多的，然后是自己的利益少一些的谈判计划，最后是自己的底线谈判计划。女人应该知道，谈判最后所达成的协议，均不是双方所制订的谈判计划，但是在谈判之前还是要准备出几套不同的谈判计划，目的就是自己在谈判中，能够根据自己制订的这些计划，适当地做出让步，有计划地对比，自己就能更清楚地知道自己在哪方面做出的让步有多少。如果没有这些备用计划垫底，自己对己方做出的让步可能就不是很清楚了。

不仅谈判之前的准备工作对打好心理战有重要的作用，谈判时同样重要。为了在谈判时能够更好地占据主动，就应该做好以下这几项工作。

在军事上有“知己知彼，百战不殆”。在谈判上也是一样的道理，要想在谈判中获胜，首先就要对对方有所了解，熟悉对方的优势和弱势，在谈判中才能不断避开对方的长处，攻击对方的短处。这样在谈判的时候才能占据主动。要想对对方有个深入的了解，首先就要及时而全面地搜集对方的信

息，这是打好心理战的前提。要搜集的信息主要包括对方的资格、谈判条件、谈判人员的个人情况，还包括对方的一些谈判需求等。这些都是进行谈判之前必须要了解的东西。了解了对方的这些条件之后，其次就是和谈判伙伴处于公平的地位上。公平感在谈判的时候表现得特别明显，公平感支配着人们在谈判时的心理，可以大大地促进谈判的进行。当谈判的双方处于相对公平的地位上时，便能更好地就谈判中的一些事项进行商议和协调。如果一方表现出盛气凌人的态度，或对另一方严重的鄙视甚至看不起对方，这样的谈判肯定很难达成协议。再次就是用利益来引导双方之间的谈判，谈判的双方在立场上应该是对立的，但是在利益上，双方却不完全是对立的，只要在利益上进行调整，双方就能更好地进行合作。

要想打好心理战，不仅要将眼光放在己方身上，同时更应该将焦点放在对方的期望值上，应该熟悉地了解对方的需求，关键的时候可以在这上面做文章。如果对方一直不能决定下来是否会和己方签约，即便是一直逼迫对方，对方也未必肯同意，这时候就应该想些心理上的战术，如为对方凭空制造一些竞争者，或者是不断地吊对方的胃口，这些都会促使对方赶紧和你签约。当谈判陷入僵局时，女人可以站在对方的立场上，从对方的角度思考究竟是哪个地方、哪个环节“卡了壳”，然后对症下药，这样才能取得好的结果。

不要以为谈判时的态度和结果就是谈判的终结，谈判后的表现也会影响谈判的最终成败。现在的谈判讲究的是双赢，女人应该知道不管谈判的结果怎样，都应该让对方有一种心理满足感，让他们对这次的谈判感到非常有成就，只有这样，双方在以后的交往合作中才会更加愉快。所以在谈判结束时，应该向对方表示祝贺。如果对方在谈判中失利，也不应该向对方炫耀自己的聪明，对对方进行贬低，这样就算协议达成了，但是在以后的执行过程中，对方也会因为你的态度恶劣而不断给你找麻烦，从而使得双方的合作不愉快。所以女人在谈判结束后，应该让对方体会到赢的感觉，只有这样，谈判才算是成功。

※中篇※

女人会沟通，愉快交流受人欢迎

第6章

与陌生人沟通，一开口让对方喜欢你

女人不可避免地要经常和陌生人打交道，很多女人认为和陌生人之间的隔阂很难跨越，搞不好会让自己下不来台。其实不然，只要掌握些技巧，和陌生人之间的交流也不是件难事。只要女人想沟通、会沟通，再加上适当的技巧，和陌生人愉快相处，同样能够实现。

用积极的态度促成顺利的沟通

女人要想和别人进行良好的沟通，尤其是想和陌生人的沟通变得更顺利一些，在沟通的时候，就不能用一副爱理不理的态度来敷衍对方。这样的态度不会使对方更好地和你沟通。

要想让对方更好地和你沟通，女人最重要的就是要有一个积极的态度，对双方之间的沟通应该持一种热情、高兴的态度欢迎对方，只有这样，对方才愿意和你沟通。和陌生人打交道的时候，最重要的就是第一印象，女人的态度会直接影响自己在对方心中的形象。第一次见面的时候，如果你留给对方的是热情、诚恳、真诚的印象，那对方肯定愿意和你交往。假如你留给对方的印象是态度不积极、冷漠、无所谓的印象，对方肯定也会以同样的态度来对待你的。

女人沟通的对象，就算是自己熟识的朋友，也应该注意自己的态度，更不要说一个陌生人了，如果想让对方更加积极地和你进行沟通，或者想让对方更愉快地和你进行交流，女人首先应该调整的是自己的态度问题。在和对方进行交流沟通之前，应该先确定自己是真诚地想和对方进行沟通。沟通时，沟通的语言应该礼貌，态度要诚恳，表情要自然，这些都是良好沟通的开始。

女人和陌生人进行交流沟通，不像和自己熟识的人沟通，因为彼此不熟悉，大家都会有戒备心理和防范心理，要想让对方放下戒备和你进行沟通，就应该主动消除对方的顾虑。女人可以主动地和对方进行寒暄，对对方真诚地说一声“你好”，或者仅仅是一个善意、真诚的微笑，这往往能消除对方对你的疑虑，这样一句简简单单的问候语，一个再平常不过的表情，就能让对方接受你，和你建立良好的关系。

女人要想与陌生人进行更好地交流和沟通，就应该学会找一些和对方进行交流的共同话题，这样往往能打破僵局。有些女人认为自己和陌生人

之间没有什么值得聊的地方，对方的事情也不是自己关心和感兴趣的，而且自己和对方又是初次见面，对对方根本就不了解，和对方进行交谈的话，可能对方会认为自己这是有所企图，反倒得不偿失，不如还是这样陌生好了，这就不对了。如果女人觉得自己和陌生人很难沟通的原因是找不到沟通的话题，所以自己才会止步不前，这是大可不必的。只要你对对方感兴趣，愿意和对方进行沟通，对方肯定也会对你感兴趣的。女人可以试着和对方聊一下外面的天气，或者聊一下现在大家身处的环境，或者是对方正在看的杂志等之类的话题，都可以成为大家共同沟通的话题。

女人在和陌生人沟通的时候，如果能自己主动地“上前”一步，两个人就会更好地“走完”接下来的“九十九步”，所以这里最关键的还是女人积极的态度。很多女性在和陌生人沟通的时候，心里都是非常忐忑的，她们通常会想：假如对方误解自己怎么办？假如对方不理睬自己怎么办？为了避免这样的尴尬场景出现，很多女性就直接将自己禁锢在了一个小圈子内，束缚住了自己的言语，让自己一直以一张冷冰冰的、没有表情的脸来面对陌生人。虽然这种方法可以让自己不受伤害，没有尴尬，但是自己有可能错过的就是一个和自己志同道合的朋友。有些聪明的女人在和陌生人相处的时候，就能让自己更好地和陌生人交流、沟通。她们会主动和陌生人攀谈，说一些能引起对方兴趣的话，让对方在愉快的气氛中和自己更好地进行交流、沟通。就算自己主动地和对方寒暄，但是对方没有什么回应，那也没有什么关系，自己并不会因此而少什么东西，所以，女人在这种时候，脸皮可以适当“厚”一些，大家都是陌生人，就算是对方令自己很尴尬，那又能怎样？如果对方不理睬你，只能说明对方没有修养。

不要以为陌生人都是不好相处的人，说不定对方也在揣摩身边的你的想法，你们之间的距离也许仅是一个问候的距离，一个真诚的微笑，一句简短的问候，都能缩短彼此之间的陌生距离。只要将这个距离跨越了，双方沟通起来就会变得更加容易了。女人要想和陌生人交流沟通，就应该在平时多加锻炼，不管是从心理上还是从自己的行为上，自己态度积极一点，你就会给对方一个良好的形象，对方也会愿意与你沟通。

举止从容优雅，留下美好的第一印象

女人不管和什么样的人交流、沟通，都应该注意自己的仪表。当和陌生人初次见面的时候，更应该注意自己的仪表，注意给对方留下一个美好的第一印象。第一印象，往往影响一个人对另一个人的看法。女人和陌生人见面时，第一印象往往会直接左右对方对女人的看法。第一印象的建立很容易，改变起来却很困难。所以，基于这个道理，女人在和陌生人见面的时候，一定要注意自己与他人初次见面时优雅的仪表。

人靠衣装，女人的穿衣打扮往往很影响对方对你的印象，一个衣着邋遢的女人往往不会给人什么好感。一个穿衣时尚、打扮入时的女人如果动作粗野，语言粗俗，一副“金玉其外，败絮其中”的姿态也很难让人有个好印象。所以，聪明的女人在和陌生人的交往中，首先应该注意的是，穿着要得体，打扮要自然。有些女人为了引起别人的注意，喜欢穿一些华丽的衣服，但是这些衣服根本就和她的身份不符，这往往也不能给人一个很好的印象。所以，女人一定要给自己一个准确的定位，什么场合该穿什么衣服，自己一定要心里有数，否则就会成为笑话。

女人应该学会对自己进行“包装”。女人在对自己进行“包装”的时候，应该会审视自己，看自己的外表是否干净整洁，闻一下自己的身上有没有什么异味，想想自己的语言是否得体、礼貌，看看自己的姿势、动作是否优雅等，这些都是在交往之前应该确定好的。只有这些方面都注意到了，自己的“包装”才算是好了。

女人在和陌生人进行沟通的时候，应该注意自己的语言是否得体，和对方在一起什么话该说，什么话不该说，都要分清楚。如果自己并不是很了解对方，分不清楚什么话该说，什么话不该说，那么女人在说话的时候，就应该更加小心谨慎，尽量说一些不伤对方尊严的话，尽量多说文明语，不要说一些粗话，这是很有损自己形象的。

在人们沟通的时候，不仅要用口头语言，身体语言也是避免不了的。说话的时候加上自己的手势语言，会让自己的言谈变得更有力度、更生动、更有说服力。女人在使用自己身体语言时，应该注意自己的姿势是否优雅，自己的动作是否正确，是否得体。而这些动作和姿势不是一时练就出来的，而是女人在平时的生活中的良好生活习惯造就出来的。在和别人交流的时候，注意一下别人身体语言的运用，多了解身体语言表示的意思，自己在使用这些身体语言的时候，还应该注意自己动作的柔和和优美。

首先，女人应该注意的就是，自己的一颦一笑、一站一坐，这些都是一些小细节，但是却能反映一个女人的修养。坐的时候，就挺直自己的腰背，让对方感觉到自己精神焕发，不是邋遢消极的人生态度。自己在站的时候，同样应该挺胸收腹，神采奕奕地出现在对方的视野中。在沟通的时候，女人更应该注意自己的表情是否得当，别人在发表其观点的时候，女人应该让自己集中注意力去倾听，不要随便打断对方的言谈，因为打断他人的讲话是一种很不礼貌的行为。不管是和什么样的人交流、沟通，女人都应该注意自己的礼貌，只是这种礼貌在和陌生人交往的时候，变得更加重要。

其次，在别人面前，女人还应该注意一些小细节，在陌生人面前，女人不应该挖鼻孔，抠牙齿，抠耳朵。如果遇到打喷嚏的时候，应该背过身去，或者是去洗手间专门处理一下。在外使用卫生间的时候，应该在用毕清洁好马桶、洗漱台，将废纸扔到废纸篓里。

和陌生人打交道的时候，女人"推销"的不仅是自己的容貌、时装打扮，还有自己的修养。一个平时就很重视自己修养的女人，在和陌生人沟通的时候，就会让人有种如沐春风的感觉，给人一个良好的第一印象，这样，在以后的交往中，这个第一印象会长期驻扎在对方的心中。一个邋遢、不注意自己形象的女性，同样会给人留下难以磨灭的印象，要想改变这一印象是很困难的，先入为主的形象，已经让人们对你做出了评价。

所以，在和陌生人进行沟通的时候，为了让别人对你的第一印象好一些，女人一定要让自己的仪表优雅一些。

多说些赞美的话，让对方保持愉快心情

人们都是喜欢听赞美话的，女人在和陌生人的交往中，如果能够真诚并且善意地向对方说几句赞美话，对方心里肯定会非常高兴的，也愿意和你继续交流、沟通。所以女人在和陌生人打交道的时候，应该多说一些赞美对方的话，这样，对方就会心情大好，也就更愿意和你进行沟通了。

女人要想让自己的赞美话说的得体自然，让对方更容易接受，从而引起对方对你的好感，可不是一件很容易的事情。如何赞美陌生人，是女人必须学会的一种人生智慧。女人在和陌生人交流沟通的时候，如何让自己的赞美话说得漂亮、得体、让人满心喜悦呢？

首先，女人就应该找准自己赞美对方的角度。没有人不喜欢听别人赞美自己，只是有些人不会说赞美话，他们说的赞美话让对方一听就知道是在恭维自己，是在拍自己的马屁，这种赞美不仅不会收到什么好效果，还会让对方觉得你很虚伪。这样的赞美就弄巧成拙了。所以在赞美对方之前，女人应该选好赞美对方的角度。别人会使用的赞美词，自己就不要使用了，就像是对方是个漂亮的姑娘，这时候你就不要再夸她漂亮了，因为对于这个赞美词，她可能已经听了无数遍了，你可以换个角度，夸她的衣服有品位，很时尚，也许这样的赞美词更能打动她的心，因为别人可能很少会注意她身上的衣服。你这样一夸，也许对方还会向你透露自己在挑选衣服时的一些经验之谈，无形之中，这又拉近了你们之间的距离。

所以，女人赞美对方不要说一些大家都能轻易看见的优点，千篇一律的赞美不仅没有什么新意，也会让对方感到无趣。像这样的情况，女人应该从对方的内在发现一些值得赞美的地方，比如从对方的神态、气质上赞美对方，就会让对方觉得你很有眼光，很有想法。只有从一些别人容易忽视的地方赞美对方，对方才会被你的赞美话所吸引，也才能从心里感到高兴。

其次，就是不要见到陌生人就直接夸奖对方，这样的赞美，对方一听，就

知道你这未必是真心的赞美，对方也许仅仅会淡然一笑，这样的赞美不仅不会让对方感到喜悦，反而会觉得匪夷所思。女人要想赞美对方，态度一定要真诚，赞美的话不要上来就说，而应在不经意的时候，或者是对方的某一表现的确值得你欣赏的时候再说，这样说出的赞美话，就会让对方心花怒放了。

最后，有些女人不会说赞美的话，虽然心里是想赞美对方，但是不知道自己究竟该用什么样的语言。为了让自己能更好地说出一些赞美的话，她们经常在心里为自己打好千篇一律的“赞美底稿”，见到别人家的孩子，就说聪明可爱，见到女孩就说漂亮有气质，如果对方的孩子资质平平，或女孩相貌平平，这就不是赞美对方的话了，对方甚至会觉得你这是在用反语讽刺对方。所以女人要说赞美话可以，但是一定要根据实际情况来说，不要想当然地就说出赞美的话。

人的天性都是喜欢听赞美话的，一些会说赞美话的人，经常会让自己的赞美话说得对方心花怒放。这样，对方的心情就会一片大好，怎么可能会不和你继续交往呢。

所以女人在和陌生人交往的时候，要想让对方心情大好，女人就应该多说一些赞美的话，真诚的赞美既能消除对方的疑虑，还能增进彼此之间的感情。赞美的话是人们之间的感情融合剂和润滑剂，即使两个陌生的人也会因为相互的赞美，瞬间成为相谈甚欢的朋友。女人对别人说赞美的话，不是要恭维对方，让对方飘飘欲仙，而是真诚地找出对方值得赞美的地方加以赞美，这样的赞美话，即使有恭维的地方，但是对方听了也一定会满心喜悦。

女人在和陌生人交流沟通的时候，为了让双方之间的关系更加融洽，交流能更好地进行下去，就应该熟练地掌握赞美人的技巧，赞美的话恰到好处地向对方说出来，尤其是其他人不曾发现的赞美之处，你的赞美话说得越恰当，对方就会越欣喜，双方的关系就会更融洽。

得体的言语，吸引他人的交谈兴趣

女人不管是和什么样的人打交道，都少不了和对方进行言语上的交谈，说话是否得体直接关系到女性的形象。不管是在什么场合，女人都应该注意让自己的语言得体，只有这样，对方和你谈话的兴趣才会更多。

女人的相貌出众会为她带来别人无限的倾慕，一个相貌出众的女人如果说话的语言粗俗，一点都不注意自己语言的习惯，就算是她的相貌再好，别人也会远远地躲开她，唯恐受到她语言的攻击，这样的女人就是空有一副漂亮的相貌罢了。而一个相貌平平的女人在平时说话的时候非常注意自己的用语文明，和这样的女人交往，就会让人有种心旷神怡、心神舒畅的感觉，这样的女人，就算相貌不是很漂亮，但是在别人的心目中，她依然是漂亮的女子。一个女人说话粗俗，与她受到的教育程度有直接关系，同时，也与她所处的生活环境分不开，正所谓“近朱者赤，近墨者黑”，“出淤泥而不染”的毕竟是少数，除非她比其他人有更高的学识和修养。

女人都是爱美的，说话不文明、语言不得体，这是一个很影响女性美的因素。不仅在用语文明方面女性应该注意，在不同的场合，什么话该说，什么话不能说，什么问题可以问，什么问题最好不要问，女人都应该在心底有个数。就像有些口语化的说辞，在正式、庄重的场合就不应该说，否则就不符合场景；在一些比较随意的场合就不应该说一些太过严肃或者是败坏气氛的话，否则是很令人扫兴的。所以女人在话出口之前，应该想明白自己现在所处的场合，说出来的话是不是得体。

女人在和陌生人打交道的时候，因为双方都是不熟悉的，所以这个时候该说什么话更是需要谨慎考虑，这就是说话的一门学问。说话说得悦耳、说得让人心服口服、说得让人满心欢喜都是会说话的表现。有些女人不会分析自己所处的环境，不知道给自己一个准确的定位，在说话的时候出言不逊，不会委婉地说话，这些不得体的话，都会让他人觉得你说话没有分寸，不

值得和你深交。

和陌生人初次打交道，就不能将话说得太直白，就像双方在一开始寒暄的时候，就不能问一些太多关于对方私人的话题，因为女人根本就不清楚对方是什么样的情况，假如对方想和你说的话，在你们交谈的时候他会向你透露，假如他不想说，你还在一个劲地追问，这只会让对方产生反感，你们之间的谈话气氛也会变得尴尬起来。比如对方暂时还没有找到工作，但是你上来就问对方从事的是什么工作，对方最反感的就是别人问他的工作了，现在你这样问，如果对方态度好的话，可能会笑着告诉你，自己还没有找到合适的；如果对方态度不好的话，可能就直接回你“你管得着吗”，这样一来，谈话就很难继续了。

在和陌生人交流、沟通的时候，自己说话的态度会直接影响到对方和你的谈话欲望。有些女人非常高傲，看不起别人，说话的时候往往会非常轻视对方，甚至说出的话都非常刻薄，让人无法接受。不管是男人还是女人，都会十分讨厌这种人的这种做法，相信没有几个人愿意和她们交流。所以女人要想和陌生人交流、沟通，就算自己的身份很高贵，也没有必要将自己的尊贵建立在别人卑微的基础上，这不是在显示自己的尊贵，而是再在为自己的颜面抹黑。

聪明的女人在和陌生人交流、沟通的时候，她们就非常注意自己的语言得体，对方是个什么样的人，对方处在什么阶层，对方的教育程度大概在什么层次，这些都会在对方的穿着打扮，言谈举止之间有所展现，聪明的女人就会抓紧这点滴之间传递的信息，正确地组织自己得体的语言和对方进行交流。对方说话随便的时候，自己就会使用一些豁达的语言；对方说话非常慎重的时候，自己就会说一些经过深思熟虑的语言，这些都会让对方对你产生好感，从而更愿意和你进行交流，谈话就能更顺畅地进行下去。

所以女人在和陌生人打交道的时候，应让自己的语言得体一些，这样，对方和你交谈的兴趣才会更多一些。

多寻找共同话题，避免沟通尴尬

有些女人非常抵触和陌生人交谈，就是因为觉得自己和陌生人没有什么好聊的。自己找不到和对方进行交流、沟通的共同话题，所以无法进行交流、沟通。每个女人一生中少不了要和陌生人打交道，新进入一个班级，新换的一份工作，去见一个熟人介绍的朋友，去坐火车、坐飞机，去参加一个宴会、一个活动……各种各样的情况，都说明女人一生中要和无数的陌生人打交道。假如自己一直羞于或怯于和陌生人打交道，自己就会在社会上吃不消。

其实仔细想想女人生活至今，也是不停地在和陌生人打交道，自己现在的亲密好友、自己的老同学、自己的街坊邻居，无一不是从陌生逐渐熟悉的，现在陌生，可能以后就变成了熟悉，懂得了这个道理，女人在生活中就应该试着学会逐渐和陌生人打交道，从对方透露出的信息中，筛选出双方可以进行交谈的共同话题。

女人如何才能在最短的时间内找到双方交谈的共同话题呢？

女人在和陌生人交流之前，可以先向对方做个自我介绍，然后可以请教对方的姓名、职业，这样的交谈方式不是很唐突，只要自己态度真诚，语言表情得体，对方一般都会按照你的思路走，然后再慢慢地和对方进行熟悉，诱使对方说出他感兴趣的话题。在听对方谈话的时候，你可以留意一下对方的穿着打扮，对方佩戴的首饰，对方使用的一些小东西，或者是对方正在读的杂志，这些都是谈话的突破口，或许对方用的包正是你喜欢的那一款，或者读的杂志正是你喜欢的那种类型，这些话题在你发现之后，或许就是你们交谈的共同话题的开始。

女人交朋友的时候喜欢交一些和自己兴趣相投的人，当自己和陌生人交谈的时候，发现对方和自己在很多方面都有共同语言，那样，对方就比较容易接受你。所以在和对方进行交谈的时候，女人应该顺着对方的

话题说下去，只有对方感受到你和他是有话聊的，对方才会和你进行更深的谈话，假如你上来就反驳对方，对方的反应如何，我们都是能揣测到的。就算是对方的观点自己不能接受，也不应该用很强烈的言辞给对方顶回去，而是应该用委婉的语气说出自己的想法，比如你可以这样说“你的观点的确很有道理，不过我认为这件事也可以从这个角度考虑”，这样的言辞就不会让对方反感了，也许还会从这里开始聊出你们的共同话题。

假如对方是自己的熟人介绍认识的，或者是自己以前对这个人有所耳闻，所以在和这个陌生人打交道之前，应该先向熟人了解一些关于对方的信息，比如对方的兴趣爱好是什么，对方最忌讳的是什么，这样，在交谈中就会少触犯对方的“雷区”，同时也能有更多的话题和对方进行闲谈了。

女人要想找到和陌生人交谈的共同话题，就应该仔细观察对方的言谈举止，例如对方说话的口音，对方的年龄，对方的一些习惯，甚至是双方共同乘车的目的，这些都是可以聊天的共同话题。假如女人在这方面发现不了自己和对方的共同话题时，也不应该气馁，毕竟两个人是不熟悉的，这时候就应该慢慢深入地交谈，有时候女人和对方一开始的交谈是为了初级谈话需要，共同话题有时候是在步步深入的谈话中慢慢摸索出来的。就像对方在和你交谈之初，你不可能发现对方的人生观和对世事的观点与你相同一样。这些东西对方在开始交谈的时候，是不会直接说出来的，这些都是在交谈逐渐深入的情况下，才会谈到的。

所以女人要想在和陌生人的交谈中尽快找到你们交谈的共同话题，就应该仔细观察对方的一些小细节，正是这些小细节，也许就会透露出对方所爱好的东西或者是感兴趣的东西。由此我们可以看出，和陌生人之间的交流、沟通，选出共同话题，不是一件很困难的事情，只要女人细心发现其中的小细节，就不愁没话聊。

注意说话分寸，不逞口舌之能

女人在说话的时候，应该注意自己说话的分寸，不是什么话在什么场景下都可以说出口的，有些话在一些不重要的场合说可能无所谓，有些话对着自己比较熟识的人说可能没关系，但是一旦说话的场景变了，一旦说话的对象变了，这些话一旦说出口，别人可能就会认为你是个说话不注意分寸的人。女人在和陌生人说话的时候，一定要注意自己说话的分寸，让自己少张扬点个性。

“说者无心，听者有意。”有时候女人不经意说出的一句话，可能会影响对方一辈子，自己一句鼓励的话，也有可能激励对方一辈子。女人和陌生人交谈毕竟不同于自己熟悉的朋友，可能双方交流完这次，就不会再有下次，自己在言谈中如果有什么不对的地方，也可能很难有机会解释清楚。所以，女人为了让自己在和陌生人交谈的时候少犯些无心之错，就应该在说话的时候注意自己的说话分寸。

为了让自己说话的时候更好地把握分寸，女人不仅要提高自己的学识和修养，在谈话的时候，还应该注意到其他一些细节。

首先，应该说善意的话。俗话说：良言一句三冬暖。和陌生人说话，无非就是为了更好地交流，多说善意的话，多用礼貌的语言，就会让对方感受到你的诚意。有些话在双方之间是不能说的，例如自己平时那些不文雅的口头禅，这种时候都应该弃之不用，毕竟双方这是第一次见面，对方对你的了解不是很透彻，这些口头禅的运用可能会毁坏你在对方心中的形象。

其次，要维护对方的自尊心，俗话说“打人不打脸，骂人不揭短”，和陌生人见面的时候，更是应该注意维护对方的尊严和自尊心，对方有什么生理缺陷等，都应在谈话中予以回避，就像对方比较矮，就不要谈论身高的话题，对方手上有疤痕，就不要充满好奇地询问对方是怎么留下的。这些问题都会

伤害对方的自尊心，就算对方当时不将自己的情绪表现出来，但是对方的心理一定有很大的波动。可能在接下来交谈的时候，对方就会变得郁郁寡欢，因为你的话已经伤害到了对方。

再次，说话的时候应该注意自己的情绪，不要让自己表现得太过亢奋，待人接物应该主动、热情，但这不是让女人表现得非常激动、亢奋。不要以为别人的心情都和你一样好。在和陌生人交谈的时候，自己的态度的确应该表现得积极一些，态度积极不同于情绪亢奋，因为你不知道对方现在处于什么样的情绪，也许对方现在正好处在失去亲人的痛苦中，你的亢奋会激起对方深深的反感和厌恶。

最后，女人说话的时候，应该看清自己的谈话对象是什么身份。对方是什么样的年龄，是比自己年长，还是同龄，对方是什么样的身份，是学者的打扮，还是农民打扮，当初步判断出了对方的身份后，女人在说话的时候，就会有的放矢了。对长辈说话，就应该注意使用一些尊敬的用语；对自己同龄的人，说话就可以随意一些；对学者说话，就应该多用一些文雅、书面的话语；对农民说话，就应该多说些农业方面上的事情，不要使用太专业的学术上的词汇，否则，对方会认为你这是在卖弄。女人说话的时候，看清谈话对象，就会让自己和别人交流起来收放自如。

女人在和陌生人交流的时候，为了让自己说话的时候有分寸，不仅应该注意上面这些内容，同时还应该在说话的时候注意几个禁忌，比如男不问收入，女不问年龄，这是一个事关对方隐私的问题，所以最好不要就此发问。不要在一开始和对方接触的时候，就说一些不着边际的东西，或者是大谈自己的隐私，虽然你可能认为这是自己心无城府的表现，但是对方却不这样认为，要记住，自己的隐私不是所有人都感兴趣的。

女人有个性未必就是件好事，说话的时候不注意分寸，只知道按照自己的性子来，这是很容易得罪人的，也是不成熟的一种表现。所以女人在和陌生人交流、沟通的时候，为了让双方的谈话更投机，就应该在说话的时候，多注意自己说话的分寸，让自己少张扬点个性。

保持善良，设身处地为他人着想

有些时候女人说话、做事不能只从自己的角度思考和分析问题，这样就会显得自己很自私，而且还没有礼貌。女人的快乐是需要自己创造的，不是别人给的，女人要想让自己的心情更加愉快，就应该在和别人交往的时候，多为别人想一些。

多为别人想一些，会使别人更愿意与你交流、沟通。女人在平时的时候多替别人想想，就是将自己的内心世界、思维方式同对方的立场联系在一起，从而在思想上理解对方，和对方在情感上产生共鸣，这样就能更加容易地理解对方的做法。尤其是在和陌生人交流、沟通的时候，更应该多替别人想想。

有些女人在和陌生人交流的时候，总喜欢拿自己的事情作为谈话的主题，殊不知这样做其实就是犯了大忌，因为对方未必会对你的那些事情感兴趣，有些时候对方可能会表现出很感兴趣的样子，但或许这仅仅是为了让自己表现得礼貌一点，所以才一直让自己恭敬地听你说话。我们有时候可能会见到这样的情况，谈话的一方说得兴趣盎然、眉开眼笑、情绪高涨，但是听话的那方却是兴趣寥寥，甚至是表现出心不在焉的神态。这种情况产生的原因就是因为谈话者没有考虑到对方的心理，没有为对方着想。

在生活、工作中，女人免不了和别人发生一些摩擦，为了自己或者公司的利益和陌生人有或多或少的争执也是很正常的，这种时候，如果女人会替别人多想想，就会发现事情解决起来根本就不必大动干戈，伤了彼此的和气，这是最好的处理问题和冲突的解决办法。多替别人想想，自己就会少些怒气，多些理解；多替别人想想，对方就会认识到自己的错误，而不是一味地指责对方；多替别人想想，人们之间的摩擦和纷争就可以减少。很多女人性子非常急，她们给自己定的人生信条就是“人不犯我，我不犯人；人若犯我，我必犯人”，这种脾气可能让她们饱受了很多干戈之苦，和别人的人际关系

也非常糟，这些人就是因为凡事都以自我为中心，容不得别人的错误，不管对方出于什么样的原因侵犯了自己的权益，自己必定得挣回来，有气撒气，有怒发怒，无理都搅三分，更不要说自己在理的时候了，所以，她们的人际关系总是很“紧张”。

人都是有脾气的，你对别人不好，别人对你也不会好到哪儿去，这都是相互的。在和陌生人打交道的时候，这种情况表现得非常明显。女人在和陌生人打交道的时候，就算双方之间有了冲突，也不应该一上来就指责对方，这是很没有修养的行为，对方本来还想好好和你解决，可如果你的态度恶劣，那对方也不可能心平气和地与你讲道理了。女人在遇到冲突的时候，不应该只考虑到自己的利益或者自己这方面受到的损害，而是应该多替别人想想，也许对方是有什么难言之隐，或者是另有苦衷，这样，自己就会少些怒气了。

女人多为别人想，就会让自己变得更加宽容，考虑问题的时候也能从对方的角度进行考虑，这样，女人和别人的相处就会变得非常容易。做事从不为别人想，一心只看重自己的利益，看不见对方的难处和苦衷，达不成自己的目标，就会和对方发生争执的女人是不会受到别人欢迎的。

有一个盲人在晚上走路的时候，总要随身携带一盏灯，别人问他：“你自己看不见，干吗还要带盏灯呢?”盲人说道：“我是看不见，但是别人看得见啊，这样的话，别人就不会撞到我身上了。”正是因为盲人多替别人着想，所以在走夜路的时候，才不至于和别人发生碰撞。

女人做什么事情都应该学习这个盲人的这种做法，自己虽然看不到灯光，但是别人看得见，为别人亮一盏灯，其实最终受益的还是自己。多为别人着想，自己就会少发怒，平时也会变得更加快乐。从现在开始，女人不管是做什么事情，都应多为别人想想，这样一来，别人就会感受到你的品德高尚，你的宽容，这无形中就为自己树立了良好的形象。这对于自己的未来是有百利而无一害的。

第7章

拉近心灵距离，让自己可亲可近

聪明的女人会在和别人谈话的过程中，拉近彼此之间心灵的距离，她们知道该怎么适当地说话，以及怎么适当地倾听。和人沟通对某些女人来说非常难，但对另外一些女人来说可能易如反掌，为什么会有这样大的差异呢？，就是因为前者不知道沟通的技巧，不知道该如何拉近和对方之间的心灵距离。如果掌握了沟通技巧，每个女人都能成为沟通达人了。

说好第一句话，让交谈顺利开场

女人在和他人交流、沟通的时候，说好第一句话是很关键的，往往第一句话，会决定接下来的交流气氛和沟通内容。和陌生人交谈的时候，更是应该注意说好第一句话，如果第一句话说不好，很容易引起对方强烈的反感，这样的话，根本就没办法进行接下来的交流和沟通。

不管是和什么样的人沟通，最重要的就是态度要真诚，要使用礼貌用语，这不仅能显示出女人的修养，同时也能博得对方的好感。另外，用真诚的语气，真挚的谈吐向对方展示你的坦诚，说话还应该使用温柔平和的语气，不要故弄玄虚、一惊一乍。

女性在和别人打交道的时候，如何才能说好第一句话呢？这里面其实也是有很多小窍门的，只要在说话的时候，注意以下几点，就能在和别人交流沟通的时候，说好第一句话了。

第一，说话之前要有大致的说话目的。不管是和什么样的人交流、沟通，自己在心里应该有个大致的说话目的，比如是让对方对你产生好感，还是安慰对方，或者是让对方从心里消除戒备，这都是交流、沟通的大致目的。女人在明确了自己的说话目的后，就会避免在说话的时候乱说，天南海北无所不聊。有了大概的说话目的，说话的时候就会“对症下药”，这样，说起话来就会很有条理，更容易把话说得明白、清楚。

第二，主动和对方攀谈。女人要想和别人进行交流沟通，就不能被动地等待别人的主动寒暄，而是应该主动地献上自己的真诚、坦诚和热情，为了让对方愿意和你交流，你可以主动向对方表示你的敬慕或者是你的问候。比如见到一个大名鼎鼎的人物，初次见面的时候，就可以说“久闻大名，如雷贯耳”，或者是见到一个医生时，你可以说“早就听说你的医术高超，今日相见，真是非常荣幸”。像这样的谈话开头，对方怎么可能回绝你的谈话呢？在见到陌生人的时候，如果不知道该怎样和对方进行谈话，可以在开始的时

候主动向对方表示问候，比如向对方说“早上好”“新年好”等之类的问候语，这些问候语都能向对方传达出你的诚意，真诚的问候往往会为接下来的谈话起个好头。

第三，说话时注意自己的说话方式。汉语是世界上公认的最难学的语言之一，因为同样的说话内容，如果用不同的表述方式，往往会产生不同的语言效果。比如同是一句“你为什么打人”，就可以表达出好几种不同的意思。当情绪很激动的时候，你可以这样说“你为什么打人?!”这不仅向对方表示出了你的生气和气愤，同时也是在质问对方，这样的质问往往会引起对方的反感，甚至可能会让对方更不愿意回答你的质问。如果不想让对方产生恐惧，你可以语气很平和地向对方询问：“为什么打人?”这样，对方可能就会向你道出他打人的真正原因。所以我们要在说话时选对说话的方式，特别是第一句话。

第四，说话之前应该察言观色。人的心情往往会在脸上表现出来，女人在和别人交流的时候，一定要会察言观色。当对方面露欣喜的神色时，你可以这样询问对方：“你好，很高兴认识你。”对方心里本来就很愉悦，这时候，可能也希望找个人来分享一下自己的喜悦，这时候的交谈往往都是很顺利的。

第五，找到和对方谈话的共同语言。有些女性朋友经常认为，自己和陌生人没有什么话好聊，大家素昧平生，又完全不熟悉，怎么会有话聊呢。其实只要仔细寻找，女性就能发现谈话的交点。比如从对方的口音，你可能会发现对方正是你的老乡；从对方阅读的杂志，你可能会发现对方和你有着共同的爱好；从对方的年龄，你可能会发现对方也是孩子的家长……从种种细节中，女性就能发现和对方进行交流沟通的共同点，从而引发对方和你谈话的欲望。

无论接下来你们所聊的是什么内容，一定要说好第一句话，而说好第一句话的关键就是向对方显示出你的真诚，只有让对方消除掉内心的戒备，对方在和你交流、沟通的时候，才会坦诚相待，这都是相互的。女人在和别人进行交流、沟通的时候，千万不要小觑第一句话。

从对方感兴趣的话题着手交谈

不管是和什么样的人交流，最重要的就是谈对方感兴趣的话题。切记不能认为自己感兴趣的东西就是对方感兴趣的东西，这是一种错误的观念，很多女人之所以在和别人交谈的时候不成功，就是因为他们没有找到对方感兴趣的话题，没有发现对方的兴趣点，女人要想和对方进行愉快地交谈，就应该在和对方的谈话中，积极地寻找出对方感兴趣的谈话主题。

人们在和别人谈到自己感兴趣的话题时，经常会表现得情绪高涨、言无不尽，甚至和对方有种相见恨晚的感觉；而对自己不感兴趣的话题，则表现得兴趣寡然，甚至是心不在焉，对于这样的谈话，对方往往会十分反感，希望能尽早结束谈话，所以是不可能在意对方的说话内容的。所以女人不管是和什么样的人交流，最关键的还是谈话的时候多说对方感兴趣的话题，这样，对方才能更有兴趣和你进行接下来的交流。

和对方谈对方感兴趣的话题，就会激起对方和你谈话的兴趣，拉近对方和你之间的距离，让对方对你产生无限的好感，消除彼此心理上的隔阂，为彼此接下来的交流、沟通打下一个良好的基础。

女人为了在谈话中谈对方感兴趣的话题，可以在谈话之前对对方进行一番了解。假如对方是自己的上司或者领导，就可以在平常的时候，多向同事或者领导的秘书助理打听一些关于领导的信息，找出领导感兴趣的话题，这样一来，在和领导谈话时，就不怕没有话题了。如果对方是自己的客户，也可以通过一些渠道了解对方感兴趣的信息，这些都会为女人和对方的谈话提供有利信息。假如对方是一个完全陌生的人，自己对她的信息完全不了解，甚至根本就没有什么渠道在和对方进行沟通之前的了解，那女人在和对方谈话的时候，为了尽快找到对方感兴趣的谈话主题，就应该不断地变换谈话主题，一个不行就换另一个。穿戴方面的话题不行就换化妆方面的话

题，化妆方面的话题不行就换娱乐方面的话题，娱乐方面的话题不行就换体育方面的话题……这么多的话题，总会有一个是对方感兴趣的。这时候女人应该仔细观察对方的神情变化，当你说到对方感兴趣的话题时，对方往往会表现得非常高兴，积极地响应你说的话，会对你说的话积极地表示自己的意见。假如你说的话丝毫不会引起对方的兴趣，对方就会一直听你说话，不会发表自己的观点，有时候还会故意看手表，这时候会出现一些小动作。所以当看出对方不感兴趣时，要么就赶紧停止自己的言谈，要么就赶紧转移到另一个话题。

为了找出对方感兴趣的话题，可以向对方积极地进行询问，比如她对某件事情持什么样的态度，假如对方对此比较感兴趣的话，就找到了对方的兴趣点，以此不断地扩大，就会成为你们交流的共同话题。假如对方对你说的这件事情不是很熟悉的话，那女人也就心里有数了，对方对此是不感兴趣的，所以就可以避开这个话题了。女人还应该注意的是，自己在选择谈话主题的时候，最好不要选择一些有争议的话题，这样很容易和对方起争执，这绝不是好的谈话主题。

有时候，沟通的目的是为了拉近彼此之间的关系，对方感兴趣的话题，正好可以让对方对你产生好感，这样对方就愿意和你进行接下来的沟通、交往，这样，你们之间的关系就会越来越亲近。

一个化妆品推销员在向一位家庭主妇推销化妆品的时候，并不是上来就推销自己的产品，而是先从家务聊起，说一些饭菜的做法，说到衣服的洗涤，甚至还聊到如何给狗洗澡，就这样，在交谈中，也聊到了油烟对皮肤的损害，洗涤剂对手的副作用，还聊到了给狗洗澡以后对手应该怎样护理。就这样，这位推销员在离开时，不仅卖出了自己一套脸部护肤品，还卖出了专门的护手、美肤的全套护肤品，而且这位家庭主妇最终还成为了这个推销员的长期客户。

为什么这位推销员能够轻松地推出自己的产品，就是因为她能够找准对方感兴趣的话题，假如推销员一上来就急于推销自己的产品，可能面临的就是闭门羹了。所以女人在谈话时，找准对方感兴趣的话题很重要。

学会倾听，不打断他人谈话

女人在和别人说话的时候，一定不要让自己成为别人讨厌的插话者。人们在交谈的时候，最讨厌的就是自己的谈话思路被对方无故打断，尤其是当说话的兴致正高时，本来自己很流畅的思路，很好的谈话内容，被他人中途打断，等到自己接着说自己想说的主题时，已经兴致寡然，再也没有开始时的兴趣了。

有些女人之所以爱在别人谈话的时候喜欢插话，主要就是因为她们怕被对方冷落和忽视，所以别人在谈话的时候，她们会竖起耳朵仔细倾听别人的谈话，当对方的谈话说到自己了解的地方或者是自己有谈话点的时候，就会不管对方的谈话，不断插话进来，甚至直接转移开对方的谈话主题，让自己成为谈话的主角。尽管她的谈话，可能让她抒发了自己的说话的欲望，使她不再受到众人的冷落，但同时也破坏了开始谈话者的谈话欲望，让对方被迫按照她的谈话主题，进行接下来的谈话。这样做不仅是没有礼貌的，而且是非常令人讨厌的。

在别人谈话时喜欢插话的人很多，不仅是在女人平时的生活中，在一些电视节目中，我们也会发现很多节目主持人在和嘉宾进行谈话的时候，也经常犯一些喧宾夺主的错误，他们经常会在嘉宾谈话的时候打断其谈话，说出自己的意见，甚至是顶替嘉宾，自己成为谈话的主角，这些都是自己在平时随便插话犯下的错误。

不适当的插话，会引起别人强烈的反感，但是女人如果会选择恰当地插话时机，就能更好地促进对方接下来的谈话，如果插话不当，就会适得其反。女人在和别人说话、沟通的时候，一定要选择好恰当的插话时机，如何选择恰当的插话时机，让自己不会成为令人讨厌的插话者呢？

首先，注意倾听对方的谈话，仔细捕捉对方谈话的信息，在对方谈话的停顿处，补充上自己的意见和观点，只要说得合情合理，对方一定会接受你

的意见。及时地抓住谈话时机,及时快速地捕捉到对方的谈话内容和谈话倾向,迅速在自己的脑海中形成对这一观点的理解和意见,不要直接表示出自己对对方观点的是非判断,而是应该婉转地向对方表达自己的意见,简明扼要地向对方表示自己的观点和建议,这样既能向对方表示出自己的意见和建议,同时还不会引起对方的反感。

其次,在对方考虑不周时,可以用补充说明的方式将自己的意见加入对方的谈话,比如说,当你觉得对方的话语还有一些不周全的地方时,你可以这样说:"你这个方法的确能解决这个问题,但是却忽略了这个问题的另一方面……"如果这样说的话,对方可能就会将注意力全都放在你身上了,而且他们也会愿意倾听你对这件事情的看法。

最后,当对方的谈话信马由缰地谈开时,应该适时地选择一些能够调控大局的话来调整谈话的中心。当你发现对方的谈话内容明显偏离谈话的主题时,你可以这样向对方建议:"我想我们今天的谈话主题,主要还是围绕在……""还是让我们对这个问题进行更深的讨论吧"这样的插话都是为了让对方的谈话更好地切入主题,不会影响到谈话的过程,从而使谈话更好地进行下去。

一般来说,女人在说话时,有时候为了让自己的观点更好地引起别人的注意或者是为了更好地就某问题发表自己的观点,在别人谈话的时候,往往就需要插话。女人在插话的时候,要想不引起对方的反感,不仅应该注意选择插话的时机,更应该注意自己的插话语言。第一,插话语言应该自然:不宜使用刻意雕琢出来的造作语句;第二,准确:不能为了引起别人的注意,就乱说一气,插话的时间很短,所以说出的话,就应该言简意赅、一语中的;第三,通俗:插话时,应该选择通俗易懂的语言,不然很容易有卖弄之嫌;最后一点就是简明:最好是三两句话就能说出自己的全部意思,这样既不会打断对方很长时间,也不会引起对方的反感。

女人在插话的时候注意这些插话中的小细节,就会在插话的时候,不让对方反感,同时还能收到好的谈话效果。

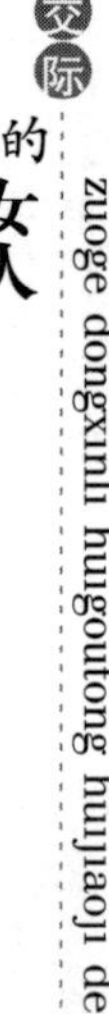

记住他人的名字可以提升好感度

如果女人在和别人交往时，总是能准确而快速地呼出对方的名字，对方肯定会感到非常高兴，因为女人的这种做法，会让对方感觉到自己是被人重视的，这样，在其心里就会产生一种被尊重感。

人的心理都是一样的，自己名字的使用概率经常会反映出这个人的名气和受重视程度。

就像我们经常看见一些明星们，为了让观众更好地记住他们的名字，他们经常会想办法让自己名字的出现频率不断增加。人们经常会记住一些电视剧或者电影上的主角名，因为他们出现的机会多，这让人们更容易记住他们的名字。而一些群众演员或者跑龙套的，就很难给人留下深刻印象，人们往往就记不住他们的名字。由此，女人可以看出，人都是希望自己的名字能被别人记住的，尤其是陌生人。当一个陌生人能准确地叫出自己的名字时，自己心里肯定不止是惊讶，而且还会这样想："我的名字对方竟然毫无错误地叫出来，说明我还是小有名气的，连陌生人都认识我。"就是因为这个小细节，对方对你的好感就会瞬间倍增。

女人要想尽快拉近和对方之间的距离，最好在打招呼的时候，能够准确地叫出对方的名字，这样对方就会感觉到你对他的尊重和重视。但是女人在社会上接触的人肯定是非常多的，从自己上学时的同学，到社会上接触的同事、上司、客户以及其他对自己有利益关系的人，这些名字，自己如何才能准确地记住，并在恰当的时机准确地呼出对方的名字呢？这里有几种方法可以帮女人更好地记住对方的名字。

第一，在拜访对方之前应该对对方有所了解，包括对方的姓名、职业、兴趣爱好等，在对这些信息了解了以后，再去主动拜访对方，准确地称呼出对方的名字，只有这样，对方才会觉出你的诚意和对你对他的尊重。

第二，在和陌生人第一次见面的时候，就应该向对方询问清楚其姓名，然后最好是将其记下来，如果在当时不可能将其记录下来，最好在适当的时

候及时记录下对方的信息，包括对方的职位、头衔、所在的公司，这些都是很宝贵的信息，记录下来以后，要经常将其拿出来“温习”。时间一久，这些信息就会成为女人宝贵的资源，随时可用。

第三，不要害羞，可以向对方多多询问关于名字的信息，比如请问你的名字怎么拼，你的名字是这样写吗，这样的问题不仅不会招致对方对你的反感，反而还会让对方感觉到你非常重视他的名字，非常尊重他。

第四，可以通过一些联想记忆法来记住对方的名字，这样，在和对方打招呼的时候，就可以准确无误地喊出对方的名字了。

当你在和某个人见面的时候，能够准确地在头脑中将对方的名字提取出来的时候，这就说明，你已经为自己建立了一张庞大的人际关系网，准确地叫出对方的名字，对方就会对你产生深深的好感，这正是你成功的前提和基础。

所以女人要想在和别人交往的时候得到别人的好感，就应该在对方的姓名上下点工夫，假如对方的姓是个不常见的姓，你还可以为此专门做一些功课，这样，在和对方交谈的时候，你就可以将你知道的关于这个姓的所有信息向对方说出来，对方听到你的这番话后，心里肯定非常高兴，同时也会对你的诚意和尊重印象深刻。

不要以为名字只是一个无关紧要的代名词，也不要以为人们不喜欢别人称呼他们的名字，准确而亲切地称呼对方的名字，对方就会从心里觉得你很好，因为他觉得你是重视他的。

同样的道理，女人在社会上和陌生人也不是经常接触的，但是如果能在第一次见面或者第二次见面的时候就将对方的名字准确地称呼出来，对方对你的亲切感和好感就可想而知了。

巧妙地迎合他人让自己受欢迎

谁也不愿意和一个老是指责自己、给自己找茬的人交往，这种人给人的印象往往是根本就不重视对方。所以女人在和别人交往的时候，不管是和

什么样的人交流、沟通，适当地迎合对方，会让对方感觉到你是重视他的、尊重他的，这样一来，对方才愿意和你进行更深层次的沟通。

著名的口才大师卡耐基说过这样一句话："即使你喜欢吃香蕉、三明治，你也不能用这些东西去钓鱼，因为鱼并不喜欢这些东西，你要想钓到鱼，必须下饵才行。"同样的道理，你喜欢谈的话题，未必就是对方喜欢聊的话题，只有对方也喜欢聊这个话题的时候，你们才能更好地进行沟通。所以女人要想和对方的沟通进行得更好，就应该顺着对方的话题，而不是只谈自己想聊的话题，这是不会给对方好感的。聪明的女人往往会在自己说完话的时候注意迎合对方，让对方在交流的时候，时时感受到女人对其的诚意和重视，这样一来，聪明的女人又有谁会拒绝和她交流呢？

真正会迎合对方的女人，应该注意自己迎合对方的技巧，迎合对方，但是不让对方看出自己是在迎合对方的破绽，要迎合得自然，迎合得恰当。而不会让人有故意奉承之嫌，虽然这里少不了奉承的成分，但是最好还是不将它们暴露出来，这就是聪明女人的技巧了。

每个人都会有自己比较感兴趣的话题，人们的兴趣千差万别，有的人喜欢踢足球、打篮球；有的人就喜欢安静地看书、听音乐；有的人喜欢琴、棋、书、画，修养自己的身心；有的人喜欢在闹市尽显自己的青春活力……这些都是人们在自己长期的生活中养成的兴趣爱好。有的时候我们会发现，我们在和某人谈某些话题的时候，对方根本就没有兴趣，所以女人和对方的谈话，就会屡次陷入尴尬的境地。如果谈到对方感兴趣的话题，对方就会变得劲头十足，甚至是精神焕发，变得侃侃而谈，这是常有的事情，使对方侃侃而谈的关键就要看女人能不能找出对方真正感兴趣的话题，激起对方强烈的谈话欲望了。

人们都渴望自己是受人重视的，不管这个人是身兼数职，还是仅仅是一个普通人，这些都是人的情感需要，受人重视，自己的地位才有保障。马斯洛在研究了人的心理需要后，发现人们都有被尊重的需要，一个人只有受到了别人的重视和尊重，他才会有爱的需要和自我实现的需要，被别人重视，被别人尊重，往往会对一个人产生很重要的心理作用。一个被人重视的人，就会激励自己做出一番成就。一个经常不被人重视，甚至认为自己的存在

根本就是一个错误的人，往往就会坠入犯罪的深渊。所以女人不管是和什么样的人交往，一定要学会尊重对方、重视对方。重视对方不是一个口头语，也不是只向对方说“我是重视你的”。在交谈的时候，如果女人老是打断对方的谈话，甚至认为对方的谈话内容简直就是无稽之谈，因为对方的身份卑微，所以对方不管是说什么话，都是人微言轻，不值得重视。如果女人持有这样的观点，那就不对了。我们每个人都是社会中普普通通的一员，不管对方的身份如何，都是应该受到尊重的，这应该是每个人最起码的权利。一个不重视别人的人，间接地说明了一个问题，这个女人的素质是很低的。

所以，女人在和别人交流、沟通的时候，应该想到对方正在和自己平心静气地交流沟通，对方对自己是尊重的、重视的，那么自己对对方也应该尊重和重视，对方说什么话，应该等对方需要回应的时候再向他表示自己的意见，这既是一种礼貌，也是尊重他的表现。

愚蠢的女人是让别人迎合着自己说话，这样，对方往往会对她产生深深的反感，而聪明的女人却能迎合对方说话，从而使自己能和对方更好地交流。

进什么庙拜什么佛，看清人再说话

女人要想和别人进行有效地沟通，就应该在和别人沟通的时候，看准自己的谈话对象。俗话说“进什么庙拜什么佛，看清人再说话”，就是这个道理。女人要想和别人沟通有个好的效果，就应该在和别人交谈之前，先对对方的身份进行初步的判断，然后再和对方进行有效地沟通。

人们的职业不同，学历修养不同，服装品位不同，经济条件不同，种种的不同让人们表现出来的气质、谈吐、兴趣均不同。女人可以在交往之前，从对方的衣着、表现出来的气质等一些外在信息初步判断出对方的职业和身份，然后再进行有选择性的沟通。女人和不同的人说话，说话内容不可能千篇一律，就算是同一个说话内容，说话的方式也应该因人而异。“见什么人，

说什么话”可以非常明显地展示出女人的说话水平。比如说话的对象如果是商人，那么你就应该多说些商人关注的市场行情、商场信息；对方如果是教师，就应该多说关于教育方面的政策，教师改革等；对方如果是作家，就应该多说一些关于写作等文字方面的事情……只有这样，对方才可能和你进行接下来的交谈。假如你说话的时候不看对象，不管对方是什么身份，一上来就是自己想说什么就说什么，这往往很容易引起别人的反感，根本就无法进行接下来的交流。

女人在和别人沟通时，一定要看好自己的沟通对象是什么样的人，否则就会贻笑大方，闹出笑话。女人要想和别人更好地进行交流沟通，以下几点应该注意。

第一，看对方的身份特征：由于人们所接受的教育层次不同，因此人们的身份也是千差万别，女人说话的时候，一定要看准对方的身份。对工人农民说话，就不能满口的书卷味，这样，对方可能就会听得一头雾水。同样对一些学者说话的时候，就不能说话太俗气，话应该讲究文雅，只有这样才能博得对方谈话的好感。

第二，看对方的性格特征：有些人天生就是直肠子，女人在和这种人说话的时候，就应该尽早切入自己的谈话主题，不要老是绕弯子，否则就会出现自己还没有说到正事上呢，对方已经生气地走开了。而有些人就很不喜欢对方说话直来直去，尤其是说一些批评对方的话，话说得太直，往往就会得罪人。所以女人在说话之前应该先看清楚对方是个什么性格的人，然后再用不同的说话方式和对方交流，只有这样才能收到好的谈话效果。

第三，看对方的年龄特征：女人说话的时候，一定要看清对方的年龄特征，如果对方是个有孩子的女性，就应该尽量围绕着孩子的话题和她进行交流、沟通；如果对方是个穿着时髦的妙龄少女，就应该和她聊一些关于时尚方面的话题。女人在和对方说话的时候，忌问女人的年龄，如果实在不好判断对方的年龄，可以旁敲侧击地问一下，比如说“你好像没有我大吧？”“你看起来不到三十岁呢”，这样的话，对方就会透露给你一些关于她年龄方面的信息，这时，你就可以根据其年龄等情况选择恰当的谈话的主题了。

第四,看对方的兴趣爱好:女人在和人交往的时候,应该尽量选择一些对方感兴趣的话题,这就需要女人有适当而且精准的眼光,比如并不是所有的女人都喜欢化妆、时尚的衣服,假如和你进行交流、沟通的女人是一个很阳光、很开朗而且有点男子汉气概的女孩子,这时候你和对方说化妆、衣服等其他大多数女人喜欢的话题,她可能就会兴趣索然,但是如果你和她聊一些运动方面的话题,她可能就会变得非常兴奋。

第五,说话的时候分清场合:女人在说话的时候,一定要注意说话的场合和地点,高兴的场合就不要说一些丧气的话,悲伤的场合就不要为了将气氛搞活,说一些开心的话,或者是开一些玩笑,这是很令人反感的。庄重的场合就应该保持严肃的表情,轻松的场合就不要板着一张脸说话,说话不看场合,就会让人觉得女人不会尊重别人。

注意到以上这些说话技巧,女人在说话的时候,就会有的放矢,不会因为说错话而让对方反感,同时也能因此建立起自己的好人缘。

看人说话,切勿口无遮拦

女人在和人谈话的时候,适当地开一些玩笑可以让谈话气氛更加活跃,使双方之间的关系更加融洽,同时还能显示出当事者的幽默。但是如果开玩笑的时候,不注意场合,往往就会造成适得其反的效果。

女人在和人交谈的时候,喜欢开玩笑应该不是一个缺点。适当地开玩笑可以增进双方的友谊,消除彼此之间的隔阂。如果玩笑开的不适合当时的场合,就会破坏当时的气氛,甚至会让人反感。一般来说,开玩笑的时候应该注意以下几种情况。

(1)看交流的对象适不适合开玩笑。由于人的秉性不同,性格各异,对玩笑的承受能力也是不同的。有的人生性比较活泼,这样的人就很喜欢和别人开玩笑,而且就算是一些“有伤大雅”的玩笑话,她们也不会太在意。而有些人天生就是内向型的,她们经不起别人的玩笑话,有时会将对方一句无

心的玩笑话当成是对她的嘲讽。一般来说,男性相比起女性来说比较容易能开得起玩笑,年轻人比年长的人开得起玩笑。

(2)开玩笑的时候要看场合环境。安静的环境就不适合开玩笑,这样很容易影响到别人;庄重、严肃的场合不适合开玩笑,比如在参加重大会议的时候,或者是出席什么庄重的社交活动的时候;悲哀的环境不适合开玩笑,特别是在吊唁的活动中,大家本来都沉浸在悲伤的气氛中,如果你突然开个很搞笑的玩笑,别人心里肯定觉得你这个人没教养,一点都不尊重死者。

(3)开玩笑的时候,应该注意玩笑的内容。女人开玩笑的时候,更应该有所注意,在社交场合,尤其是大众场合,玩笑的内容应该是健康高雅的,不要开一些低俗的玩笑,除非是和自己非常要好的朋友。不要将别人的缺陷当成是玩笑的内容,这是建立在别人痛苦上的玩笑,这种明目张胆的揭人伤疤的行为,不仅让人反感,更会让人怀疑你这个人的素质和修养。

(4)开玩笑应看对方的神情。有的人在平时的时候,可能不介意别人拿自己开玩笑,但是人的心情也是随时变化的,可能某个人昨天心情不错,你开什么玩笑对方都是报以哈哈大笑。但可能今天,那个人家里闹矛盾了,心里很难受,如果你正好在这个时候开了个不恰当的玩笑,对方肯定非常生气。

(5)和自己的上司不应该开玩笑。女人千万不要指望自己的上司在上班期间成为自己的朋友,在上班期间千万不要和上司开玩笑,就算自己的上司是自己以往的同学或是朋友,那也是不可以的。

(6)不要和异性同事开过分的玩笑。和异性开些玩笑会让双方之间的距离拉近,但是如果开的玩笑太过分了,就会无形之中损害自己在对方心中的形象。

(7)上班的时间和对方少开玩笑。有些女性生来就很活泼,不喜欢上班的时候毕恭毕敬的拘谨气氛,总是喜欢和同事开开玩笑,放松一下心情。但是如果上班时间总是开玩笑,时间一久,同事就会不尊重你,甚至觉得你是个很随便的人。领导也会觉得你的性子太随便,不适合做一些复杂的工作。这样长此以往,女人在工作中就会变得很没有地位,同事可能会不尊重你,

领导可能会不信任你，这样最终还是害了自己。

(8)不要开捉弄人的玩笑。这样的玩笑很容易让人误解成是对对方的不尊重，就算这不是自己的本意，但是却很难解释。女人如果不注意，经常开这种玩笑，就会得罪人。

总之，女人喜欢开玩笑并不是什么坏事，说明这个人的性格比较开朗，别人也会觉得喜欢开玩笑的人比较容易亲近。但是开玩笑应该有适当的场合，合适的对象，适合开玩笑的话题。只有这些条件都具备了，女人才会在自己开的玩笑中和大家打成一片。如果有一个条件不适合，往往就会自毁形象、弄巧成拙。所以女人要想让自己成为大家眼中的开心果，就应该注意开玩笑的一些细节，不要让自己好不容易树立起来的形象毁在自己不适当的玩笑中。

不怨天尤人，主动承担责任

有些女人如果自己做不成某事，或者是做某事的时候出现问题了，她们不会主动地先从自己身上找原因，而是从自己身处的环境，或者是自己当时遇到的难处，自己身边其他人的错误上面找起，她们一遇到不顺心的事，就会怨天尤人。而聪明的女人做什么事情都不会怨天尤人，假如真的是别人不对了，她们也不会将所有的责任都推到别人身上，而是会说一些开导的话，会多替别人着想。所以聪明的女人要想让别人亲近自己，就应该向别人传达这样一则信息，那就是自己是个负责任的人，不是一个整天只会怨天尤人的人。只有这样的女人才是值得别人交往的人。假如一个女人天生就喜欢怨天尤人，自己出错了，也将自己的错误推到别人身上，那么这个女人最后可能就会成为“孤家寡人”。一个女人要想让自己的人缘好，让自己的人际关系左右逢源，让自己的人脉变得更宽广，最重要的就是要敢于承认自己的错误，担当起自己应负的责任。

女人生活一辈子，是快乐的生活还是痛苦不堪的生活都是自己说了算

的。一个整天怨天尤人的女人生活肯定不快乐,因为她总是觉得身边的人的做法是错误的,是影响自己的,她们整天都觉得身边的人不顺眼,觉得身边的人说出的话也不入耳,外在的环境还那么差,总之没有一样东西是符合其心意的,所以她的生活无论如何都是不快乐的。

这个社会本来就是不公平的,就像世界首富比尔·盖茨曾经说过:“在你未取得任何的成就之前,这个世界对你来说是不会公平的。”所以一个女人要是因为觉得世界对她不公平而整天怨天尤人,就是因为这个女人现在还没有做出什么值得别人称赞的成就。女人要想让自己不再觉得这个世界不公平,就应该努力让自己创造出一番值得别人艳羡的成绩,只有这样,世界才会承认你的存在,人们才会认识到你的价值。

有些女人经常向别人抱怨自己生不逢时,就像现在的很多人在描述自己是悲惨的80后时说的那样:“我们上小学时,上大学不要钱;我们上大学时,上小学不要钱了。我们还没能力工作时,工作是分配的;我们有能力工作时,撞得头破血流才能勉强找到一份饿不死的工作。我们不能挣钱的时候,房子是分的;当我们挣钱的时候,房子是买不起的。”很多女人现在也是经常向人抱怨自己的生不逢时,自己的父母不能为自己出力,让自己的生活变得很艰辛;自己的老公不争气,让自己还要辛苦地出去工作。这些女人就是因为整天怨天尤人,所以在她的生活中,少不了的就是整天的唉声叹气,整天的抱怨别人,就是不知道从自己身上找原因。一些事业有成、家庭幸福的女人在社会上同样比比皆是,为什么?就是因为她们能够调整好自己的心态,让自己生活得轻松。

如果女人只是不停地怨天尤人,而不去想想为什么自己工作辛苦,但工资却很少,那可能自己就不会有所改变。让自己将这些怨天尤人的时间用来仔细思考和弥补吧,努力找出自己工资少的原因,是自己的学历不够,还是自己的经验不足,学历不够那就从学历上下工夫,经验不足,那就不断积累自己的经验,一段时间以后,你会发现你能收到回报。

怨天尤人只会让女人更加憎恨自己生活的环境,只会让自己越活越悲观,态度越来越消极,不管这是别人影响你的,还是你自己本来就这样想的,这是不可取的一种人生观,女人应该积极地克服这种消极的人生态度,让自

己的生活充满阳光。这样，女人才会更加热爱生活；这样，女人才能活出一片精彩。

不怕犯错，更要有承认错误的勇气

现在经常见到这样一些人，明明是自己犯了错，但是就是不敢承认是自己的错误，始终在为自己找借口进行推脱，不是说是这个人的错，就是说是那个人做得不对；不是因为当时环境不好，就是因为当时的天气不对，无论什么样的原因，归根结底就是在说明一件事情，那就是自己本身是没有错误的。

没有人是不会犯错误的，就算是圣人，还有犯错误的时候呢，更不要说我们这些平常人了。女人在意识到自己错误的时候，应该主动向别人承认自己的错误，这不是一件丢面子的事，而是自己有勇气、敢担当的一种风度。女人犯了错误不要害怕，这是很正常的，假如自己永远都不犯错，那倒是不正常了，要紧的是女人犯了错误，应该会承认自己的错误，并且能在最短的时间内将自己的错误改正，将损失降到最小的程度。

一个敢于在别人面前主动承认自己错误的女人，往往是一个容易相处，值得别人信赖的女人，就算是你犯了什么不可改正、不可原谅的错误，别人也会想办法替你向上级求情，将你的处罚减少到最低程度。有些女人不敢承认自己的错误，往往是因为自己进入了误区，她们会错误地认为承认自己做错了会影响自己在别人心中的办事能力，承认自己的错误，就是在向领导透露这样一个信息：自己的能力不行，自己的经验不够，自己不能担当大任。如果找个“替罪羊”来承担自己的错误，女人就可以在“别人犯错”的基础上混个好名声了。可是事实真的是这样吗，假如女人将自己的错误全都推到自己的下属身上，自己一点错误都没有，就算是有，也仅是微不足道的一点。错误全是下属的，自己真的就一点责任没有了吗？假如自己一再强调错误跟自己没有关系，不仅这个女人的领导要怀疑，就是连这个女人自己的下属

也会觉得你这样的领导根本就不适合共事。有功劳的时候，就全往自己身上揽；有错误了，就往别人身上推，把自己的责任撇的一干二净。这样的女领导是不会得到下属认同的，早晚自己会成为一个“光杆司令”。

一个女人在自己经验不足的时候，肯定会犯下一些错误，假如一直不承认自己的错误，就会让自己的错误越来越大。如果让别人来为自己的错误付出代价，这本来就是对别人的不公平，时间一久，当人们了解了事情的真相后，人们就不会再和你交往了。意识不到自己的错误，这是一回事，说明你这个人的经验、学识还是不够，这是可以原谅的；意识到自己的错误，但是自己就是死不承认，这是另一回事，这说明的是你这个人的品德不好，没有一点责任心。

当女人意识到自己犯了错误时，就不要遮着、掩着，也不要将错误推到别人身上，是自己的错误，那就大大方方地揽过来，知错就改，善莫大焉，犯了错，改正了，女人就是给了自己一个学习的机会，以后再出现这样的情况自己就不会再犯错了，这本身就是一种成长。有成就的人们经常将自己犯的错看成是通向成功的阶梯。犯错了，就说明自己在某些地方尚存在不足，只要积极改正，就会不断走向成功。

主动认错不会降低女人的身份，反而会让人觉得这样的女人才是一个实实在在的、容易亲近的女人，主动承认错误可以彰显女人的人格魅力。

聪明的女人就应该在意识到自己犯错误的时候，能主动向对方承认错误，这会使对方更加信任你。

第8章

学点说服技巧，赢得他人的赞同

女人在生活中经常会碰到这样的情况，自己的想法和别人是不同的，甚至是相左的，如何更好地说服别人呢？说服别人是一门艺术，很多人不但说服不了别人，甚至最后闹到两人翻脸，这样的说服方法是最失败的。聪明的女人应该掌握一些说服他人的办法，学会一些说服技巧，这样一来，在说服别人的时候，就会变得更加容易。

利用思维定势轻松说服他人

女人要想说服对方听从自己的想法，就不应该在和对方的谈话中引起对方的反感，而是应该先顺着对方的想法说下去，让对方和你产生共鸣。聪明的女人就是当对方的思维因为思维定势而不能接受自己的想法时，会利用对方的思维定势来说服对方。

女人顺着对方的思维定势说下去，对方就会对你产生好感，认为你不是想把你的想法强加到对方身上。每个人天生都是有逆反心理的，别人越是让你做什么事，你往往就会不去做什么，甚至会认为“我凭什么要按照你说的做”。所以，女人要想用自己的想法说服对方，就要先让自己的话题按照对方的话题聊，然后在对方思维定势的基础上，加入自己的想法，让对方在不知不觉中接受自己的观点，这样的说服方法，就能让对方更好地接受你的想法了。聪明的女人在说服对方时，往往就是想办法将对方的观点引导到自己的观点上。

例如：由于在校生近视眼发病率很高，女医生 A 认为，发病原因是因为这些学生不重视自己的用眼卫生。而女医生 B 认为，这是用眼教育问题。女医生 A 说道：“近视眼的产生原因就是因为看书时间太长，看书姿势不正确，因此是个人卫生问题。”而医生 B 说：“如今学生上学的压力不重，学生会长时间看书吗？”医生 A 说：“会呀，学生会在平时的时候看些课外书。”“那既然是这样，学校为什么不加强用眼教育呢？”医生 A 说道：“可能教育了，没有什么作用吧。”“教育居然不起作用，这难道不是一个教育问题吗？”A 医生被说得哑口无言。即便是个人卫生问题，首先也是卫生教育问题，但归根结底还是个教育问题。

对于 A 医生的观点，B 医生并没有直接反驳，而是用谈话引着 A 医生向自己的观点走，这样一来，双方并没有发生争执，B 医生也没有费很大的劲，就让对方接受自己的观点了。聪明的女人在说服对方的时候，也应该学会

用这样的办法来说服对方，不要上来就因为对方的观点和自己的观点是相左的，就直接将自己的观点说给对方听，甚至是故意提高自己的声音，让对方觉得自己的理由更充分，对方之所以会产生他的观点，也是有他的原因的，女人应该想办法让对方说出自己产生那种观点的理由，然后从这些理由上找出适合自己的观点，以此来反驳对方、说服对方，可能效果就会更好。

有些女人在长期的教育下，形成了忠言逆耳的一种思维定势，好像忠言和逆耳是充分不必要条件，就是说既然是忠言，那肯定是逆耳的。所以她们在说服对方时，假如说的话不是很好听，最后的时候就会说“我这都是为你好，忠言逆耳，你应该听我的”，说服别人时，这样的说法不仅不会让对方听从你的意见，甚至会认为你这是“站着说话不腰疼”。要想说服对方，忠言未必就是逆耳的。在古代一些会进谏的大臣往往不是直接说些让皇上不开心的“忠言”，而是顺着皇上的思路走，在这些思路中再找出某种弊病，再将自己的想法融入其中，最终使皇上听了心服口服。而一些直言进谏的大臣却往往得不到很好的下场，像比干、屈原、岳飞，哪个不让人扼腕叹息？

古希腊的一个国王，在吃烤肉的时候，发现肉上面竟然有根头发，于是雷霆大怒，要把这个厨师立马给杀了。他想亲自审讯这个烤肉的厨师，就让人将这个厨师押上台来。厨师一听这件事，就知道是有人在诬陷自己，于是，他就恳请国王让自己口述自己都犯了什么错，国王答应了，于是这位厨师就说：“我的错误是，将肉都剁成了肉泥，就是没能剁断这根头发；自己将肉烤得都流了油，就是没能烤着这根头发。”国王一听，觉得他说得很有道理，肉都能烤焦了，怎么还会有头发呢，而且厨师还是秃子，他头上怎么会掉下头发呢，于是在仔细调查后才发现，果然是有人在陷害这位厨师。

厨师的机智让自己免遭一死，假如他不是按照国王的思维走，国王肯定不会给他陈述自己“错误”的机会，国王也不会发现这里面的蹊跷，就是因为这位厨师懂得说服人的技巧，所以他才没有成为冤死鬼。

通过以上事例说明，女人在有些时候，可以通过利用对方的思维定势来说服对方。

借助权威的力量获得认同

女人可能经常会发现，有时自己在说服对方时，使出了自己的浑身解数，就是不能说服对方，但是当自己想起某个有权威的人也曾说过这样的话，或者也曾做过这样的事情时，对方就会听从自己的意见。所以有时候，用一些权威人士的例子说服对方，往往就会收到奇效，这种说服别人的方法就是善于借助权威的力量。

一些人之所以相信权威，就是因为在他们的心目中，权威人士说话一言九鼎，他们的身份显示了他们说话的威力，于是，就会出现很多这样的情况，明明是同一个道理，当一个普普通通的人说出来时，人们就会觉得这个人说得不对，会给他挑出很多错误，但是一旦这个道理是某位专家说的，大家就会觉得专家说的就是有理，根本就不会想挑里面的毛病。懂得了这个道理，女人就可以在说服别人的时候，适当地借用一下权威的力量，用权威的力量来增加自己说话的分量，以此更好地说服对方，让对方接受自己的观点。这种说服别人的方法在秦朝的时候就曾经用到过。

当年的陈胜吴广起义，就是借助当时的“鬼神”力量，鬼神在当时那个时代处在比皇上还要高的地位，因为那时的科学技术不发达，人们无法解释一些自然现象，所以人们非常迷信鬼神的存在。陈胜、吴广就是利用了这一点，成就了中国历史上最早的农民起义。当时秦始皇为建造阿房宫，征了大量的农夫，陈胜、吴广就是在这个时候认识的，当他们赶到大泽乡的时候，正赶上天降大雨，延迟了到达目的地的日期，这在当时是要被斩首的，于是陈胜、吴广决定起义，反正结果都是死路一条，起义或许还有活的机会。为了让其他的征夫听从自己的号令，陈胜用一条写有“陈胜王”的布条放在活鱼的肚子里。于是兵士们将鱼买回来时，发现里面的字条都非常震惊。晚上的时候，吴广在营房不远的破庙里，学狐狸的声音喊道：“大楚兴，陈胜王。”于是所有的征夫都相信了陈胜是

老天钦点的首领，于是人们纷纷追随陈胜，终于发动了影响中国几千年的大泽乡起义。

正是因为陈胜、吴广懂得借助权威（在当时来看，不存在的鬼神即“权威”）的力量，所以他们的手下才会誓死相随，和他们一起奋力打天下。在现在社会，女人同样应该懂得借助权威的力量增强自己语言的说服力。借助权威的力量，女人说出的话就更有说服力；借助权威的力量，女人的观点就更有信服力。人们信任你的观点有时候不是因为观点本身，而是看中观点背后的权威名号。因为权威，很多人就会少了对事情的揣测和怀疑，更容易让自己接受权威的观点。女人借用权威的力量来说服他人可以有以下几种方式。

（1）借助比自己更有权势的上级领导的力量。一些女领导在向下属推行自己的某项措施时，仅凭自己的力量可能不会取得好的成效，但是如果借助高于自己的权威的力量，往往就会收到好的成效。越是地位高的人，他的威信就越高，借助他的威信说出的话，一般很难有人质疑和猜测。这样，在行事过程中，遇到的阻碍就会减少。

（2）借助有名气的明星的力量。现在商家推出新商品的时候，为了增强自己产品的说服力，他们经常会找一些时下最红的明星来为自己的产品打广告，第一是借助演员的名人效应，第二就是借助对方的权威效应。明星用着某种产品都说好，那该产品的质量肯定是好的，于是公众就会争相购买这样的产品。

（3）借助自己公司的名气或者是借助一些权威机构的良好信誉。有个业务员在给自己的客户打电话时，往往会先自报家门，如果对方一听，这个公司的名气很大，往往就会不由自主地继续和对方进行交谈，因为对方的名气大，可能自己上当受骗的概率就比较小。而且因为公司的名声大，所以就会让人更加信服一些。

有时女人借助权威力量说服别人会达到事半功倍的效果。

别为自己树敌，巧妙化解敌对关系

女人在生活和工作中，有时候会受到其他人刻薄话的对待，于是女人和对方的关系可能就会从普通的朋友关系一下子变为不可调和的敌对关系。还有些女人会因为对对方的印象不好，所以就非常介意自己和这种人的交往，因此往往会和对方的关系处于不可调和的僵持关系。

人们经常说，“多个朋友多条路，多个敌人多堵墙”，“十个朋友不算多，一个敌人不算少”。所以女人应该多发展自己的朋友，只要自己有心，就是和自己成敌对关系的人，也可以发展成朋友关系。很多女人之所以不想让自己和对方的敌对关系变成朋友关系，一是因为女人怕失掉自己的身份，不知道对方是什么样的想法，所以自己不敢主动示好，唯恐对方不给自己台阶下；二是因为自己找不到合适的化敌为友之道。

女人要想让自己在生活和工作中多交一些朋友，少让自己树敌，或者是想和对方的敌对关系改善，可以有如下的方法。

首先，女人之所以和对方的关系不好，很大一部分原因是，对方说出的某句话伤害到自己了，有可能对方说的话在自己听来很刺耳，或者是让自己心里很难受，其实女人在听对方说话的时候，不要老是想着对方说话刺耳的部分，也许对方说的正是自己的不足之处，或者正是自己应该注意的地方，不要一听对方说的话不好听，就认为这个人是不可交的朋友。如果女人不这样想的话，就会限制自己的交友渠道，还会显得自己的肚量小。所以，假如对方说的话不中听，你正好可以检视一下，这是不是自己的缺点，以便及时加以改正。

其次，女人要勇于承认自己的错误。因为别人说的话不好听，就对对方产生敌对心理，这是女人普遍的心理，但有时候女人可以静下心来想想，对方说的话可能很有道理，可能明明是自己不对，对方将其指出来，对女人也没有什么不好的，反而可以使女人以后不再犯这样的错误。女人应该大度

一点，不要因为对方指出自己的缺点就对对方耿耿于怀，你可以大度地对她说："谢谢你能指出我的错误，我以前还真没有注意，以后我会改正的。"对方见你这样的态度，可能她的语气也会好起来，并诚心诚意地向你提一些建议，也许你们之间的关系会因此好转呢。

再次，女人应该多关注对方。要想和对方搞好关系，可不是一两句话就能"摆平"的。应平时多关注对方，如对方的衣服款式很新颖，你可以向对方表达自己对其衣着的赞美；对方的业绩有所上升，你可以真心地向对方表示祝贺；对方情绪低落，你可以适当地向对方表示自己的关心……这些都会让对方对你产生好感，这样一来，你们之间的关系还能不改善吗？

女人要想让自己在生活和工作中少树敌，就应该大度地对待身边的人，就算是你对某个人的第一印象不是很好，也不要因为自己的第一印象就给对方下一个永久定论。就像某个人说话刻薄，对人都是冷冰冰的，很多人都非常讨厌这种自命清高的人，假如这个人正好是自己的同事，可你因为对其第一印象不好，就拒绝和对方进行合作，这种做法就不对了，因为你对对方的反感影响到工作了。你可以这样想，对方表现出这样的态度，也许有他自己难以言说的苦衷。与对方共事一段时间后，也许就会发现对方原来并不是一个讨厌的人。

为了让自己的前进道路更宽敞，女人应该试着多交些朋友，不仅这样，也应该少为自己树敌，最好能够化敌为友，让对方和自己站在同一个阵线上，共同努力，一同成长。如果女人能够将自己的敌人全部转化为自己的朋友，那女人的未来之路，肯定会越走越宽。

以共赢为前提，对方必会赞同你

现在无论女人是想和别人共成一件大事，还是女人想让对方同意自己的想法，用共赢的目标说服对方，可能要比其他的说服办法更有效。人都是希望自己能够有利可图的，给对方一个共赢的目标，对方就会更容易同意你的想法。

现在不管是个人之间的合作，还是公司之间的合作，最重要的就是讲究互利共赢。这都是市场发展的必然。只要达成某个预想的目标，既能让对方得到利益，也能自己得到利益，即使双方的立场不同，在追求利益的时候，也会达成共识的。

现在的社会竞争如此激烈，一个小型的公司根本就不能抵制外来经济风暴的影响，但是假如两个公司或者几个公司为了达成自己的目的，一起联合起来的话，可能就会更有实力抵制外来风险的影响。女人要想说服对方按照自己的想法做，就应该向对方表明这之间的利害关系，如果双方能够一起合作，就会让双方互补所长，各避其短，相互配合，能够更好地发挥各自的长处，共享更多的利益。

共赢可以理解为借别人的长处补自己的短处，将自己的优势和对方的优势结合起来，这样才能创造更大的价值。就像现在的社会上，很多事情，都不可能仅仅是为了追求一方的利益。不仅是两个合作的企业之间、两个公司之间、两个国家之间，就连一个企业要想不断地发展，也不能仅看到自己企业的经济效益，同时也应该看到企业员工的收益，一个只注重企业收益，而不顾员工利益的企业是不能持续发展的，也是没有未来的。

女人想说服对方共同做一件事，首先就应该为对方设置一个能共赢的目标，让对方明白做这件事情对方是有利可图的，就像对方的公关能力强，而你的技术水平高，这样双方合作，就能使双方大展宏图，双方受益。假如对方看不到一点有利于自己的东西，他又怎么会和你合作呢？现在的任何事情都是讲究共赢的，如果女人在做事的过程中表现得太自私，就算对方这次和你合作了，以后肯定也不会和你再合作。为了以后的双方继续合作，女人在和对方进行合作之前，应该两方协商，商议出一个能够实现共赢的目标，然后双方再一起去努力。

用双赢的目标来说服对方，往往要比其他的说服方式更奏效，因为在这种方式中，对方看到的是实实在在的利益，这样就能最大限度地调动对方的积极性和责任感，彼此产生摩擦的概率也会变小，因为双方是在完成一件工作，一项事业，受益的是双方，不是单方。为了他们自己的利益，对方也会积极地督促自己不断努力。

有共赢思想的女人往往是心胸开阔、愿与他人共同分享荣誉的人，她们在和别人共同努力实现目标的过程中，体会到了分享的快乐，而这些事情是一个斤斤计较的女人做不出来的，一个斤斤计较的女人能看到的仅是自己的获利，看不得别人从自己这里分杯羹。这样的女人永远体会不到什么是分享的快乐。

现在的社会竞争越来越激烈，一个女人、一个独立的企业的力量还是很单薄的，社会分工的精细让人们不得不联起手来才能做成一件大事，否则一个小细节的忽视，可能就会造成无法挽回的损失，女人要想在社会上做出一番成就，就应该有共赢的思维，并将其付诸行动。

先获得对方认可再提意见，更易被接受

人们经常会对某些事持有不同甚至是相反的观点，这是很正常的。女人在和其他人的观点不同时，如果想让对方听从自己的意见，有时候仅仅将自己的观点直接灌输给对方是不行的。这样的方式既费力，还得不到好的效果，女人要想说服别人，就应该多用点儿说服他人的智慧。

俗话说，知己知彼，百战不殆。这种方法不仅在军事上适用，在说服他人的时候，同样适用。女人要想说服别人，如果只认为自己的观点是正确的，而不管对方是怎样想的，这样的做法很容易适得其反，会让对方更加反对你的观点。特别是如果对方是个脾气倔的人时，这种情况更甚，人都是有主见的，对某些事情的看法和解决方法都有自己的一套思考方式，要想说服别人，就得找对方法，找准路子，只有这样，说服他人的时候，才会更容易，效果也会更好。

女人要想说服他人，不妨用一下以退为进的方式，就是先认可对方的观点，然后按照对方的思路说下去，说到最后的时候，将对方观点的错误暴露出来，这样一来，对方就会明白自己的观点是错的，于是在这种情况下，女人

向对方传输自己的观点时，就容易得到对方的支持和同意了。

《史记·滑稽列传》中曾记载了这样一个故事：楚庄王非常喜爱一匹马，但是这匹马后来因为在宫里的生活太好，于是就长得十分肥，最终因为肥胖而病死了。楚庄王非常伤心，于是为了向死马致哀，楚庄王命令所有的大臣都要向马致哀，并且要用棺椁装殓。百官纷纷劝阻楚庄王这种荒谬的做法，令楚庄王非常恼火，于是他下令谁再劝阻，就要给谁制死罪。宫中有个叫优孟的人，也想劝阻楚庄王的这种做法，但是因为楚庄王一意孤行，所以他想，要是用普通的劝阻办法肯定不管用，于是他想到了用以退为进的方法。他号啕大哭地走进皇宫，庄王问他为什么哭得这样伤心，优孟说："这匹马是大王心爱的马，以楚国之大，什么东西得不到，现在却以大夫的葬礼来办丧事，实在是太轻了，我请求用君王的礼仪来葬它。"庄王一听他这样说，非常高兴，于是就问道："依你之见，应该怎样埋葬它呢？"优孟说道："最好是用雕琢的白玉做棺材，以精美的梓木做外椁。还要为它建造一座寺庙，放上牌位，追封它为万户侯，这样一来，天下的人就都知道了，大王是重马而轻贱人的。"楚庄王这时才如梦初醒地意识到自己犯了大错，于是他自言自语地说道："我的错竟到了这种地步了吗？"于是，楚庄王终于听从了优孟的意见，改正了自己犯下的错。

人们都是有自己的思想的，对于某些事，人们都会有自己的看法和意见。先认可对方，然后再提出自己的建议，就是先在表面上支持对方的观点，然后在对方的思路上继续前进，最终暴露出对方的错误，让对方自己主动认识到他所犯下的错误，这样的方式在今天非常实用，效果也好，既能让对方心平气和地接受女人的观点，也不会因为双方的观点有分歧而影响到双方之间的关系。

以退为进这种说服对方的技巧是一门大智慧，尤其是在说服领导人的时候，运用得好，很容易得到对方的认可。女人如果想更好地运用以退为进的说服方式，就应该在生活中，多加锻炼自己在这方面的能力。

不管对方的观点听起来是多么的荒谬，多么的不合理，不要用鄙夷或者嘲笑的方式指出对方的错误，人都是有自尊心的，对方之所以会产生这样的想法，肯定有他自己的理由，让他讲明产生这种想法的原因，然后从中分析

出对方产生错误的原因，巧妙地用设想的办法暴露出对方想法的错误，这个时候，再说出自己的想法，对方往往就会心平气和地接受了。

以退为进的说服人的方式，女人在平时生活中可以很好地利用。而上来就直接指出对方观点的错误往往不是好的解决方式，这既会让对方下不来台，也会显得你咄咄逼人。对方就算认识到了你的方法比自己的好，为了掩饰自己的错误，为了维护自己的尊严，他们往往也会据理力争，这样一来，不但不能更好地解决问题，你们之间的关系也会变得越来越紧张。

女人以后在说服他人的时候，不妨多用些以退为进的说服智慧。

用真实的案例使对方赞同

女人要想说服别人，仅仅靠自己的理论有时候不能很好地达到自己想要的结果，要想更好地说服别人，不妨用具有说服力的案例来说服别人，这样取得的效果可能会更好。

用具有信服力的例子说服别人，往往是用间接的方式指出对方的错误，对方会在女人的例子中，知道女人的观点是更有信服力的。就像议论一件事情，如果只是谈理论，很容易让人疲惫，同时也不吸引人，但是如果加上一个例子说明的话，效果就会大不相同。比如一个聪明的妈妈在教育孩子时，如果仅仅是和孩子讲人生大道理，孩子往往会左耳朵听了，右耳朵就直接出去，起不到一点作用。所以很多妈妈在教育自己的孩子时，经常会拿同龄的孩子做榜样，让孩子在例子中知道，听妈妈的话是有用的。

用真实的案例来劝阻别人的方式，不仅在今天的社会适用，古时候的人们就熟悉这方面的智慧，很多人就是用这样的方式劝导当时的统治者的。

战国时期，齐魏两国长期征战。有一次，齐国想讨伐魏国，齐国的宰相淳于髡认为此时伐魏，对齐国是不利的，于是就极力阻止齐威王的这种做法，反对两国交战。他对当时的齐威王说："韩国的黑犬是天底下跑得最快的狗，而东郭的狡兔是四海之内跑得最快的兔子。韩国的黑犬去追逐东郭

的狡兔，围着山跑了三圈，翻越了五座山，兔子在前面极力地奔跑，黑犬在后面努力地狂追，最终，黑犬和兔子都筋疲力尽，最终都累死了。一个农夫见到这种场景，不费吹灰之力，就得到了兔子和黑犬。现在这个时候，齐国和魏国两国交战已经很久了，因为双方的实力相当，所以很难分出胜负。长期的征战，使人民的生活得不到保障，连年的征战，已经使人们困苦不堪，身处在水深火热之中，兵士们也非常厌战。如果继续伐魏，我们两个国家就好比黑犬和兔子，双方最终会因为征战而双双死于征战中，到时候，秦国就会坐收渔翁之利。”齐威王听到这里，觉得淳于髡说得很有道理，而且例子用的也很有说服力，于是就取消了伐魏的念头。

女人要想用案例的方法来说服他人，首先应该保证自己的案例确实和当时的情况是相符的，是有代表性的，能够真正说到对方的心坎上，假如案例选错了，就会弄巧成拙。女人在生活中，应该多积累些事例，防止自己在用得着的时候，想不起来该用什么样的事例。其次，在说服别人的时候，不能因为自己想将对方说服而不管不顾地直接将自己的观点全都传输给对方，对方未必就会在你的话里体会出你的深意，或许还会认为你为了说服他，不惜用夸大事实的方法，这样一来，就会适得其反了。

就像推销员在向客户推销时，如果谈话仅仅是在自己产品的性能、价格方面的优势上，那么可能不管产品多优秀，人们都很难会下决心买下这件商品。此时推销员不管多么会推销，客户都会认为他这是在为自己的商品作夸大式的推销，商品未必就会像他说的那样好，于是人们就会一直持反对的态度。如果推销员说客户的某个邻居正在用这件商品，而且反应很好时，这时候再建议对方买这件商品，对方可能就愿意接受了，原因就是已经有实例了。

用举例子的方式来说服别人，女人同样可以广泛使用，不要将自己说服别人的话仅停留在理论上，多用些实例，用例子增强自己理论的信服力。这样一来，自己的理论就是有据可循的，同时也是已经得到了证明的，这样，可能就更容易说服对方了。

第9章

运用心理暗示，在沟通中影响他人

女人要想让自己的观点影响他人，让对方认同自己的观点，仅仅将自己的眼光放在正确的观点上，把自己说话的方式放在合情合理上是不够的，很多时候，女人掌握一些有效的心理暗示，往往能收到更好的效果。言语上是否正确，往往会让对方从理智上进行判断。而心理上的暗示，往往是让对方在感情上进行决断。掌握适当的攻心术，双管齐下，女人会收到意想不到的效果。

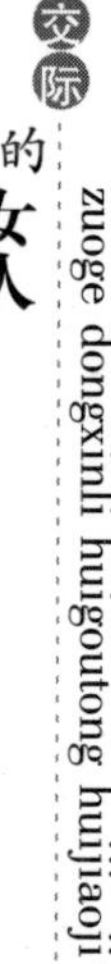

适当沉默让对方摸不透自己

女人在向对方表示自己的想法时，在恰当的时候，可以保持沉默不语，不要小看这一"招式"，女人恰当地使用沉默战术，就会让对方揣摩不透自己的想法。

女人和别人进行交流，不都是通过语言进行传递的，沉默也能表达女人无以言说的内容。有时候沉默是一种精神，是一种风度，是一种无言的反抗，更是一种坚信自己的决心。

女人懂得沉默，就会少了很多人世间的是是非非。一个整天口若悬河女人，未必就是一个学富五车、才高八斗的才女；一个整天借助媒体高调张扬自己的女人，未必就是一个真正有内涵的女人。这些女人为了标榜自己的身价，高调做人，做出的事情往往不是很"高调"，反而可能很低俗。

一个懂得适时沉默的女人，就会在职场的谈判上占有更加主动的地位。一个口若悬河的女人，在话出口之前，未必就真的经过深思熟虑，她们总是在滔滔不绝地说着自己心里的想法，心里有什么样的想法，就算是自己思考的尚未成熟的想法，也会脱口而出，听她们说话的时候，一点条理都没有。有时候，一些不经思考的话也许会成为对方和她进行谈判的把柄。而一个懂得沉默的女人，就不会轻易向对方透露自己的真实想法，除非自己真的将这个观点考虑成熟了。在自己没有考虑清楚之前，她们一般不会向对方透露一点信息，这样一来，谈判的对方心里就会非常焦急，尤其是在急着想和女人合作的时候，为了让女人接受自己的观点，对方有时候会降低自己的条件和要求，而这说不定正是女人想达到的目的。

沉默战术不仅适用在职场上的双方谈判上，在两个人的恋爱中，女人恰当地使用沉默战术，既能向对方显示自己作为女性的矜持，还能让对方猜不透你的想法。女人在恋爱的时候学会恰当的沉默，就会给对方一种神秘感，让对方时时有想了解你的愿望。女人恰当地保持沉默，不是不懂风情，不是

对对方没有好感，而是更好地向对方显示了自己的柔情，一个信口开河的女人、一个喋喋不休的女人未必就会得到对方的欣赏。一个适当保持沉默的女人，会让对方感觉到你是个沉稳的女人，不是个轻浮的人，沉默会为你的魅力不断增添分数。

沉默不仅会让女人的恋爱变得更加浪漫，同时也会让夫妻之间变得更加和谐，一个妻子再美丽，如果她不会适当保持沉默，就会让家庭时时处在开战的紧张气氛中，妻子不经意说出的话，可能就会成为家庭战争的导火索，每个丈夫都希望自己的妻子是个能与自己倾心交谈的好女人。所以聪明的女人应该让自己学会沉默的功夫，沉默可以是让家庭更加和睦的感情添加剂。

不管和什么样的人交往，不管和人交流什么事情，女人都不能一直处于讲话者的位置上，对方和你交流沟通是为了更好地在思想和观点上进行交流，是两个人的语言互动，不是一个人在唱独角戏。如果一个女人让自己始终不停地讲话，就会让对方处于被动的位置上，这样的交流沟通是失败的。女人适当地保持沉默就会让对方知道你在仔细倾听对方的谈话，这样一来，对方在讲话的时候，就会更加注意自己的言辞和观点的合理，从而使双方的沟通更有效。

沉默会让女人变得更有内涵、更有气质、更加体贴、更加可人，所以聪明的女人就应该让自己学会在恰当的时候保持沉默。

做对方的“自己人”，使其惺惺相惜

人们经常说：“物以类聚，人以群分。”就是当两个人的心理、人生观或者是处世观相仿的时候，人们就会觉得对方和自己是一类人。这样双方就会觉得和对方更有话聊。女人在和对方交流的时候，就可以让自己营造一种和对方是“自己人”的惺惺相惜的心理。和对方惺惺相惜就是让对方觉得你的行为处世、一些观点、思想和他很相似，甚至是一模一样，这样的话，对方

就会觉得你和他是一类人，这样，双方交流的时候，就会变得更加容易了。

既然女人是要让对方觉得自己和他是惺惺相惜的，那么女人就应该同意对方的观点，就算是有分歧，也应该巧妙地处理：应该首先肯定对方的想法或者对方的行为方式，表示自己是有同感的，或者对方的观点也是自己持有的，这样说的结果不是为了让对方觉得女人是有目的地想和对方搞好关系，而是自己的确是有这种想法，这样一来，就算女人有些不同的观点，向对方真诚地说出来的时候，对方肯定也会认真地对待。甚至因此认为女人的观点完全是在补充自己的说法，这样一来，双方的关系怎么可能会变坏呢？

女人要想让自己的观点更好地被对方接受，营造惺惺相惜的感觉是一种最为有效的方式，因为这既能更好地说服对方，还可以不破坏双方之间的关系，甚至会让双方之间的关系变得更好。假如女人的观点和对方是有差异的，甚至是非常大的差异，那么该如何营造惺惺相惜的感觉呢？这时候，最重要的就是自己的说话方式。不要上来就否定对方，没有人喜欢和一个不认可自己的人交往，更不要说有什么深入的交谈了。最好的方法应该是肯定别人的观点，让对方感到，自己的观点在你看来是有理由的，甚至得到了你的欣赏和认可，这是对他谈话的最好褒奖。女人上来先肯定对方的谈话，或者是行为，就会让对方对女人产生一种好感，这个好感，会让双方更好地进行交流。比如成功的业务员在向客户介绍自己的产品时，往往不是上来就向客户推销，而是倾听客户的话语，并向客户表示自己赞同，顺便进行一下补充，不要小瞧这个闲聊方式，就在这普通的闲聊中，业务员已经向对方透露了这样一种观点，你的观点我是认同的，我和你有知己之感。这样无形中，就唤起了客户对业务员的好感和兴趣，也为业务员接下来的工作打下了基础。

让女人和对方营造惺惺相惜的感觉，不是让女人任何事都要听信对方的观点，人都是有思想的，两个人的思想不同也是很正常的，女人切不可为了让对方觉得自己是赞同他的，所以凡事都无原则地顺从，这样很容易让对方感觉到，女人是在故意讨好对方，这样一来，女人不但不会让对方有惺惺相惜之感，反而还让对方觉得女人这是有所企图，这样就弄巧成拙了。惺惺相惜是好事，但是故意巴结逢迎，没有一点自己的主见，那就不对了。

所以,女人在使用这种方法来影响他人观点的时候,一定要掌握好其中的度。既能让对方感觉得到自己对他观点的认可,同时也能向对方客观地说出自己的意见,让对方在无形中接受女人的观点。

委婉拒绝有方法,别让对方尴尬

不管是和什么样的人交流、沟通,不可能对方说的话、做的事,都符合女人心愿,有些时候甚至会和女人的想法相反,这种情况下,女性就应该学会适当地向对方说“不”。可能在一些时候,直接用语言向对方表示自己的否定意见,对方很可能难以接受,那么,用心理暗示法向对方表示自己的否定意见可能会更好一些。

女人在否定或拒绝他人的请求时,如果直截了当地拒绝对方的请求,可能会让对方觉得你很无情,所以女人要想委婉地拒绝别人,可以掌握以下几个否定暗示法。

直接陈述法:女人可以向对方陈述自己很难做到的客观理由,自己的能力有限,社会上的一些限制,或者公司的某些规定,这些限制条件往往都应是对方能够认同的,假如对方是个聪明人,肯定就会从中知晓你的否定心理。

巧妙转移法:假如对方的要求不好拒绝,或者女人不想直接拒绝时,应采用迂回的战术向对方表示自己的否定。例如可以转移对方的话题,这时候女人的语气一定要温柔,坚持自己的观点,不向对方做出承诺,可以先向对方表示同情,然后向对方说出自己的理由,这样就会让对方觉得你做不成这件事,的确是有你的难处的,这样的话,既不会让你们之间的距离变远,还能向对方婉转地表示出你的否定态度。

肢体语言法:女人在拒绝别人时,往往都会觉得难以启齿,尤其对方和自己的交情不浅时,更不好意思向对方表示自己的否定态度。假如女人不想开口向对方表示自己的否定态度,这种时候,可以运用自己的肢体语言。

例如利用摇头来向对方表示否定的态度。当对方的要求让女人感到无法实现时,向对方轻轻地摇头,对方就能明白你的态度了。女人还可以用微笑中断的方法向对方表示自己的否定态度,假如对方在一直面带笑容的谈话过程中突然提出了你无法做到的要求时,就可以中断自己的笑容,严肃的表情可以向对方说明自己的否定态度。不仅摇头和中断笑容可以向对方暗示出女人的否定态度,就是其他的一些肢体语言也可以向对方透露出女人的拒绝和否定,比如频频地看表,或者是目光经常游移,心不在焉地听对方说话,这些动作都会向对方传达出你不赞同的心思。对方会在你这无声的动作中,看出你否定的心理暗示,在用这些肢体语言的时候,女人应该注意不要让自己的这些否定暗示伤害到对方的自尊心。

女人在拒绝对方的时候,同样应该注意自己的措辞和表情。对方向你表示请求就是说明现在的他正处于困难时期,女人既然无法解决对方的难处,就不应该让对方的心里更加难受。女人千万不要在自己盛怒的时候拒绝对方,这样会让对方感觉到你没有一点同情心。也不要傲慢无理地拒绝对方,这样的态度会让对方觉得你很难接近,假如女人以后遇到什么困难的时候,对方也会这样对待你的。

假如女人不想让自己的拒绝令对方更加失望,对方提的要求自己可能无法实现,但是自己可以向对方提供另外一种帮助,这对帮助对方解决问题也是有所帮助的,这样的话,对方就能更好地了解女人的诚意了。

女人拒绝对方,向对方表示自己的否定态度是很正常的,但是拒绝的合不合理,让对方会不会产生反感,就是一门学问了。拒绝的适当,对方就会觉得你有心,但是力不足;拒绝的不适当,对方就会觉得你有能力,但是没有同情心,这样的话,就会让对方在心里和你产生芥蒂,以后,对方在和你交往的时候,就会产生很多嫌隙。所以,女人拒绝别人一定要学会适当、委婉的否定暗示法,既可让自己的拒绝不会使对方那么难以接受,也不会让对方觉得你没有同情心。

巧用激将法，扰乱对方思路

人们经常说的一句话是，“树怕剥皮，人怕激气。”有些人经常受不了别人语言的刺激，一受到激将，就会变得非常有勇气。假如女人能够抓住对方的这个弱点，并且能够使用激将法扰乱其思路，这样一来，很有可能对方很多原本难以做到的事，都能在被“激将”之后做到了。

女人在激将对方的时候，使用的语言应该简洁明了，句句直击对方的弱点，语言简明有力，让对方在很短的时间内，就能积聚起无限的勇气，从而办成某事。在求人办事的时候使用激将法往往会有事半功倍的效果。

三国时期，刘备被曹操打得落荒而逃，逃到了夏口后，由于势单力薄，无法与曹军抗衡。在这种情况下，最好的办法就是和孙权联手，但是如何说动孙权，让他和自己联手，却是一个很困难的事情，诸葛亮决定亲自去找孙权，帮助刘备解决他的燃眉之急。诸葛亮知道孙权血气方刚，如果单单是求他联盟，孙权未必会同意，唯一的方法就是用激将法。于是诸葛亮就对孙权说道：“如今将军拥兵江东，刘备集结汉南，曹操雄踞一方，率军一路南下，无人可挡，如果将军能与之抗衡，应立即和他断交。如将军无力抵抗，倒不如解除武装，遣散兵士，早日投降最好。”孙权愣了一下，说道：“既然形势如此严峻，那么刘备为什么还不赶紧投降曹操?”诸葛亮这时说道：“刘备具有英雄的资质，虽然现在困顿，但是八方的名士还是不断慕名而来，起兵抗曹，天之所命，至于能不能成功，全看天命所定。”孙权听后大声说道：“我有十万大军，承父兄之业，又怎可轻易投降?”虽然孙权这样说，但是心里还是比较犹豫，于是又说道：“除刘备之外，再也找不出能够和曹操抗衡的军队了，现在刘备连吃败仗，不知道是否还有兵力能够与曹操再战?”诸葛亮早就料到孙权会这样问，于是说道：“虽然我军在前几场战役中失败了，但是现存的兵力还是不少于一万人，曹操虽然兵力多，但是长途跋涉，疲惫不堪，这次为了追击我军，连夜跑了三百里，这就像是古人说的

那样，再有力的弓箭，射的距离太远，就会连一张薄布也射不过去。而且曹军官兵不习惯水战，这在我方是有利的，荆州子民虽然表面上降服了曹操，但是内心还是准备反抗的。如果将军能够和刘备联手作战，必能击败曹操。现在天时地利俱在，就看将军的决断力了。”孙权听后大喜，决定和刘备联手抗击曹操。

诸葛亮的成功，就是他抓住了孙权的弱点，他知道孙权的自尊心太强，根本就经不起别人的“激将”，于是故意制造出孙权大难临头的紧张气氛，让他感觉到不和刘备联盟，自己势必就会成为曹操的手下败将，就这样，孙权决定联合刘备一同抗曹。

使用激将法来“激”别人，虽然可以在短时间内激起对方无限的勇气，高效地达成女人的目的，但是这一方法并不适用于所有人，女人在使用激将法来“激”别人的时候，应该注意以下几项。

第一，激将法适用在那些经验不太丰富、易感情用事、情绪比较易激动的人身上，假如对方是个做事稳重、情绪沉稳的人，用激烈的言辞“激”对方，就会让对方觉得这是在挖苦他，如果对方的性格比较内向，那么这一方法的使用，对对方的刺激会更大，不仅很难达成想要的结果，还会让对方产生抱怨的心理。

第二，激将的语言，一定要把握好度，分量太轻，可能就不会收到很好的效果；分量太重，就会让对方觉得你这是抓住其把柄大做文章，进而认为你比较阴险，这样一来，不仅达不到你想要的效果，还有损于自己的形象。

所以，聪明的女人，在使用激将法的时候，应该注意使用技巧，激将法使用得好，就会让对方心甘情愿地为自己办事，既省了自己的力气，还让对方产生无限的自豪感，满足了对方的好胜心。激将法使用得不恰当，就会弄巧成拙，不仅达不成自己的目的，还会让对方产生强烈的反感。

总而言之，女人在使用激将法的时候，一定要谨慎。

提出否定意见洞悉对方真心

人们有些时候不会将自己的真实想法直接表露给他人，可能因为场景的不合，或者是时机的不成熟，他们会将自己的真实想法放在心底。女人要想探知对方内心的真实想法，不妨向对方提出一些相反的意见，以此来探知对方的真心。

女人在和别人进行谈判的时候，谁都不想将自己的底牌透露给对方，一些不经意说出的话，可能就会成为对方谈判的砝码，故意向对方提出相反的意见，就会让对方放松警戒心，旁敲侧击地提问往往要比直接向对方发问取得更好的效果。

一位女供货商在与某厂的采购经理谈判时，想提高自己产品的价格，但是她心里对这一想法还是没有太大的胜算，假如自己单方面提高价格，如果自己的竞争对手很多，无疑会将自己的客户推给别人，但是假如自己在对方眼里信誉很好，质量也不错的话，那提高价格就会对自己非常有利，但是在提高价格前，她想探知一下对方的真实意图，如果直接向对方提出自己的想法，肯定达不到自己的目的。于是她就向对方采购经理问道："近来一些客户反映我们的产品性能方面有些欠缺，不知道贵公司是不是也出现了这样的问题？""嗯，你们的产品质量还是不错的，一些实验人员反映，你们产品的各项检测指标都优于我们以往用过的产品。"这时女供货商心里就有数了，于是又问道："听说贵公司近来产品的周转好像不是很快，是不是出现了什么积压问题？""怎么可能？我们现在的产品根本就没有任何积压，就是五条生产线昼夜不停地工作，产品原料都供不应求，怎么会有积压问题呢。""这样看来，传闻实在是太欺骗人了。"女供货商微笑地说道。在这段谈话中，女供货商已经了解了最重要的两条信息，一是自己的产品质量对方很满意；二是对方的原料已经供应不足。而这两条信息对自己提高产品价格是最为有利的。

女供货商之所以能够探知到对方真实的信息，就是因为她不是直接发问，而是采用提相反意见的方式，由于对方急于申明自己的真实观点，从而将自己公司的真实意图全都告诉给了对方，这样，女供货商提高自己的产品的价格时，就会处在完全主动的位置上，而采购方已经没有了谈判的砝码。

有些人对一些正面探知自己信息的情况会比较敏感，但是一旦女人换一种方式来询问，用一种否定的意见向对方发问，对方可能就不会意识到女人的真实意图，甚至认为对方的观点是错误的，自己有权向对方表明自己的真实情况，为了改正你认识的错误，就会将一些真实信息透露给你，这种探知对方真实意图的否定法被人们广泛使用。

比如女人想知道对方的真实住址，但是如果直接询问的话，可能会让对方反感，甚至加强戒备，认为女人别有用心。假如女人这样询问对方："好像你是住在市中心的 X 街道吧?"如果答案正确的话，对方肯定就会对你说："是啊，正是那个街道。"假如不是那个地方，对方肯定就会说："不是，是住在离市中心很远的 Y 街道。"这样一来，女人就能从中获悉对方的一些信息了。

人们在打交道的时候，也会发现，用答案肯定的问句和对方进行沟通，往往很难和对方进行更深层次的交流，采用否定式的询问，就能唤起对方更多的谈话欲望，这样通常能架起双方交流沟通的桥梁。

虽然说向对方提出否定意见能够洞悉对方的真实心理，但是在女人向对方提问的时候，也应该注意其中的一些问题。既然是向对方提出相反的意见，提出的问题应该是根据实际情况提出的，不是凭空捏造的一些意见。在向对方提出自己的否定意见时，应该态度真诚，语言诚恳，不然会让对方觉得你很傲慢，从而让对方产生深深的反感，这样，在交谈的时候，对方可能就会不屑交谈，甚至是中断交谈。女人在向对方询问的时候，不要咄咄逼人，对方不想回答的时候，也不要逼着对方进行回答。注意了这些，相信你就能更好地与对方交流了。

勾起他人好奇心，让他跟着自己的思路走

每个人的好奇心都是与生俱来的，女人在和别人交流、沟通的时候，应该尽量勾起别人和你交流、沟通的好奇心，只有这样，女人才能引着对方按照自己的思路去谈话。

勾起别人的好奇心，就是让对方对你感兴趣，甚至是喜欢你、信任你，只有这样，对方才愿意跟着你的思路去谈话，要想让别人对你的谈话产生兴趣，你就应该在说话的时候，注意谈话的内容。

女人应该知道，每个人最为感兴趣的东西，就是一些和自己有关的东西，或者是他自身，或者是和他息息相关的东西，只有女人谈一些这样的内容，才能勾起对方和你谈话、沟通的欲望。好奇心是一个人对某件东西感兴趣的最原始的动机，女人只要能抓住对方的好奇心，就能促使对方和你进行接下来的交流和沟通。

有些人认为和陌生人进行交流、沟通是很困难的一件事，这往往是因为他们没有找到和对方进行交流、沟通的契合点，而这个契合点最关键的就是对方感兴趣的东西，假如女人在和陌生人进行交流、沟通的时候，上来就一直在谈自己的事情，而这些事情根本就没法勾起对方的好奇心，对方又怎么会愿意和你进行交流呢？所以在和陌生人交流、沟通的时候，女人应该想办法勾起对方对你谈话内容的好奇心，让他感觉到你的谈话，他十分感兴趣。基于这一点，女人在和对方谈话的时候，就应该仔细观察对方的穿着、读的杂志、谈吐等，从中发现对方感兴趣的蛛丝马迹，这样一来，女人的谈话必定会勾起对方强烈的好奇心。

世界上最优秀的销售员不是那种上来就向客户推销自己产品的人，他们肯定是先和客户进行交流，从客户的言谈中找到和自己产品有关联的信息，然后用产品的优越性能勾起对方的好奇心，进而让客户产生很强的兴趣，最终做成生意。

张小宁是一位服饰推销员，她近来的目标是将服饰推销进某大型百货

商场，她虽然做了很多的努力，但是效果一直不是很好，总是遭到商场老板的拒绝，小宁经过一番调查后发现，原来这家百货商场一直在进另一家公司的货，商场老板一直认为没有必要再进其他公司的货。后来小宁想一直这样也不是个办法，于是她想到了另外一个好办法。在下一次的推销访问中，她早早地敲开了该商场老板的门，直截了当地说道："您可以给我五分钟的时间吗？我想向您提一些经营上的建议。"这句话一下子就勾起了商场老板的好奇心，于是他就将小宁请到办公室。小宁进了办公室后，拿出一条新式领带给商场老板看，这条领带明显要比商场其他的领带质量好，而且小宁向商场老板报的价格也非常公道，老板认真地检查了一下，向小宁仔细询问了一下它的材质、做工。小宁均做了认真的回答，就在商场老板想仔细详谈的时候，五分钟时间已到，小宁拿起包作势要走，商场老板于是又挽留下小宁，又看了其他几种领带。推销结束后，小宁终于如愿以偿地拿到了期待已久的订单。

小宁这一次的成功与她紧紧抓住商场老板的好奇心有关，假如她还是按照以往的销售思路，小宁这次肯定还是败兴而回。就是因为商场老板对她的产品不感兴趣，认为自己已经有进货的公司，所以没有必要再去进其他公司的产品。所以，有些看似不可能的事情，之所以很难成功，就是因为当事人没有抓住对方的好奇心，假如一上来的时候就勾起对方的好奇心，说到对方的兴致上，那么双方的交流就会十分顺畅地展开了。

女人要想在和别人的交流、沟通中勾起对方和你谈话交流的好奇心，就应该不断培养自己的说话技巧。首先就是自己要站在对方的角度上说话，说出的话不要以自我为中心，就像女人和陌生人寒暄的时候，可以说："今天的天气不错，你觉得呢？""你好像很喜欢文学类的杂志，是吗？"等之类的开场白，都是为了勾起对方和你谈话的好奇心。其次女人说话的时候，最好能够一鸣惊人，例如某个人取得了一个重要成就，其他的人都纷纷向他道贺，假如你语出惊人地说出一些相反的话，肯定会勾起对方强烈的好奇心和与你交流的谈话兴趣。当然，所谓的"相反话"不是真正的反话，而是需要一些技巧的"反话"，能够合乎情理、锦上添花的"反话"，如果自己不会说这种一鸣惊人的话，还是不说为妙，否则会弄巧成拙。

所以，女人在和别人交流沟通的时候，要想让对方跟着你的思路走，就

得勾起对方的好奇心。

避免冷场，适当转换话题和思路

女人在和别人交流、沟通的时候，不可能会一直畅通地交流下去，有时候会因为一个话题的不对而使谈话陷入僵局，或者是因为已经谈完一个话题，实在没话可说的时候，使谈话中断，像这种时候，女人应该学会适当地转移话题，换一个谈话思路。

转移话题，在谈判场上经常可以见到，谈判双方分别是处在两个立场上的不同体，为了追求各自的最大利益而坐在了谈判桌上，在争取各自利益的同时，免不了会因为一些争端而使谈判陷入僵局。谈判陷入僵局，就是因为双方都明白对方的真正需要，但是谁也不希望舍弃自己的利益成全对方的利益。在这种情况下，如果还是围绕着原来的话题进行谈判，肯定不会有任何进展，因为任何一方都不想做出让步。如果按照原来的思路重新制订出一份谈判方案，也是行不通的。所以在这种时候，谈判中的一方就应该适当地转移一下话题，说一些幽默的话，让谈判在新的谈判气氛中进行下去。如果女人在这种时候需要转移话题，是有很大难度的，转移的话题应该紧紧围绕着谈判，不能偏离太远，话题转移之后，应该能让谈判气氛舒缓下来，为接下来的谈判能够提供好的条件。如果女人在这种时候将话题转移到与谈判风马牛不相及的东西上，这是于谈判毫无益处的。

不仅在谈判的时候女人需要会转移话题，就是在平时和别人的聊天中，也需要转移话题，因为不可能对方说的话就是你想听的话，或者如果对方说的话是你不想交流的话题，这种时候，女人都应该会适当地转移话题，话题转移得好，对方就会在不自觉中，很自然地照你的思路走；转移得不好，就会让对方产生反感，甚至认为你是个不会谈话的人。所以不管是在正式场合，还是在平时的非正式场合，女人都要会一些转移话题的技巧。

一般来说，转移话题的方式有顺水推舟式、顺手牵羊式和另起炉灶式三

种方式。

顺水推舟式:就是在对方说话的基础上,从中找出某一点,适当地引领着对方向更深更广的方面上说。比如有些人喜欢向别人抱怨自己的怀才不遇,不是自己的上司给自己使绊子,就是自己的同事不会办事,每天都是一肚子的牢骚,这些人经常是不看对象、不看场合地向别人抱怨,不管对方爱不爱听。遇到这种情况,女人就可以适当地转移对方的话题,你可以这样说,“你认为一个人成才的条件中,是主观因素重要,还是客观条件起的作用大?”“在不利的客观条件中,依然有很多人能够创造出惊人的成就,我觉得你可以多看一下这方面的报道,对你应该有借鉴意义。”

顺手牵羊式:从对方的谈话中,找出相近或者是相似的事情,以此来转移对方的话题。这种情况经常适用在对方的谈话使女人根本没有兴趣的时候。女人可以从周围的环境中,找出转移话题的谈资,比如墙壁上的壁画,对方屋里的一些有品位的摆设,现在身处的环境,这些话题往往都与对方的谈话关系不大,所以这种时候,转移得不好的话,很容易引起对方的不快,因此应谨慎使用。

另起炉灶式:这种转移话题的方式和上面的两种方式不同,上面的这两种方式,是在对方不知不觉的情况下,悄悄地转移,这种转移方式,完全抛开对方所谈的话,交谈另一个和刚才没有关系的话题。这种情况处理得不好,是很影响对方情绪的,所以采用这种转移话题方式的时候,女人应该注意自己的礼貌,女人可以这样说:“这个情况现在我们可以先不谈,我们现在先谈谈……”“这个事情不是很紧急,现在我先告诉你另外一件事……”这样一来,既得体,又转移了话题,还让对方不是很尴尬。

生活中什么样的情况都会发生,有些话题是女人根本无法预料到的,这种时候,女人应该机智地转移对方话题。就像平时,有些人喜欢在人背后说别人的坏话,假如被说坏话的人和你的关系还很好,如果顺着谈话人的话题说下去,你肯定心里不舒服。如果公然地反驳对方,你们两人之间的关系肯定也闹僵了。这种时候,你就可以这样说:“对于你说的这个人,我的印象还是很好的,我们再谈点别的话题吧。”或者说:“这个人平时的时候老是夸你,为什么你老是说对方不好呢?”这样一来,对方肯定会知趣地转移话题了。

所以,希望每个女人都会在适当的时候,巧妙自然地为自己转移话题。

第10章

会用身体语言，让沟通有声有色

除了语言这个最大、最为普遍的交流工具能让女人和别人交流外，身体语言也是女人和别人交流的重要渠道。一个女人的语言往往不能显示其内心真正的想法，因为语言有很大的掩饰性，但是一个女人的身体语言，往往就会泄露女人最真实的想法。不经意的动作，不自觉的表情，都可以向人们展示女人真正的内心世界。了解了女人的身体语言，就是找到了通向女人内心的钥匙。

女人，用微笑拉近心理距离

一个经常向别人展示自己微笑的女人，给人的感觉就会分外的亲切，会笑的女人是世界上最漂亮的女人。

微笑是世间最有力的武器，它能消除人们之间的隔阂，增进人们之间的情感，消除人们之间的陌生。女人在生活中，在和别人打交道的时候，就不应该吝啬自己的笑容。没有哪个女人不希望自己变得漂亮，但是漂亮的容貌仅仅是女性漂亮的一种。很多女性为了让自己的容貌变得更漂亮，不惜为自己购置大量的化妆品，用化妆品能让女性瞬间从容貌上变得容光焕发，令人眼前一亮，但是，化妆品打造出来的漂亮仅仅是容貌上的，真正的漂亮应该是发自内心的漂亮，而笑容就是一种最有效，也是最廉价的心灵化妆品。

人们都喜欢和一个面带微笑的人交往，一个面无表情或者是一个表情严肃的女人，给人的第一感觉就是这个女人不好接触，无形中就会增加女人和对方之间的距离。而一个经常微笑的女人，就会让人觉得特别的亲切，因为微笑的含义就是你很高兴见到对方，你喜欢和对方接触，你对对方是坦诚的。微笑不仅向人们展示出了你的坦诚，同时也消除了对方的戒备心理，让对方更愿意和你交往。

女人不应该吝啬自己的微笑，因为微笑是自己最廉价的化妆品，女人随时随地都可以向人展示自己的微笑。向人展示自己的微笑，说明自己的心情好，自己的心态是积极向上的，自己的心境是乐观的。微笑是会传染的，微笑着向别人问好，别人也会在一天中有份好心情。

女人应该在一天中时刻保持微笑：早上出门的时候，向自己的家人微笑告别；上班途中，向每个认识的人微笑打招呼；工作开始前，和每个自己遇到的同事微笑问好；下班丈夫回家后，给丈夫一个温暖的微笑。

女人在生活中，应该将微笑当成是自己和别人进行沟通的语言。一个

冷冰冰的漂亮女人可能不会令人喜欢，但是一个笑意盈盈的女人却不会让人讨厌。微笑是最有杀伤力的一种武器，它能吸引几乎所有的男人。没有人会狠心拒绝一个对他微笑的女人。杨贵妃曾用“回眸一笑百媚生，六宫粉黛无颜色”的微笑征服了当时的一国之君。杨贵妃不仅懂得如何使用自己的美貌，更懂得使用自己微笑的魅力，于是，她成功了，这么多年过去了，她的微笑依然是人们心中美丽的风景。

现在女人的微笑同样是一道美丽的风景。一口整齐而洁白的牙齿，一个微微一笑的表情，一样可以成为征服众人的武器。向每一个帮助过自己的人微笑，对方会感受到你真诚的谢意；向比自己不幸的人微笑，对方会感受到你的鼓励；向紧张彷徨的人微笑，对方会感受到你支持的目光，很快就会安静下来。

没有人喜欢一个陌生人在自己面前哭哭啼啼的样子，就算对方心里很难受，将哭泣展示给陌生人，会让对方心里也感到非常的不愉快。而一个人在自己面前微笑，就会使自己心里也洒满了阳光，就算自己心情不好，此时心里的阴霾也会被这阳光一扫而光。

微笑不是自己的伪装，而是发自内心的真诚的，如果自己的心情不好，那就不要勉强自己非要做出微笑的样子，这种伪装出来的笑，不仅让人感受不到你的真诚，还会让人觉得你很虚伪，反而增加了别人对你的反感。发自内心的微笑应该能向人们展示出一种温暖的情意，而伪装出来的微笑，让人感受到的往往是冷冷的寒意。所以，自己心里不高兴，根本就笑不出来的时候，就不要强迫自己微笑。

一个时常微笑的女人，是一个有修养的女人，她的生活肯定也是一片阳光，每个和她交往的人都会被她的微笑所征服。有谁愿意和一个整天苦着脸的女人交往呢？

作为一个女人，要想让自己的生活更加阳光，要想让自己的人缘更加宽广，最好的方法就是让自己经常保持微笑。经常面带微笑的女人是最漂亮的女人，也是最受人们欢迎的女人。

女人，用拥抱表达在意和关怀

拥抱在一些正式的交际场所应用很普遍，人们用相互拥抱表示对对方的好感和诚意。

现在拥抱的适用范围已经不仅仅是当做一种见面时的礼仪，更多的是向对方表示自己的情感。人们都会有情感脆弱的时候，一个简单的拥抱可能就会让人感受到无穷的力量。一想到拥抱，多数人首先想到的是，女人是最需要受人拥抱的团体，因为他们认为女人向来都是以弱者的身份出现在社会上的。其实不仅仅是女人需要拥抱，男人们同样需要拥抱，即使再刚强的男人也有情感脆弱的时期，他们同样需要别人的拥抱，尤其是自己心爱的女人的拥抱，简简单单的拥抱可以让男人放下自己身上的盔甲，痛痛快快地宣泄自己的情绪。

女人应该学会用拥抱来鼓励人，女人的拥抱给予对方的不仅仅是一种礼数，更是自己内心的一种情愫，或者是鼓励，或者是支持，或者是真诚的感谢，或者是深深的爱，不同场合下，拥抱具有不同的意义。女人用拥抱可以让人们消除内心的彷徨和紧张，可以用拥抱让对方变得更加坚强。

女人应该学会用拥抱表示自己内心的感受，有时候，一个普普通通的拥抱给予对方的温暖，要比无数的安慰话语更真诚、更温暖。

当自己的好友因为某种原因而生病住院时，你的一个拥抱，给他的可能不仅是安慰，更是一种力量，一种使其能勇敢地战胜病魔的力量。

当自己的爱人陷入事业的低谷，在事业的旅途上屡遭不顺时，在别人面前，他们可能一直都是坚强的，就算是自己已经血本无归，倾家荡产，在别人的眼中，他们依然坚强地承受着这一切，因为他们不想将自己脆弱的一面展示给别人看。这时候，女人不要向自己的爱人抱怨什么，要知道他们这么拼命就是为了自己的这个家，只有你能明白自己的爱人有多么脆弱，他也需要你的呵护，给他一个拥抱，用拥抱告诉他，就算在外面一无所有，就算在外面

经受大风大雨，也不要怕，不管怎样，自己永远是他背后的支柱，自己永远都会陪着他。在你的拥抱中，男人会重新鼓起战斗的勇气，哪怕是为了自己的女人。

当女人无法用言语将自己的内心感受诉说出来的时候，可以学着用不同的拥抱表达自己的内心。拥抱的力度、拥抱时间的长短、拥抱的方式，种种的不同，衍生出了不同含义的拥抱。当女人从内心觉得对方应该需要鼓励和支持时，可以将对方的头揽到自己的怀里，让对方感受到自己母爱般的情怀。当女人觉得自己应该向对方表示自己朋友般的情谊时，就应该使用最普通的拥抱方式。当和自己的爱人吵架时，如果不想让对方弃自己而去，女人可以从男人身后环抱住男人的腰，脸紧紧地贴在对方的背上，这是一种主动示弱的姿态，也是向对方认错，渴求对方原谅的姿态，一般男人会在女人的这一拥抱中，消除掉自己满心的怨气，从而与你主动和好如初。

女人的拥抱不应该让人感受到的一种象征性的礼节，而应该使对方感到是一种发自肺腑的情感流露。给自己多年不见的好友一个拥抱，用此向其表示你深深的思念。给自己的父母一个真诚的拥抱，谢谢他们多年来的无私付出。给陪伴自己的爱人一个拥抱，谢谢他能给自己最真挚的爱。给自己的闺蜜一个拥抱，谢谢其多年来给自己的真心友谊。

女人的感情真挚而细腻，用拥抱表示出来的感情同样真挚感人。感情再冷漠的人也会在对方真诚的拥抱中放下自己虚伪的面具，显露出自己的真心。拥抱的一瞬间虽短，但是女人向对方传递出的却是浓浓的情意。

女人，用手势展现优雅的举止

手势是人类长时间积淀成的一种沟通方式，它同人们使用的语言一样，可以传达很多信息，女人正确的使用手势语，可以增强自己说话的感染力和表现力。但是如果手势语使用不当，不仅会向对方传达错自己的意思，还会显得自己的姿势很不优雅。

手势语在各个国家的使用都是很普遍的，但是由于文化风俗的不同，同样一个手势语，在不同的国家会有不同的含义，女人在使用手势语和别人交流之前，首先应该保证自己使用的手势是正确的，不会有歧义，尤其是在与外国人沟通的时候，更应该保证自己的手势语是对方能正确理解的。

女人在使用自己的手势语时，应该遵循以下几个原则，只有这样，自己才能既用手势语传达出自己的真实意思，同时还能让自己在举手投足中尽显优雅。

首先，做出的手势应该大方得体。女人使用手势是为了更好地向对方传达自己的意思，所以手势动作应该大大方方。

其次，使用手势语的时候，应该动作简洁明确。手势语是伴随着人们的语言一起使用的，是为了更好地表示自己的思想，使对方能够更加清楚地明白自己所传达的信息，如果过多地使用手势，就会分散对方的注意力，干扰你的语言信息。烦琐或者是没用的手势语完全可以摒弃不用。

再次，大小要适度。对女人来说，在使用手势语的时候，动作应该适度。太大的动作会让人感觉到做作；动作太小，又不足以表明自己想要传达的意思。女人应该知道在使用手势语的时候，手势的大小并不与自己的决心成正比，手势只是向对方表示自己坚定的决心、信心。使用手势语的时候，手势的上界不要超过对方的视线，手势的下界，应该不低于自己的胸部。手的摆动不要幅度太大，应始终围绕在人的胸部。

最后，女人的手势语应该亲切、自然，如行云流水一般，动作应该亲切柔和，表现出女性的温柔个性，不能太生硬，一般来说，动作应该是带有曲线性质的，而不是幅度很大、动作太快的动作，因为这种动作给人的感觉是非常不礼貌，也不柔和的。

女性在掌握了手势语的使用事项之后，还应该了解一下手势语表示的含义，每个国家的风俗不同，所以同样的手势语，不仅表示的意思不同，甚至还有可能是相反的意思，所以为了更好地使用手势语，就应该多了解一下关于手势语的含义，尤其是在语言不通的情况下，在和外国人交流的时候，更应该保证自己的手势语使用的没有歧义、没有错误。

食指和大拇指圈成一个圆圈，其他三个手指头伸直，这在我们国家表示

"OK",意思是事情已经成功做完,或者是对方交待的事情自己已经明白了。这个手势在美国表示的是好、同意的意思。在巴西,这个手势则被认为是不文明的动作,因为他们打这个手势,是表示肛门的意思。而在马耳他、希腊则是一句无声而恶毒的骂人的话。

在中国,人们一般将大拇指向上,是表示夸奖和赞许的意思;而在尼日利亚,伸出大拇指是表示对远方客人的问候;在日本,这一手势表示的是"男人"或"你的父亲";在朝鲜则表示的是"首级""父亲"或者是一些军中的职位;在美国、荷兰等国家,这一手势表示的就是幸运的意思了;在法国,伸出大拇指是表示要搭车的意思;而在印度尼西亚,这一手势表示东西的意思;在澳大利亚,这一手势则是一个粗野的动作。

由此可见,女人在用手势语来帮助自己表达的时候,首先应该确定自己的交谈对象,有没有不同文化的外国友人,他们使用的手势语和我们国家有什么不同,这些都应该在交谈之前做足功课,否则就会使对方误解你的意思。不仅如此,就算在平时使用手势语的时候,也应该注意让自己的手势语能更清晰地表达自己的观点,在使用正确的前提下,还应该注意自己动作的优雅,不要让鲁莽、不文雅的动作破坏了你的形象。

女人,用握手传递温暖和善意

握手已经成为人们进行交际之前的重要礼节,尤其是在一些重要的交际场所,握手更为普遍。握手现在已经不仅仅是一种礼仪,有时通过握手,女人也能向对方传达自己的情意。

一般来说,女士在和男士握手的时候,通常女士占主动,当男士是比自己年长很多的人时,应该是对方先伸出手,然后女士再伸手相握。当对方的年龄和自己差不多,或者是比自己小的时候,女士在和对方握手的时候,握手的主动权就掌握在自己的手里了。女士主动伸出手是向对方表示握手的诚意,这样对方很快就会回应你。如果对方不懂握手的礼仪,往往会在女士

伸手之前先伸出手，像这种时候，女士不应该当做看不见，否则，这会让对方觉得很尴尬，觉得你这是看不起对方的意思。

女人在和对方握手的时候，应该注意握手中的一些礼节。握手虽然是简简单单的一个动作，但是却也彰显着女性的修养和气质。有些女人自认为自己的地位身份很高，她们不屑于和旁人握手，就算是握手，也只是让自己的指尖碰一下对方的指尖就完事，这样是很不礼貌的，对方主动向你伸手问候，那是向你表示尊重，如果你只是拿指尖和对方碰一下，就会让人觉得你这个人自视甚高，目中无人，甚至会让人怀疑你的品德问题。

有些女人在和人握手的时候，喜欢用“死鱼式的握手”，就是将自己的手平直地伸出去，等待着对方的相握，而且手臂僵直，手上一点力度也不用，这样向对方传递的信息就是你的无情和冷漠。当女人用热情的双手等待着对方的热情相握时，如果对方向你伸出的手也是“死鱼式的手”，那你肯定也是不高兴的，所以己所不欲，勿施于人。

女人在和对方握手的时候，向对方传递的信息就是很高兴见到对方，希望和对方能够处好关系，这样，在握手的时候就应该带着自己的诚意，不是敷衍对方，对方也能从你的握手中体会到你的真诚，这些都是相互的。不管是和什么样的人握手，女人都应该向对方显示自己的真诚，而不是一种虚伪的热情。女性在和别人握手的时候，虽然说戴着手套和对方握手也是允许的，但是最好的做法还是将手套摘下来，这样会更显示出自己的诚意。有些女性经常在一些场合不屑于和对方握手，这是很没有修养的一种做法。假如自己实在是有难言之隐，那也应该向对方点头表示自己的歉意，或者是身子微弯，向对方微鞠一躬表示自己的诚意，这些都是礼节，只有这样做，你才能给对方留个好印象。

握手现在已经成为一种通用的礼仪方式，有些女人认为握手仅仅是一种礼节，所以自己根本就不用太在乎，毕竟就是握一下手而已。持有这种观点的女人是不对的，虽然握手是人们进行寒暄的一种礼节，但是握手一样会彰显女人的素养、女人的热情，甚至是女人的人品。不会握手的女人，向别人传递的不是礼节上的问候，而是身份上的高低差异，如果让对方从握手中体会到女人对他的轻视，那么还不如不握手好，因为这样一来，对方是很难

和你进行很愉快的交流的。

也许会犯这样的错误完全是女人的无心之错，是因为女人不熟悉礼仪，才造成今天这种难堪的局面的，但是这种无心之错是用语言难以解释清的，所以，为了避免这种情况的出现，女人就应该了解如何正确的握手，向对方传递出自己真实的心意。正确的方法应该是：右手掌相握，力度适中，上下摇几次，不要太剧烈，握手的同时应该用热情的言语欢迎对方，只有这样，对方才会从女人的握手中，感受到女人的温暖和诚意。

女人不应该忽视握手这样一个小细节，因为从这个小细节中，同样可以看出女人是怎样一个人。

女人，用坐姿展示性情和姿态

女人可以通过多种方式来表现自己性情的贤淑，优雅的坐姿就是其中的一种，不要以为普普通通的坐姿就没有任何的亮点。女人优雅的坐姿，不仅可以向别人传递你的大方文雅，同时也会彰显出你的修养，你的贤淑。

女人要想让自己的坐姿优雅，可以注意以下事项，并在平时的生活中注意锻炼自己的优雅坐姿。时间一久就会慢慢地养成优雅的坐姿习惯。

首先就是入座，入座之前，如果是和其他的客人一同入座，应该分清尊卑，出于礼貌请别人先入座，然后自己再入座。入座的时候，应该是从椅子的左侧入座，这既是入座的礼貌，同时也更方便入座。就座时，如果旁边有熟人，应该先向对方打招呼，如果旁边是陌生人，也应该先得到对方的允许后再就座。入座的时候，还应该注意不要弄出什么声响。

入座以后，女人就应该注意自己的坐姿了，尤其是穿短裙的女士，既要防止自己“走光”，同时还应该尽量让自己的坐姿优雅。女性的坐姿一般有以下几种方式。

第一，正襟危坐式。这种坐姿适用于正规场合。要求是上身和大腿，大腿和小腿都应该成直角，小腿垂直于地面，膝盖和脚跟应该完全并拢。

第二，前伸后屈式。这是女性普遍使用的一种坐姿，坐法是将大腿并紧后，先将其中的一条腿向前伸，另外一条腿屈后，两脚掌着地，双脚前后应该保持在同一条直线上。

第三，双脚内收式。它适合用在一般的场合，坐法是两条腿先并拢，双膝可以略微张开，两条小腿在略微的分开后，向内侧收回，两脚掌着地。

第四，双腿叠放式。这种坐姿适合穿短裙的女士，坐法是：将双腿一上一下的交叠在一起，交叠的两腿间不应该有间隙，双脚应该斜放在身体的一侧，斜放后的脚应该和地面成45°角，叠放在地面上的时候，注意自己的脚尖不能对着别人，否则很不礼貌，所以在腿交叠放在地面上的时候，应该让自己的脚尖对着地面。

第五，双脚斜放式。这种坐姿适合穿裙子的女士坐在较矮的位置上。坐法是双腿并拢地放在一起，将双腿向左或者是向右斜放，力求使斜放后的小腿与地面成45°角。

第六，双腿交叉式。这种坐姿适用于任何场所，就是将双腿先并拢，然后双脚在脚踝部交叉，需要注意的是，交叉后的双脚应该向内收，也可以斜放，但是不应该远远地将脚直伸出去，否则是对对方的不礼貌。即使和对方之间有张桌子，也不应将脚伸向对方。

女性为了让自己的坐姿尽显自己的贤淑，就应该避免在就座时出现一些不雅的坐姿，比如在就座时两腿分开的距离偏大，双腿在就座的时候不断抖动，脚尖的方向对着别人，脚随便乱蹬物体，这些都是在就座时应该避免的。

女人为了让自己的坐姿优雅，不仅应该注意自己下身的摆放姿势，上身的坐姿也是很重要的，因为上身往往显示出自己对对方的尊重。就座时，女人应该让自己的头部保持端正，不要让自己歪头、扭头，尤其是在工作的时候。当和对方进行交谈的时候，应该让自己的眼睛正视对方或者是面部侧向对方，不管怎样，不能让自己的后脑勺对着对方。当女人和对方谈工作的时候，尤其当对方是自己的上司的时候，不应该将背靠着椅背，椅背是用来休息的，交谈工作的时候最好不要靠椅背。女人在就座时，最好不要坐全椅子面，最好只坐到椅子的3/4。在入座后，身子应该朝向对方，这显出了对对

方的尊重。

女人在离座的时候也应该注意，首先在离座之前应该先向对方说明一下，然后再站起身来。离座的时候，也要注意先后顺序，一般来说，地位高的要先离座，地位低的，可以稍后离座，当身份差不多时，可以同时起身离座。起身的时候，应该动作缓慢，动作幅度不应该太大，以免将东西碰到地上。起身离开时，应该从椅子的左侧离开。

坐姿是一个生活中再平常不过的小细节，女人在生活中应该注意这最基本的小细节。最能体现一个女人修养和贤淑的地方往往就是这些最容易被人忽视的小细节。正所谓：一颦一笑尽显女人气质，一坐一站彰显女人贤淑。

女人，用走姿表现态度和气质

女人不仅可以在坐的姿势中彰显自己的优雅、贤淑，女人的走姿也可以向人们显示出她的优雅，同时也能告诉对方她对生活的态度。

当女人在心情好的时候，走路往往会身轻如燕、健步如飞；而当心情不好，或者心情沉重的时候，就会觉得腿上像灌了铅似的沉重，就好像迈不开腿。当女人的心情很糟糕的时候，或者是走路心不在焉的时候，就会感觉自己像是走在棉花上，全身都没有力气，甚至不知道自己到底是在怎么走路。这些情况的出现都是因为女人的心境不同，所导致的走路姿态的不同。

不仅女人在心情不同时，走路的姿态不同。不同的女人，走路的姿态也是千差万别的。女人的性格是各种各样的，有的时候，想了解一个女人的性格并不难，只要在生活中仔细观察一下她们的走路姿势，就能对对方的性格有一个大致的了解了。

一个人的走路习惯是他生下来后长时间形成的，这与其性格密不可分。女人的走姿同样与此分不开，女人的生活环境、父母的性格特征、家庭环境的熏染都会影响女人的性格，同样也会影响着女人的走姿。一个自小生活

在书香门第的女孩子和一个自小流落街头的女孩子，她们对生活的态度可能天壤之别，她们走路的姿态可能也会大为迥异。女人在行走的时候有以下几种行走方式，每种行走方式的背后，往往就隐藏着她们各自不同的生活态度。只要你在生活中仔细观察和体会，很容易就能发现行走所传递出来的信息。

有些女人在行走的时候，步履沉稳，步伐适中，这种女人对生活往往充满信心，她们每天都会将自己的生活日程安排得满满的，每天都是充满干劲的一天，她们的生活一片阳光，就算遇到一些风雨，她们也会让自己坚强地去面对，她们不会把小风小浪放在眼里。正是如此，才造就了她们乐观向上的生活作风。

有些女人在行走的时候，步履轻盈，步子的幅度适中，步子的速度不紧不慢，她们的表情比较安静，两眼目视前方，这种女人往往因为自己心境平和、心情沉稳，所以她们对生活的态度非常平和，不会强迫自己去做某些自己不喜欢的事情。

有些女人在走路的时候，喜欢低着头走，她们的脚步比较缓慢，喜欢边走路边思考，这就是平时说的“思考型行走”，这说明这种女人的心里经常藏着事情，她们不管做什么事情，总是经过仔细思考之后，再做出决定。

有些女人性格比较活泼，她们走路的时候，经常是来去匆匆，从她的步伐中，人们也可以判断出这个女人个性开朗、心直口快、没有多少的算计之心，她们的心思一般都比较单纯，和这样的人打交道，应该是件很轻松的事情。

女人只要仔细观察人们平时的走路姿势，就会发现很多关于对方的信息，可以从中知道他们是对生活非常热爱，还是对生活消极，是朝气蓬勃地面对生活中的每一天，还是消极地看待生活，这些都能从对方的走姿中体现出来，就像一个内心装满烦心事的人的走路姿势和一个乐观向上的人的走路姿势就大相径庭，只要女人在生活中注意观察，就会在一些微小的细节中发现对方的很多信息。

不同的行走可以调整人们的心态。性格急躁的时候，就放慢自己的脚步，不要行走太匆匆，放慢脚步的同时也会让自己的心跟着放松下来。自己

无所事事的时候，不妨让自己加快脚步，给自己制造出紧迫感，这样的话，自己就会跟着紧张起来。当自己心情烦闷的时候，不妨让自己出去悠闲地散散步，让心中的烦闷一扫而空。

所以，女人在平时走路时，应该留意一下自己的走路姿势，是行走匆匆，还是行走太缓慢，是步履轻盈，还是如灌铅一样沉重，是经常挺胸走路，还是老是低着头走，这些表现都在向你以及他人诉说着关于你自己的信息，所以从现在开始，从走姿开始，调整你的生活态度，给自己一个轻松、愉快的生活，给他人展现出你的不凡风采！

第11章

高效沟通技巧，助女人交流无阻

女人总是少不了要和别人打交道。良好的沟通，可以让女人轻松达到目的；不会沟通，说再多的话，做再多的事都于事无补。一个女人要想让自己和别人的沟通更高效，首先应该懂得沟通的有效方式。只要选对方式，沟通就会事半功倍。

倾听，是一切有效沟通的前提

女人在与别人进行沟通的过程中，倾听对方的言谈是最好的沟通方式。谈话的过程必须有讲话的一方，同样不可缺的就是倾听的一方，谈话是将信息组织起来并输出的一个过程，而倾听是将对方所传达的信息收集起来"解码"的过程，这两个过程是缺一不可的，缺少任何一个就会使交流无法进行下去，倾听在交流过程中占有很重要的地位。

倾听有时候会左右谈话者的谈话内容或者谈话情绪，因为倾听并不是简单的听而已，有时在听的过程中还会将自己的一些情绪反馈给对方，这样，谈话者就会在你的反馈中不断调整自己的谈话内容。由此可见，倾听在交流中的作用非常重大，要想让双方之间的交流更好地进行下去，女人在和别人进行交流、沟通的时候，就应该学会一些倾听的技巧。

没有人喜欢和一个给自己找碴的人交谈，所以女人在倾听的时候，应该首先给对方留个好印象，即在对方谈话的过程中表现出对其所讲的内容很感兴趣，自己认同他的观点，愿意仔细倾听对方的谈话，以便获得更多的信息，这些信息反馈给谈话者，就会让其更有兴趣地进行自己的谈话。如果谈话者说不上两句话就让你激烈的言辞给顶回去了，对方的心里肯定也会非常窝火，这样的交流很难继续下去，严重的甚至会让双方反目。

如果女人对对方所说的话持相反的意见，这是很正常的事情，不可能两个人的意见、观点完全一样，就算是同一个人，在对待一件事情上，今天的观点和明天的观点还会不一样呢，更不要说两个思想不同的人了。当对方的观点和自己的观点相左时，女人不应该为了急于表达自己的观点而中途打断对方的谈话，让对方的谈话不得已中断。这是一种很不礼貌的行为，正确的做法应该是听完对方的陈述，就算对方的观点是自己所不赞成的，那也不应该立刻制止对方的谈话，当对方陈述完以后，女人这时候可以向对方真诚地说出自己的观点，在说的时候，语言应该真挚，态度应该诚恳，不要使用一

些过激的言辞，这样就能让对方更好地接受你的观点了，同时双方还不会起争执，可以让交流更好地进行下去。

既然在和对方谈话的时候，女人做了一个倾听者，那就应该在倾听的过程中有耐心，听完对方的谈话，在别人谈话的时候，保持持久的耐心，尤其是当谈话者的语言表达能力很欠缺的时候，更是如此。这是女人风度和修养的表现。

谈话者在和对方进行交流、沟通的时候，最关心的往往是自己的谈话是不是吸引对方的注意，对方有没有在仔细倾听自己的谈话。所以女人在倾听的时候，不管是和什么样的人交流，最关键的就是自己应该在倾听的过程中，集中注意力，专心倾听对方的谈话。倾听的时候，不要让自己的眼睛随意乱动，就算不是总注视着对方的眼睛，也应该让自己的眼睛时时停留在对方的眼睛以下，嘴以上的位置，这个地方是双方都比较轻松的位置，当对方询问你的观点时，应该看着对方的眼睛，这样就是表示自己在仔细倾听对方的谈话。在对方谈话间歇的时候，及时给对方一些关于自己的倾听反馈，比如对对方说"是啊""是的，你说得很正确""我和你有同感"，经常向对方说一些这样简短的话语，既向对方表明了自己正在仔细倾听对方的谈话，同时也是在鼓励对方继续畅谈自己的观点。这些都是积极地倾听的反应。

不管女性是和什么样的人交流沟通，最关键的就是自己的态度一定要诚恳、谦和，倾听就是从对方的言谈中，了解对方的思想、观点以及其他一些信息，就算是普通的聊天，女人也要留意自己的倾听技巧，以便让交流、沟通更好地进行下去。要想让自己做一个合格的倾听者，可以在心中做一下换位思考，己所不欲的，就勿施于人。自己喜欢的，可以试着和别人分享。

听出话外之意，做出正确应对

俗话说："锣鼓听声，听话听音。"女人在和别人进行交流、沟通的时候，不仅应该听得懂对方说的话，而且也应该听得出对方是不是有些弦外之音，

对方说的话是对方的真实意思,还是话里有话;是一语双关,还是含沙射影;是话里藏刀,还是用故事来传递自己的真实意思。这些都是值得女人琢磨的,在和别人交流的时候,女人应该学会听出对方的弦外之音。

一个人的言谈,往往是这个人内心世界的反应,言谈的内容、方式往往是这个人知识、才能、品行的集中反应。在和对方的言谈中,女性仔细倾听出对方的弦外之音,就会更好地洞悉对方的内心世界。现在人们在交往的时候,有些话是不方便说出口的,就像一些伤及对方自尊的话或者是一些指责对方的话,直接说出口可能会伤害到对方的自尊心,让对方颜面扫地,于是,说话者往往会用一些委婉的语言,或者是用富含深意的话来说给对方听,如果倾听者听不出对方话里的本意,就会让双方陷入很尴尬的境地。

有些很会处理人际关系的人,就很会将自己的真实意思"装"在一个好听的话壳子里,就算是其话的本意不好听,但是对听话人而言,却能比较好地接受。这就是一种说话的艺术,女人在听别人谈话的时候,应该仔细深究一下对方说的话,是不是含有什么深意,或者是不是另有所指。

一个编辑找某位作家约定了一份稿件,在一次该出版公司举行的座谈会上,由于这位作家也收到了邀请,所以前来赴会。这位编辑看到这位作家也到场了,就对这位作家说道:"不知道那份稿件是否写好了?"作家说道:"写完了,就是刚才来的时候,放在桌子上,忘带了,明天我会亲自给你送过去。"这位编辑就说:"那待会我送你回家,顺便将稿子取走。"这位作家说:"不用,待会儿我还有别的事情,暂时先不回家,明天我会找时间亲自给你送过去的。"座谈会结束的时候,这位编辑开车回家的时候,看见这位作家正在等出租车,于是就上前说道:"王作家,我送你一程吧,去你家正好我也顺路,顺便去你家将稿子拿来。"这位作家连连说不用,但是这位编辑的盛情很难推却,于是这位作家就坐上了这位编辑的车,当快到作家家门的时候,作家说道:"就到这里吧,里面全是小巷子,车很难开进去,等明天的时候,我亲自将稿子给你送去。"这位编辑就是没有听出这位作家的弦外之音,说道:"没事,我等你一会儿吧,你不是说已经写完放在桌子上了吗?"这位作家很无奈,这才说道:"你今天是拿不到的,我还没有写完呢。"这位编辑听不出对方话里的弦外之音,令两个人最后都很不愉快。

有些时候，人们在说话的时候，为了顾及面子而不直接表达自己的意思，往往多用一些富含深意的话来说明自己的想法。而有些时候，女人多加留意说话者的声音或者是语调，往往也能发现对方一些未曾出口的话。比如当对方在紧张的时候，说话的时候就会不自觉地加快语速，并经常会在说话的时候犯一些错误，这就是对方的心理所致。像这种时候，你就应该尽量说一些轻松的话，让对方消除心理上的紧张情绪。

一些进行过专业训练的人，在和对方交流的过程中就非常注意谈话者在说话时的一些小细节，从这些小细节中，往往能找出更多对方的信息。同样一句话，用不同的语调说出来的时候，也是有不同深意的，就像是同样一句“再见”，当双方在愉快的气氛中结束谈话的时候，对方就会用响亮的声音道别，同时还期望下次能再次合作；当恋人离别的时候，往往就会满眼含泪，依依不舍；当双方有仇恨的时候，就会说得很决绝，没有一点温情。在不同的声调中，女人就能听出说话者的不同心理。

女人要想在和别人的交流中听出对方的真实想法，就应该在平时多加锻炼，听到对方说什么话，应该联系当时的实际情况，不要胡乱猜想。根据身处的语境分析出对方话里的真实意思。

用真诚和端正的姿态开启一次沟通

在和别人进行交流沟通的时候，女人最应该具有的就是一颗真诚的心和一个端正的姿态，将自己的心态摆正了，双方之间的交流才会更加顺畅地进行下去，否则，别人谈话的时候，自己一副心不在焉的姿态，对方肯定也是不愿意和你交流的。

女人在和别人交流、沟通的时候，首先应该知道双方之间是平等的，没有谁尊谁卑的等级之分，既然双方开始进行交流、沟通，首先就不能认为自己的地位要比对方高，不能看不起对方，否则，双方在交流、沟通的时候，对方就会产生更深的自卑感，从而难以更好地交流、沟通。

在和别人交流、沟通的时候，最先应该放下的是自己的架子，不管是在职场上，还是在生活中。有些女性在职场上一片风光，和手下的人交流的时候，往往会做出一副盛气凌人、冷冰冰的姿态，这样的领导是得不到大家喜欢的。要想和自己的下属搞好关系，重要的就是在交流的时候，使对方觉得你们双方是平等的。同事间在一起交流是为了让工作朝更好的方向发展，让事业更加辉煌，就算是女人的地位、职位比对方高，但是这并不表示女人就是高高在上的，不管是工作上的交流，还是生活中的闲谈，都应该和对方地位平等地进行交谈。

女人在生活上，更应该要懂得摆正自己的心态，尤其是在家人、朋友面前说话时，就没有必要像在工作中那样。就像英国的女王伊丽莎白，在晚上回卧室的时候，她丈夫不为她开门，于是伊丽莎白就语气很生硬地说道："给女王开门。"结果丈夫没有回应。伊丽莎白又说道："请给伊丽莎白开门。"丈夫还是没有回应。伊丽莎白想了想，就用手轻轻地敲了敲门，丈夫在里面说道："谁呀？"伊丽莎白这时候温柔地说道："我是你的妻子，麻烦给我开下门。"这时候丈夫才起身为伊丽莎白开了门。伊丽莎白之所以在前两次的时候吃闭门羹，就是因为她不知道放下自己的地位，不知道摆正心态和丈夫进行交流、沟通。当她意识到自己的错误时，及时改正了自己的语言和态度，不再是以咄咄逼人的女王气势来压迫对方，而是心平气和地和对方进行语言上的沟通，只有这样，丈夫才接受了伊丽莎白的请求。

不管是和什么样的人交流、沟通，最重要的就是有个好心态，女人只有摆正了自己的心态，在平时和别人交往沟通的时候，才会更好地给对方以好感，让对方更好地和你交流下去。一些女人经常会因为满足自己现在的职位或者身份而让自己变得很孤傲，看不起身边的任何人，她们说话的时候，言辞刻薄，喜欢打击别人，经常会让交流、沟通陷入尴尬的境地。这既显示出了这个女人没素质、不顾全大局，也会让人对她产生更多的反感。

不管是和什么样的人交流、沟通，女性都应该注意维护别人的自尊，不要为了让自己一时口快，说出一些令对方很难接受的话。女人在沟通之前，首先应摆正自己的交流心态，自己和对方进行交流、沟通肯定是有原因的，即使是聊天，也是想通过这种方式使自己得到放松及精神得到愉悦，为了让

双方之间的交流、沟通得以更好地进行下去，就应该摆正心态，让自己处在和对方平等的位置上，哪怕是故意放低自己的姿态，都是应该的。沟通、交流不是一个人在唱独角戏，在相互交流的过程中，对方会和你进行心灵上的坦诚相待，甚至会成为你发牢骚的“接收机”，所以，女人在和别人进行沟通的时候，应该从心里感到对方的诚意，同时也应该以一颗真诚的心和对方进行交流、沟通。

世界上的工作千差万别，地位上有高有低，但是人们的身份应该是平等的，所以在交流的时候，身份应该也是平等的，除非是一些工作上的汇报，其他时候，女人在和别人交流、沟通的时候，一定要调整好自己的心态。

女人也要学会幽默的表达方式

女人在和人沟通的时候，应该学会用幽默的方法，比如幽默的表情，幽默的语言，或者是幽默的动作来表示自己的看法。幽默的表达不仅可以彰显出女性的机智、幽默，也让别人在和气的气氛中感受到你的诚意。用幽默的表达方法表达自己观点的女性是最受人们欢迎的女性。

一个整天板着脸的女性，是不会讨人喜欢的，就算是这个女人的地位很高，大家在她面前的时候，可能是毕恭毕敬的，但是一旦在工作结束后，她很快就会成为人们孤立的对象。在交流、沟通的时候，应该学会用一些幽默的表达方式表达自己的看法，说一两句舒缓气氛的幽默话，做一两个无伤大雅的幽默表情，在对方欣慰一笑的时候，双方就会拉近彼此之间的距离，同时也会更容易进行接下来的交流和沟通。

幽默在人们的生活中起着润滑剂的作用，它能让紧张的谈话气氛瞬间变得不再尴尬，在幽默的气氛中打开双方互相交流沟通的大门。它能让难堪的一方摆脱尴尬，更加自然地接受对方的意见。幽默还会化解双方之间的冲突，让对方更加尊重自己。幽默的沟通方式不仅让女性建立起了自己的好人缘，也让女性在言谈中，更好地锻炼了沟通能力。

有些女人在听到对方对自己出言不逊的时候，往往就会变得大发雷霆，甚至会和对方进行言语上的相互攻击，这些都是很不理智的行为，对方对自己出言不逊，说明这个人没有多少修养，自己因为对方的出言不逊而训斥对方，虽然会消除自己的怒火，但是也会给别人留下一个不好相处、咄咄逼人的印象。而一旦女人拥有幽默细胞，用幽默的方式解决这个问题，就会很好地化解这一尴尬局面，既可让对方感到难堪，又能维护自己的形象。

幽默的沟通方式不仅在平时的生活中可以大显身手，一些出色的政治人物，一些优秀的外交家，在遇到一些令自己难堪或者令对方难堪的事情时，往往不是用以硬碰硬，伤害彼此和气的方法来解决问题。在遇到一系列棘手的问题时，他们往往采用的解决方式就是幽默的方法。

一次，林肯的一位朋友在拜访他的时候，正好有一些士兵在外面等待林肯的训话。这时林肯的朋友和他一起相伴外出，并继续进行交谈。当走到走廊时，士兵们齐声欢呼起来，在这种情况下，林肯的这位朋友应该及时地退开，但是他却未意识到这一点，还是士兵的副官主动告诉他的，林肯的朋友感到非常的难堪，窘得满脸通红。林肯看到了，非常幽默地说道："白兰德先生，你应该知道的，他们也许分辨不出谁是总统呢。"一句幽默的话让对方消除了内心的顾虑，变得自然起来。

正是因为林肯的幽默，才让对方摆脱了尴尬的处境。平时的生活中，人们的交往沟通少不了摩擦，这些都是无法避免的，关键就是看双方如何消除摩擦。聪明的女人应该学会用幽默的方法来解决遇到的一些棘手问题，有时候这样比双方激烈的争执起到的效果还好。

使用幽默的方法解决问题需要女人有高智商、高情商，能够用简单诙谐的言语表示出自己的想法，需要女人有丰富的幽默感和忍耐力。一个才疏学浅，经常发脾气的女人是很难有丰富的幽默感的。女人要想培养自己的幽默感，就应该多多培养自己的这种能力。可以在平时多培养自己的观察力，多读些关于如何与人交往的书籍，培养自己淡定的性格，遇到事情的时候，自己不要着急，就算这件事情的发生对自己造成了很大的伤害，也没有必要非得和对方进行理论上的攻击，这些都是有损自己形象的。对方可能会因为你的还击，语言变得更加刻薄，态度更加无理。这时候，幽默地解决

这个尴尬的问题，不仅不会让对方下不来台，还会让他自觉地认识到他犯的错误。

幽默是人们交流沟通的润滑剂，是人们友好相处的前提和保障，一个善用幽默的女人必定是一个乐观向上的人，她的生活会洒满阳光。

让他人更容易理解你的技巧

很多女人在生活中会遇到这样的一种情况，那就是自己说的话被对方误解了，但是自己又想不到什么更好的方法来向对方进行解释。所以为此很多女人一直很困扰，如何让对方更好、更容易地理解你，不管是在思想上还是在行为上呢？

人们之间的理解是相互的，女人要想让别人更好地理解你，首先应该让自己成为一个理解别人的人。感情都是相互的，你对别人表示理解，别人自然也会对你表示理解。这种方法在家庭的和睦中，在和朋友的相处中，在和同事的共事中，会起到立竿见影的效果。对别人多一些理解，自然就不会对对方的行为大发雷霆，自然就会让双方的相处更融洽。理解对方就是思考事情的时候，多从对方的角度进行思考，也许就会发现对方做某件事情不是突发奇想，不是故意想恶作剧，而是有他自己的原因的。就像孩子在做家务的时候，不小心将碗打破了，作为母亲的你很生气，借着这件事情数落孩子的不是，顺便将孩子以往的劣迹拿出来“重温”一遍。女人应该知道，孩子只是想帮你分担家务，也许是看你太劳累了，想替你做些力所能及的事情，只是因为自己在平时的时候很少做家务，所以才会打碎碗。聪明的女人应该能体会到孩子的内心，不要不分青红皂白地就指责孩子的不对。这是很不理智的，这不但会打击孩子的自尊心，还会让孩子以后更不愿意和你交流。

一般来说，人缘好的人，往往他做什么事情都很容易就能得到别人的理解，就算是平常犯了一些小错误，大家也会主动地原谅他的过失，甚至是主

动为他开脱。女人在平时的生活中，要想让自己更容易得到别人的理解，就应该和接触的人处理好人际关系，这是建立自己好人缘的基础。

女人要想建立自己的好人缘，在生活中应该注意以下几个原则：

首先，对待别人应该真诚友善，真诚地对待你身边的朋友，就算是一个陌生人也应该真诚地对待对方，真诚友善可以消除人们之间的隔阂，增加彼此的亲近感，这样的话，对方就会有想亲近你的感觉，自然就会和你拉近彼此之间的距离。

其次，平等协商。女人在和别人处事的过程中，不可能双方之间的观点完全一致，在双方持的观点意见不相符时，女人应该坐下来和对方平等协商，尊重对方的意见，在理解对方的基础上，阐明自己的观点。平等协商是正确解决问题的办法，双方各抒己见，大声斥责对方的不是，这些都不是正确的解决问题之道，这样的做法，不仅不会让对方更好地理解你，同时还会伤害你们彼此之间的关系。

再次，自己应该做一些正确的事情，只要自己有适当的理由做某事，就应该不断地努力去做，就算一开始的时候不被别人理解，但是最后的时候总会得到别人的理解和支持。另外，自己做某些事情时，一定要想清楚后果再去做，不要一时情绪冲动就做，以致发生一些令自己后悔的事情，这样，就算是别人想理解你也是做不到的。

最后，不管是在工作，还是在生活中，自己做错了什么事情，应该主动承认自己的错误，不要推卸自己的责任，这样就会给别人留下好印象，因为你是个敢作敢当的人，这在无形中也会增加你自身的人格魅力，就算是你真的有错了，因为你是个负责任的人，别人也会主动帮助你的，因为人都是有同情心的。

所以，女人在平时的生活中，要想让别人更容易理解你，就应该不断锻炼自己。让自己成为一个真诚、大度、宽容，能尊重别人的人，你对别人的态度，直接决定了对方对待你的态度。所以要想让自己在孤立无援的时候，得到别人的理解，女人在平时，就应该多理解别人，不管对方做什么事情，自己都应该在听完对方的讲述之后再下决定，不要轻率地打断对方的谈话，对对方多一些了解和关心。当同样的事情发生在自己身上的时候，才会有更多

的人愿意理解自己。

给对方的谈话以积极的反馈

和别人沟通的时候，谈话的一方最在乎的往往是倾听者的反馈。积极的反馈能让对方更加有沟通的欲望，消极的反馈或者是不反馈，往往会让对方终止谈话，或者是兴趣寡然地和你进行接下来的谈话。

女人在和他人沟通的时候，都会有这样的经验，当和对方谈话的时候，如果对方心不在焉地听自己谈话，女人就会非常厌恶对方，甚至会想到自己的谈话是不是根本就不值得一谈，以至于对方根本就没有兴趣。当对方积极地倾听自己谈话的时候，你的谈话兴趣就会非常高，甚至会认为对方就是自己的知音，这就是反馈的效果在作怪。因此，当别人在和自己谈话的时候，女人也应该对对方的谈话做出积极地反馈，让对方更有沟通下去的欲望。

女人在和别人谈话的时候，对积极反馈的要求都有哪些呢？

首先要及时：接收到对方的信息时，应该及时有效地向对方做出反馈，假如自己没有专心听对方的谈话，往往会错过最佳的反馈时间。对方可能会主动地询问你的意见，也可能会突然中止自己的谈话，期待得到你的反馈意见，为了让你的反馈更及时，女人在和别人沟通的时候，就应该保证自己是在专心听对方的谈话。

其次，反馈的信息要积极：所谓积极的反馈，就是你的反馈信息能让对方更好地进行他接下来的谈话，所以，女人的反馈信息应该是促进对方进行接下来谈话的，如果你的反馈让对方变得怒不可遏，或者是反对他的意见，他又怎么会兴趣很高地接着交流呢？

再次，反馈的信息是正确的：人们在沟通的时候，不希望听到敷衍的反馈，或者是莫名其妙的反馈，这样的反馈给对方传达的信息就是你根本没有在听他说话，所以如果自己没有认真听，不妨再仔细地询问一遍，千万不能

敷衍对方。

女人仅知道了对积极反馈的要求还是不够的，还应该知道积极反馈的方法。

(1)仔细倾听：女人在和对方沟通的时候，如果想给对方积极的反馈信息，首先应该注意倾听对方的谈话，不要随便打断对方的谈话；有耐心地倾听对方的谈话，不要随便插话；控制好自己的情绪，不要随便对对方做出评论；积极提出问题，以便证明自己的确是在努力倾听着对方的谈话；最重要的一条是少讲多听，将谈话的主动权放在对方的身上，做个合格的倾听者。

(2)增强自己的语言表达能力：在和别人沟通的时候，应该使用通俗易懂的语言，让对方易于接受。女人在平时的生活中，应该不断提高自己的语言表达能力，和别人交往的时候，注意别人是如何用高明、风趣的语言给自己反馈的，多加锻炼，让自己的语言能力更有感染力，让谈话者在你的反馈中，更有兴趣地进行接下来的谈话。

(3)要有韧性：女人和他人的沟通，往往不是一次沟通就能解决所有的问题，需要多进行几次沟通，方能达到自己的目的，获得自己想要的信息，要想进行多次沟通，就应该有韧性，不能因为一次谈话的不愉快，就让自己放弃和对方的谈话，多进行几次沟通，往往才能修成正果。所以女人在平时的生活中应该多加强自己在这方面的锻炼。

(4)重视沟通的细节：对方的语气、语速、语调、面部表情以及身体姿势等，都能反映出谈话者的心态变化。女人在和对方沟通时，应该给予对方适当的表情，恰当的动作，或者是合适的态度。如对方在聊一件很伤感的事情时，语气会变得非常哀伤，语速会变慢，这时候，你的表情同样应该是哀伤的，站在对方的立场上，和对方思考同样的问题。相似的语气和表情往往会让对方产生共鸣，这样的场景会让对方更有心情进行接下来的沟通。

女人在给别人做出积极反馈的时候，应该注意不管是哪种反馈，都应该是心灵上的沟通，在给对方做出反馈的时候，应该站在对方的角度上，换位思考问题，只有这样才能给对方提供他所期待的积极反馈信息。

希望每个女人在和他人沟通的时候，都能给对方传递出积极的反馈信息。

用眼神传达你的认真和兴趣

女人在和他人交流沟通的时候，双方的交流沟通不仅仅只局限在语言上，眼神上同样应该有所交流，很多时候，眼神上的交流往往更能影响到沟通者的情绪变化。

当对方在面对着你说话时，你的眼神应该落到对方的脸部，鼻子以上眼睛以下的位置，或者是直接盯着对方的眼睛，这样就表示你对对方的谈话非常感兴趣。这样的动作同时也能吸引对方的注意，最关键的是会让对方知道你在仔细倾听他的谈话，他会在你专心倾听中，更有说下去的愿望。

在对方说话的过程中用眼睛注视对方往往特别重要。因为眼神所传达的含义就是我在专心认真地听你谈话，我说的都是认真的，对方会在你注视的眼神中，知道你对他说的话很感兴趣，与此同时，他对你的好感也会逐渐增加，而这些都是促成沟通继续进行的重要因素。

当有人对女人发表意见时，女人的身体和眼神都应该正对着对方，这既是礼貌问题，也反映出了女人对对方的尊重。女人在和别人沟通的时候，应该注意自己和对方在眼神上的沟通。要想在沟通的时候做好眼神上的交流，女人应该怎样做呢？

很多女人都不喜欢盯着对方的眼睛看，心理学家研究发现，人们在谈话的时候，也不喜欢对方的眼睛总是盯着自己的眼睛看，原因就是这样做容易让谈话者心里发慌，所以只要倾听者，时不时地和谈话者有些眼神的“碰撞”就可以，在说话的大部分时间，倾听者最好将眼睛盯在对方的鼻尖上，或者是对方的额头、眉毛等脸部位置上。女人应该注意的是，不能盯着对方的嘴巴或者是嘴巴往下的位置，这是不礼貌的。一般来说，这种位置，是恋人或爱人在说话时盯的位置，如果关系不是很熟悉，最好不要这样做，免得对方会误解。

倾听别人谈话时，女人应该做到的是，眼睛盯着对方，耳朵听着对方，只

有这样才能领会出对方谈话的意思，才能体会出对方的真实心意。很多女人在倾听他人谈话时，经常会让自己心平气和地听对方谈话，目的就是为了让自己静下心来，仔细倾听。女人在倾听对方谈话时，眼睛总是盯着对方，一是可以防止自己在倾听时走神，二是可以向对方传递出积极的反馈信息。眼神经常四处乱瞟的人，往往不会让谈话者继续谈下去，因为你心不在焉的态度，会让谈话者没有自信再谈下去。女人要想在和他人的谈话中让自己和对方的眼神交流更积极，就应该积极锻炼自己的这种能力。

适当的眼神交流配上适当的动作语言，就更能传达自己的专心了。在和他人沟通的时候，不管身边发生了什么事，都不应该将眼神从对方身上移走，除非对方先做出反应，然后女人再跟着做出反应，否则女人的不专心会触怒对方。人们之间的沟通，不仅是语言上的沟通，重要的是心灵上的沟通，眼睛是心灵的窗户，一个不注意眼神交流的女人，可能会在无形中得罪不少人。

女人在和他人沟通的时候，要想让自己和对方的眼神交流更能传达积极的意思，还应该放下自己的身份、地位和对方进行平等地交流和沟通，这样，你可以让对方放下内心的恐惧，从你平和的眼神中，有继续交流下去的勇气，从而使你们的交流更顺畅。

有时候，眼神上的反馈要比语言上的反馈更有效。希望每个女人在和他人交流沟通的时候，都能注意自己和对方眼神上的交流。

※下 篇※

女人会交际，不被欺负处世易

第12章

练就不凡口才，做口吐莲花的口才达人

一个女人要想让自己的人缘好，要想让自己的办事效率高，最关键的就是会说话。会说话，可以使女人的生活少很多是非；会说话，可以使女人的交际更舒畅。因为会说话，不用担心自己会招惹别人；因为会说话，不用担心自己会得罪别人。只要会说话，再难的事情一样可以办成；只要会说话，女人的人脉就会更加丰富。所以，女人要想让自己的生活更加精彩，首先应该锻炼的就是自己说话的技巧。

防人之心不可无，话说七成就够了

“话到嘴边留半句，理从是处让三分。”就是说人们在说话的时候，应该掂量着说，什么话该说，什么话不该说一定要分清楚。就算是斟酌好了想说的话，但是在话出口之前，还是不能全说出去，要说七分话，留三分话，这样的人，在说话的时候，就会少沾是非，少惹争端。

“良言一句三冬暖，恶语伤人六月寒。”话不能随便说出口，尤其是未经过大脑思考的话，女人更是不能脱口而出。

混迹于职场上的女人，最应懂得说话的重要，职场本来就是一个复杂的环境，这里面充斥着利益的争夺，权利地位的相争，一句不恰当的话，可能会让女人名声扫地。职场上的同事毕竟不像女人的朋友那样亲密，女人和对方之间的关系仅仅是利益上的关系，未必就都值得信任，一句不经意的话，可能会成为对方攻击女人的武器，甚至成为女人落在对方手上的把柄。女人在职场上说话留三分，不是为了显示自己成熟，不是显示自己冷漠，而是为了更好地保护自己。

有些女人认为在职场上为了让自己能够生活得太平，不得罪人，是应该说话留三分，但是这种情况在家里，尤其是和自己同床共枕了好几载甚至是几十载的丈夫说话的时候，就不用藏着掖着了，有什么说什么，这样才算是坦诚。其实不然，夫妻之间，有些话一定要说，如对对方充满爱意、充满谢意的话，但是像一些涉及自己和对方过去的话，最好不要说，因为这可能不仅会让对方和自己心里产生浓浓的醋意，还会让对方觉得你这是在变相说对方的不好，最终会影响到夫妻之间的感情。聪明的女人应该懂得夫妻之间再亲密，毕竟还是两个不同的人，过去的事情，已经成为历史，不管以前多么美好，多么值得留恋，那毕竟是过去，只有现在陪在你身边的人，才是真正和你相守一生的人，过去的就让它过去吧。让过去的回忆永远封藏在心底，这既是对以往的纪念，也是对现在爱人的公平。

不仅如此，女人一天中，多多少少总会和不同的人打交道，不管是和陌生人，还是和自己的亲朋好友，总会牵扯到语言的交流。有些女人讲话的时候总是喜欢将自己的心里话一吐为快，不知道有所保留，这往往会导致不好的结果。

一辆公交车在行驶过程中突然急刹车，一个男乘客不小心撞到了前面的女乘客身上，女乘客当时就不乐意了，说道："你就不知道自己扶着点啊。"这句话说完也就罢了，但是这个女同志接着又将本来该保留的话说了出来："这么一个大男人，跟个呆子似的。"男乘客听到这句话当然不高兴了，立刻回道："本来就是急刹车，又不是故意往你身上撞。"假如这句话完了，两个人也算是扯平了，但是男乘客偏将自己该保留的话也说了出来："瞧您长的那寒碜样，我都怕脏了我的衣服。"就这样，双方越说越气愤，于是一场口水战开始了。

女人与他人之间有摩擦是很正常的，关键就是解决摩擦的方式，双方之间的交流应该是消除摩擦，减少对方的怒气，而不是相互指责，相互埋怨、挖苦对方，否则，本来三两句话就能解决的事，可能因为几句不该说的话，摩擦就会立即升级为"争端冲突"，甚至最终闹到对簿公堂的地步。假如双方在说话的时候都能做到三分留，这样的结果是完全可以避免的。

为了让自己在职场上更少是非，为了让自己的家庭更加和睦，为了让自己的爱情更加甜蜜，为了让自己的人缘更加广泛，为了让自己的心情更加愉快，女人在和别人说话之前，应该时刻谨记：话到嘴边留三分。

三思而言，少惹争端

我国伟大的教育家孔子曾经说"三思而后行"，在今天的社会，女人不仅要三思而后行，更要三思而后说。现在说话也是一门很了不起的艺术，一个会说话的女人往往就能受到人们的欢迎，而一个不会说话的女人只会为自

己四处树敌。

女人在说话的时候，应该注意自己说话的内容和口气，不要心里想什么就说什么，而要根据场合和地点，看清对象，三思而后说。一个不会三思就直接把话说出口的女人往往是个让人讨厌的女人。

女人三思而后说，思路就会更加清晰，条理就会更加清楚，语气就会更加适合，将话说得恰到好处。会三思而后说的女人给人的感觉就是一个办事果断干练，不拖泥带水，会办事的人。

女人三思而后说，就会更加注重自己说话的内容，不会轻易在别人背后说人闲话，也会不断远离那些不断在背后说人闲话的人。

一个人急急忙忙地跑到一位哲学家那里，语速很快地告诉哲学家："我有个消息要告诉你……""等一等，"哲学家打断他的话，"你要告诉我的消息，你用筛子筛过了吗?"那个人不解地问道："什么筛子？哪有筛子?"哲学家说道："第一个筛子是真实，你想告诉我的消息是真实的吗?""不知道，只是在路上听人说的。"那个人说道。哲学家接着说道："道听途说的东西未必就是真实的，既然你告诉我的东西不一定是真实的，但是至少应该是善意的吧?""不，正好相反。""那好，第三个筛子就是你所说的消息很重要吗?"那个人不好意思地说道："不重要。"哲学家说道："既然你说的话，既不真实，也不善意，还不是重要的，那你这条消息对我来说就没有任何用处了，不要再说这条消息了，这样的话，就不会影响我们两个了。"

例子中哲学家的三个筛子就是要说话者在说话之前，三思一下，这样说出的话才更有水平。女人如何在说话之前三思自己想说的话是不是合适呢？一些语言学家进行研究后，总结出了说话的五个W，可以帮助女人在说话之前进行三思。

Why：为什么？女人说话之前，应该考虑清楚，自己为什么要说这些话，说了以后会有什么样的结果，如果结果是不好的，那就不要说了。有些女人说话的时候，喜欢信口开河，不管自己说出的话会有什么样的结果，开口就说，有时无心之词就会成为伤害对方的利器，在对方的心里种上仇恨的种子。

When：什么时候，女人说话的时候，一定要考虑清楚自己说话的时机，比

如夫妻两人单独相处的时候,说些情话会让男人对你更加爱恋;男人忙工作的时候,大说爱恋,只会让他更加反感你。

Where:什么地点,这就是最见女人说话功夫的时候了,什么场合说什么话,不是别人教的,而是一个女人的修养,比如庄重的场合不说玩笑话,高兴的场合不说丧气话,这些都是女人应该知晓的,一个不看场合说话的女人,是最容易让人讨厌的。

Who:谁在说话,就是女人说话之前应该考虑清楚自己的地位,自己说话的分量,女人是对自己的上司说话,还是对自己的下属说话,一定要分清自己的地位,不要越权说话,不然就会闹出笑话。

Who:谁在听话,就是要女人考虑清楚自己的谈话对象,考虑清楚听话者的身份,这样,女人说出的话才能更加恰当。

女人将上面的这五个 W 考虑清楚以后再说话,说出的话肯定会更受人喜欢,更符合自己的身份,更能博得听话者的青睐和欣赏。

女人也可用自嘲化解尴尬

女人在生活中和人相处的时候,难免会遇到一些尴尬的情况,往往女人说话不得体,就会让对方和自己陷入很尴尬的场面,像这种情况发生的时候,聪明的女人用自嘲往往能化解双方之间的尴尬。

女人会自嘲往往不是一件很简单的事情,因为它不仅需要女人有幽默感,同时也需要女人有灵活的应变能力,自嘲得合适恰当,就能让双方之间的尴尬气氛在一笑中了之,还能彰显女人的个性魅力;自嘲得不好,就会弄巧成拙,让女人颜面尽失。所以聪明的女人应该会在恰当的时候使用自嘲。

生活中发生的事,很多都是没法预料的,一些事情的发生,往往会让女人措手不及,尤其是在一些重要的场合,发生一些无法预想的事情,往往就会让女人变得很尴尬,比如模特在 T 型台上摔倒,女主持人在主持

的时候摔倒，女明星在镁光灯下走光等，这些都是无法预知的，像这种尴尬情况发生时，有的女人就会变得气急败坏，有的女人就会羞愧满面，而有的女人则可以沉静自如，然后再适当地自嘲一句，完全不当回事。尴尬情况的发生，对有些女人来讲，可能正是显示一个女人的人格魅力的时机。

著名的女主持人杨澜，还在担任《正大综艺》节目主持人时，曾被邀请为某市一次大型文艺晚会担任节目主持人。出人意料的是，在演出到中途时，杨澜在下台阶的时候，不小心从上面跌了下来，这种大型晚会出现这样的情况，的确很尴尬。杨澜沉重地爬了起来，凭借自己的口才，面带微笑地对台下面的观众说："真是马有失蹄，人有失足啊，我刚才的狮子滚绣球节目滚得还不熟练吧？看来这次演出的台阶不是那么好下啊，但台上的节目会很精彩的，不信，你瞧他们！"杨澜这段精彩的自嘲式即兴发挥立刻博得了观众热烈的掌声，这不仅使自己摆脱了尴尬的气氛，也显示了自己优秀的口才。

不仅一些出名的女人会用自嘲来化解自己的尴尬，就是平时的时候，女人一样可以用自嘲化解自己身处的窘境。平时女人和自己的领导、同事相处的过程中，不免会有一些尴尬情况的发生，诙谐地进行辩解和嘲讽，就会消除彼此之间的紧张关系，使尴尬的气氛一扫而光，还能彰显出女性幽默风趣的个性。

既然自嘲具有如此多的效果，女人就应该在适当的时候，自嘲一下，也许会收到意想不到的效果。有些女人之所以不喜欢使用自嘲，究其原因，无非就是怕自己自嘲不好，反而弄巧成拙，让自己更下不来台。如何更好地使用自嘲呢？

首先就是女人应该正视自己的缺点，对于自己的缺点不要躲躲闪闪，既然明知道这是自己的缺点，别人说的时候，不妨大大方方地承认，顺便适当地调侃一下，对方就会觉得这不再是你的缺点，反而会成为你身上的亮点。比如有个女人长得很胖，别人说她身材丰满时，她就可以适当地自嘲一下："不要小看这身上的肉，它既是我身上的保暖内衣，也是我自身携带的保护武器，谁敢欺负我，我就压谁！"对方肯定会哈哈一笑。

其次就是为了抬高对方的地位，女人可以适当地自贬一下。适当的自贬，不仅不会降低自己的地位，反而会让对方觉得你更具人格魅力，同时自贬就是在变相地抬高对方，对方听了也会心花怒放。

最后，就是为了拉近和别人的距离，让对方感到亲切，女人可以适当地向对方说一些自己的缺点，假如自己在某方面没有缺点，也可以适当地自制一些缺点，让对方感觉到你不是高不可攀的，也是平易近人的人，这种方式最适合用在地位比对方高的女性身上，因为这可以让对方对你产生好感。

女人在一些比较随和的场合使用自嘲，就是向对方揭示自己身上的缺点和缺陷，个性化、有创意的自嘲往往就具有非常强的幽默效果，往往能让你和对方建立更好的关系。所以聪明的你，何不试试用自嘲建立好人缘？

关键时刻，一句话就够了

女人会说话是一门艺术，会说话不仅表现在女人说的内容上，更表现在女人说话选择的时机上。有时候女人会说话，关键时刻的一句话，要比其他时候的一百句话都管用。有时候看女人会不会说话，就是看她会不会在关键时刻说对话。

会在关键时刻说话，女人说的话就更容易让对方接受；女人想求对方办事，也更容易得到对方的应允。会在关键时刻说话，不仅会提高女人做事的效率，也能拉近双方之间的距离。

一个经验丰富的女人就很会选择时机讲话，人都是有情绪高潮、低潮的，什么时候该说什么话，什么时候不该说什么话，这些都是谈话者能够了解的。就像人们经常说的那样，不该说话的时候说了，叫做急躁，应该说话的时候不说叫做隐瞒。关键时刻的一个句子，或者几个句子，就能将对方说得心花怒放，说得心服口服。就像一个公司不景气，公司效益不高，会说话

的领导在员工们意气消沉时，几句鼓劲的话就能让全体员工鼓起士气，重新振奋起来。不会选择关键时刻，整天就知道开会，做长篇大论的演讲，费了不少时间、精力，起到的效果却是杯水车薪。

关键时刻没说，机会就会转瞬即逝；不到关键时刻，喋喋不休地说，不仅达不到想要的效果，还会让对方产生反感。所以聪明的女人会说话，不在说的话多，而在于能将话说在关键时刻。

女人应该如何选择说话的关键时刻呢？

在对方情绪高涨时说。人都有情绪高涨期和低潮期，处于低潮时，人就会变得封闭，心理也常常是处于逆反时期，这时候女人说什么话对方都是不愿听的，就算是赞扬对方的话，对方也会不愿意搭理的，更不要说向对方说什么建议或者是求对方做什么事了。而当对方情绪高涨时，整个人都会非常愉快，这时候，人们往往变得更容易亲近，更和颜悦色，更能接受别人的要求，更能原谅别人的过错，就算对方的言语不是很礼貌，他们一般也不会计较，像这种时机，就是女人说话的关键时刻，所以女人应该尽量把握这种说话关键期。

对方有喜事时。所谓人逢喜事精神爽，正是这个道理。当对方有喜事时，就会整个人都变得非常兴奋，如果你在这时候和对方说话，就更容易创造出愉快轻松的谈话气氛。当对方职位上升时，当对方工作业绩突出时，当对方受到某项奖励时，当对方找到伴侣婚嫁时，以及其他一些对方心情愉快时，女人上门向其表示祝贺，几句肯定的话语，就能让对方满心欢喜，像这种时候，有什么事情请求对方帮忙不就轻而易举了吗？

解决冲突时，要选择对方有和解意向时。人们之间不免会发生一些小摩擦和小争端，女人在和朋友或者是亲人、同事发生冲突后，想要和解时，女人应该选择对方有和解愿望时。经常听到人们说“等对方消气时再去找对方和解”，就是等对方有和解愿望时再去找对方，这就是说话的关键时刻。如果你在对方还气鼓鼓地生着你的气时去和解，只能让双方的冲突更大。所以女人在这种时候，就应该积极捕捉对方发出的和解信息和信号，然后在关键时刻再向对方寻求和解，这样一来，既能解决双方之间的矛盾，还能增进彼此的感情。

女人说话选择时机可以用到很多地方，小到维护邻里之间的和谐、同事之间的融洽、亲人之间的和睦、爱人之间的亲密，大到公司间的合作、交往，都有功不可没的作用。只要女人说话的时候会选择关键时刻，一句话就能消除彼此之间的冲突和争端。一句话，就能建立女人在别人心中的威信。

女人说话是同样一个道理，关键时刻的一句话，不费吹灰之力就能取得效果。非关键时刻的千句话，未必就有一点作用。所以，女人应该摒弃自己的废话、空话，看准说话的关键时刻，取得事半功倍的说话效果。

拒绝的话也可以说得很好听

在社会交往中，未必所有的事都是让女人感到满意的，对方的请求未必就是女人都能解决的，女人总会因为某些原因需要拒绝对方。拒绝对方往往就会让对方的心情不愉快，如果拒绝得不好，甚至会让对方和女性之间的关系破裂。聪明的女人同样会将拒绝的话说得漂亮，从而既拒绝了对方的请求，还不会让对方因为被拒绝而失掉面子。

如何让自己的拒绝变得更有技巧，也是女人应该学习的一门学问。

首先，女人拒绝对方态度应该诚恳，语言应该谦和，向对方开诚布公地说出自己的困难之处，让对方知道，不是自己不想帮他，而是因为自己实在是不能办到，明确地向对方说出自己为难的事实，这样就不会让对方产生误会，也不会影响双方之间的关系。

其次，女人要拒绝对方，就不应该伤害对方的自尊心，尤其当对方对你还有恩的时候，或者是对方真的是有困难的时候，但这种情况却难以避免。此时，女人更应该真诚地向对方说出自己的难处，对方也是会理解你的。

拒绝别人本来就是一件驳回对方的事，所以女人拒绝对方应该考虑到对方的面子问题，在拒绝了对方后应给对方留个台阶，给对方点面子，让对

方说完自己的困难之后，再向对方说出自己的难处，对方可能就不会觉得很难堪了。假如对方还没说完，你就急着表明自己的态度，很容易让对方误解为你是故意不帮助他，哪怕女人将理由说得再充分，但对方也未必会理解你。

不管什么时候，尤其是在商界，女人拒绝对方的话不能说得太死，就像人们平时说的那样，买卖不成仁义在，这次的生意不能合作成功，但是不代表以后就没机会合作了。这时候的拒绝话，不仅是为这次做结尾，更是为以后打基础。

有些时候，女人当面拒绝对方会让对方很没有面子，遇到这种情况出现的时候，女人可以选择往后拖拖，然后再拒绝对方。比如某位异性向女人示爱，如果女人对此异性根本就“不来电”，当对方邀请女人去跳舞时，女人根本就没有兴趣。但如果直接当面说出自己心里的话，可能会让对方下不来台，这时候，女人就可以说：“今天我比较忙，改天等我有时间了，我再约你吧。”时间一久，对方可能就会明白女人的意思。这样一来，自然不会再做纠缠。

女人不仅应该会适当地向对方表示自己的拒绝态度，更应该会使用一些表示拒绝的婉转方式，因为有些时候，拒绝对方不可能是仅有两个人在场的情况，在一些社交场合，当着第三方的面，直接强硬地拒绝对方，会让对方很没有面子，也会给第三方留下你很无情的感觉。当事人为了顾及自己的面子，有时候甚至会出言反驳，让你也下不来台。假如你在这种情况出现的时候，会使用一些恰当的委婉拒绝方式，往往就会保全对方的面子，从而也减少了自己的麻烦。

常用的婉转拒绝方式一般有以下几种，女性朋友可以适当地作为借鉴。

(1)有意推脱。如可以说：“这件事情，你转告他一声就可以了，我怕他会产生误会。”“这件事情由我出面解决不是很合适。”

(2)尽量回避对方的提问。如：“当时天色很晚，我没看清楚。”“当时我不在场，不是很清楚。”

(3)尽量拖延。如：“今天的确很忙，改天吧。”

(4)不表态。如：“这件事情，容我再考虑考虑。改天给你答复可以吗？”

(5)婉言拒绝对方。如:“你的处境我很理解,但是现在我也是爱莫能助啊。”

(6)直接提出另外一种选择。如:“我有另外一种想法,不知道合不合适?”

由此可以看出在平时的生活中,如何拒绝别人也是一门不小的学问。有些聪明的女人在拒绝别人的时候,往往会因为对方的身份、地位而使自己难以说出拒绝的话,她们就会选择一些另外与此相似的事情说出自己的真实意见,如果对方也是聪明人的话,一听就能知晓其话里的含义。

女人应该知道对方有事求自己,那肯定是因为对方遇到了难以解决的问题了,自己要是能够帮助对方解决,自然会去做,如果自己实在是无力解决,那也不要逞强,以免坏了别人的事,委婉地拒绝对方,让对方再求高人也是对对方的负责。

注意说话分寸,口吐善言不惹人嫌

女人要想说一口漂亮话,就应该会审时度势,把握好自己说话的分寸,这是一个度的问题,把握好度,对方听了高兴,自己说的也高兴。把握不好度,说出的话会让对方反感,还不如不说呢。

女人要想说话的时候,把握好说话的分寸,就应该注意自己平时说话的技巧。

女人不管是和什么样的人说话,说出的话一定要得体,得体的语言往往会让对方对你产生好感,就算是批评对方的话,也能让对方更心平气和地接受。要想让自己的语言得体,首先就是称呼得体,对对方恰当的称呼,是女人的礼貌,也是女人对对方的尊重。不当的称呼很容易引起对方的反感和不悦。其次,就是交流中的语言得体,看好说话的对象,分清说话的场合,看清对方现在的处境,女人应该知道什么话该说,什么话不该说,有歧义的话

最好不说，否则会让对方误以为你这是在挖苦对方。就像对方花了很长时间，刚发表了一部作品，你夸奖对方有毅力、能坚持，对方当然高兴，但是如果你说“你真是个作家啊”，往往就会让对方误以为你这是在含沙射影地讽刺他不能高效地出书，让对方不悦。

说话的时候要想审时度势，女人就应该看清说话时间和地点，不能像个“愣头青”似的，心里有什么话，就直接说什么话，不管其他的人感受。就像一个女领导要想表扬自己的某位员工，当众表扬是为了让别人更好地向他学习，假如这位员工的工作业绩的确是遥遥领先，那应该当众表扬，让其他员工也积极地向他学习。如果女领导不会审时度势，表扬着这位员工，同时也在批评着其他人，这样不仅不会使表现优秀的员工起到榜样的作用，还会让这位员工和其他的员工孤立起来，说话的时候不会审时度势，就会闹得适得其反、弄巧成拙。所以女领导要想表扬人，应该学会审时度势，注意自己说话的分寸，大家一起共事，不管是谁取得了成绩，不可能是他一个人的结果，这里面多多少少会有其他人的功劳，就算是没有功劳，也应该有苦劳，要想提高员工工作的积极性，可以对事不对人地表扬人，或者是同时表扬一个小团体，这样一来，员工才会更容易接受，也更有干劲。

女人说话的时候，应该会看对方脸色的变化，看着对方脸色的变化，再适当地选择自己想说的话，对方是什么身份，对方是做什么的，女人都应该在交谈之前有所了解，这是为了彼此更好地交流。交流过程中，女人应该时时留意对方神色的变化，是“阴转多云”了，还是“多云转晴”了，对方稍微露出不悦的神色，你就应该仔细想想是自己说的不对，还是自己说的话犯了对方的禁忌了。这时候，女人就该利用自己的机智适当地将话“圆”回来。或者是赶紧转移话题，弥补自己刚才的过失。

说话会审时度势，就是让女人会根据说话对象、说话场合、说话时间来分辨什么话题可以和对方说，什么话题不能和对方谈。说出的话有分寸，话点到为止，对方不想说就不要逼着对方说，对方一言带过的话，女人也应该一语回答。对方用身体语言已经表明了自己意思的时候，语言已经是种形式，像这种时候，女人就不应该再从语言上领会对方意思，而是应该由其身体语言来理解其意思。就像对方不时地看表，还在问你：“还有其他什么问

题吗?”这句问话,就是说其实对方已经想终止这次谈话了,这时候,女人就该告辞了,多说无益。

审时度势的好处,就是让女人在和别人说话的时候,能够更灵活地掌握谈话的主题,能够更好地创造谈话的氛围,说出的话更易于对方接受,也更能体现女人的说话水平。女人要想让自己的人际关系更融洽,就应该在生活中不断锻炼自己的说话功夫,注意说话应该审时度势,不要想说什么就说什么,想怎么说就怎么说,自己说出的话是给别人听的,一定要考虑听话者的感受,只有这样,女人才会成为会说话的人。

第13章

熟谙社交智慧，做个“交际玫瑰”

随着现代社会的发展，社交对女人来说已经不再是一件陌生的事情。如何把握好社交的尺度，如何在社交中彰显女人的能力，是一门学问，也是一门技术。社交中最重要就是向对方显示自身的魅力，给对方留个好印象。女人如何在社交中将自己的优点彰显出来，让自己做个社交达人呢？

留下美好第一印象，为这段关系开个好头儿

女人往往会有这样一种经验，就是自己在和别人见面的时候，往往会对对方的第一印象非常深刻。跟男朋友第一次见面，每个女人都希望给对方留下一个美好的印象；求职面试，每个女人都希望自己能给考官留下个好形象，能够尽早地到公司上班；到公司上班，每个女人都希望能够给同事们留下个好相处的印象，为自己的工作开一个好头儿。

由此可以看出第一印象的重要，同样的道理，女人在和别人第一次打交道的时候，为了让以后的交往更顺畅，就应该在和对方第一次见面的时候给对方留个好印象。第一印象往往取决于人们最初的认知，心理学家研究后发现，人们在见面的最初四分钟，往往是形成第一印象的关键期。所以女人要想给对方留个好印象，为彼此以后的交往打下坚实的基础，就应该打造好自己给别人的第一印象。女人如何给别人留下一个好的第一印象呢？

女人要想在和对方初次见面的时候给对方留下一个好的第一印象，关键还是提高自己的修养和文化，还有自己的心理素质，心理学家给出了如下几条建议，可以让女人更好地打造自己的形象。

女人要按时、守时：不管是和什么样的朋友见面，女人一定要有守时的观念和意识，尤其是和别人第一次见面的时候，是否守时会直接影响到对方对你印象的好坏。假如女人实在是迫不得已才迟到的，应该先向对方赔礼道歉，在得到原谅后再说自己迟到的理由。这样会显得你更有诚意。

衣着要得体：俗话说“人靠衣装马靠鞍”，衣着不仅会显示女人的品位，同时还显示出的是女人的生活态度。要女人在和别人第一次见面的时候注重自己的衣着打扮，不是要你用一身名牌服装装扮自己，而是让你使自己的衣着得体、干净整洁。过分地修饰自己，反而会让人觉得你是在炫耀。

在和对方第一次见面的时候，假如你事先知道对方的名字，如果你可以准确叫出对方的名字，对方一定会非常高兴的。这也显示了你对这次见面

是非常重视的。

显露自信和朝气蓬勃的精神面貌：自信是女人对自己的才干、能力、知识素养以及自己身体健康状况的自我认同和肯定。女人走路时昂首阔步、步伐坚定，双目炯炯有神，语言幽默、谈吐优雅，就会给对方一种自信、坚定、积极向上的精神面貌。

说话不卑不亢：这是显示女人人格的一种方式，有些女人见对方的身份、地位比自己高，说话的时候就让自己表现得很卑微，不断谄媚对方，这样做很容易引起对方的反感，还会让对方认为女人是个趋炎附势的小人。对方比女人的身份、地位低时，女人说话的时候，也不能显得自己很高傲，看不起对方，这两种做法都是不正确的，都是有损女人人格的。说话不卑不亢，就会让对方觉得女人有气度，有修养，有尊严。

言行举止讲究文明礼貌：女人的言行举止是否文明礼貌，显示出的是女人的礼貌和修养，比如，在和对方交谈的时候，女人应该让自己的语言简明扼要，通俗易懂，让对方一听就了然；不随便打断对方的谈话；不向对方打听隐私，不追问对方不想谈的话题，不向对方喋喋不休地发自己的牢骚。这些都是谈话中的礼貌问题，直接反映一个女人的文化修养水平。

脸上常常带着微笑：女人向别人展示自己真心的笑容，就会让对方感到非常亲切。微笑是人们之间感情的增进剂，可以消除双方之间的陌生感，将双方之间的隔阂在笑中淡去，有些女人不管在什么情况下总是板着脸，这往往会让对方觉得这个女人非常严肃，根本就不好接近，这样很容易拉开双方之间的距离。女人向别人微笑是可以的，但是笑的过分了也不好，笑的适度才是最恰当的。

女人和别人初次见面时的形象，往往会影响女人最终在对方心中的印象，甚至直接影响对方对女人的评价，第一印象不好，以后要想改掉女人在对方心目中的形象，简直就是难上加难。

所以，为了给以后的交往打下基础，你就应该注意在和对方初次见面的时候给对方留下个好印象。

不讨厌就可以做朋友，别拒绝生命中可能的贵人

女人和别人交往，不可能交往的每个人都是自己喜欢的人，将自己对对方的感情表现得太过明显，往往显示出的是女人的不成熟。聪明的女人应该知道：就算是自己不喜欢对方，也没必要非得和对方保持对立的关系，不喜欢也可以做朋友，说不定，对方还是你生命中的贵人呢。

世界太大，什么人都有，女人在社会上行走，会遇到各种各样的人，不能保证所有人都是自己喜欢的人，不管是在公司中，还是自己生活的小区里，抑或自己上街碰到的陌生人中，总会有些人在瞬间让女人产生无限的好感，但也总会有人引起女人深深的反感，可能对方的话太粗野，或者对方的行为处事方式非常让自己厌恶，假如对方就是自己的顶头上司，那么女人可怎么办好呢？

女人之所以会有喜欢和不喜欢之分，主观性太强，往往就会引起自己的视觉偏差。对方对自己不好，或者对方的成绩让自己嫉妒，女人就不喜欢对方，甚至是讨厌对方，这样的做法往往会影响女人以后的发展。

女人在职场上会碰到性格不同的上司，有的上司能够让你颇有好感，对你非常亲切，给你分配的工作很舒适，没有任何的挑战性，从短期来看，这对你来说是非常好的，但是从长远来看，这对你的发展可能就是不利的。而另外一些上司，在你的眼中可能就过于严厉，非常苛刻，工作上对你严格要求，和这样的上司相处，让你时时处于焦虑状态，非常容易引起你的反感，但是从长期来看，可能这对你的发展是有利的，他们可能是你发展路上的贵人。因为他们可以使你在工作中磨炼意志，锻炼素质，能激发出你的潜能，让你全面提高，这些都会使你今后飞得更高，飞得更远。这种贵人往往在你的生活中扮演着严师的角色，往往会引起你的反感，当你在事业有成之时，回首望望，就会发现，他们才是自己人生路上的真正贵人。

职场上，有时候有些同事也会成为你不喜欢的对象，有些同事可能是你的竞争对手，有些同事可能嫉妒你的成绩，有些同事可能会在你背后放“冷

箭”等，对于这些人，女人不仅应该看到他们对自己的不好，还应该看到，正是因为他们的这种行为，才锻炼了自己坚强的心，磨炼了自己的忍耐力。自己对他们的不屑和大度，往往就会成为你在其他同事眼中的人格魅力，进而使你成为上司眼中的好员工，并不断高升。而那些暗中使坏的人，往往就成为自己的贵人。

生活中的一些人，也并不是全都是女人喜欢的人，比如某些你不喜欢的追求你的异性，往往就会让女人很反感，但是就算是你不喜欢对方，也没有必要和对方的关系搞僵，这是很不明智的。因为虽然彼此成不了恋人，但是可以作为朋友。俗话说“多个朋友，多条路”，也许有一天对方会成为你很好的合作伙伴呢。这样一来，对方不就成为自己的贵人了吗？

有些女人性情非常耿直，不喜欢对方就是不喜欢，甚至都不会和对方说句话。不喜欢对方，可以理解，但是女人应该清楚，要想让自己的人脉更加丰富，仅结交一些自己喜欢的人其实是在无形中限制自己。在自己的贵人出现之前，谁都有可能是自己的贵人。成熟的女人就是应该客观地对待自己接触的所有人，这样才不会因为自己的感情用事，与自己的贵人擦肩而过。

只要对自己的前途有利，女人就应该放下自己的好恶，至少是表面放下，只有这样，自己的人生路才会越走越广。

把握好社交尺度，女人要交朋友也要保护好自己

女人要想让自己在和别人的交往中表现的得体，就应该把握好自己的社交尺度，既不会让人觉得分寸不合适，也不会让人感觉过犹不及。合适的社交尺度会让女人表现得更有修养。

每个女人都有一个属于自己的社交空间，当别人不小心超过这个限度时，女人就会感觉到自己受到了侵犯，非常不舒服；同样的道理，假如女人不小心超出了自己的社交尺度，就会侵犯别人的社交空间。女人在社交的时候，应该把握好自己的社交尺度，既保护自己不受到别人的侵犯，同时也不

会侵犯别人。

有些女人对于自己的社交尺度问题分析不清，不管是在职场上，还是在日常生活中，对于别人的要求总是有求必应，甚至是主动替别人将某件事情做好，虽然这种女人为自己树立了"老好人"的招牌，但是这些日常琐碎的事往往将她们搞得身心疲惫，有时候还经常得到费力不讨好的结果。有些女人与此正好相反，她们做什么事，总是希望得到别人的帮助和支持，遇到点什么事，上来就去请求别人的帮助，认为别人都应该主动帮自己的忙，时间一久，就没有人愿意和这样的女人交往了。

出现上面两种情况的原因就是这两种女人都没有把握好自己的社交尺度，所以才会出现很多人际问题。女人要想避免这种情况的发生，就应该在和别人打交道时，把握好自己的社交尺度。

结构派家庭治疗创始人米纽庆认为，根据人对自己社交尺度的概念不同，尺度可以分为三种：

第一，清楚的尺度。清楚的尺度能使个体保有独立的个性，但是又不牺牲其属于集体的感受，每个人都应该清楚地知道自己在人际交往中的活动范围。

第二，混乱的尺度。没有尺度或者很少有尺度，人际关系就像是一张网，混乱的尺度，会让女人分不清楚自己和别人，要么是将别人的事情当成是自己的，要么是将自己的事情当成别人的事情。

第三，僵硬的尺度。个体之间往往没有多少关联，这种人缺少人情味，为人非常冷漠，让人觉得非常不合群。

持有后面两种社交尺度观念的女人，往往会在人际交往的时候出现这样或那样的问题，不是事事帮人，就是事事麻烦别人，或者是和自己周围的人老死不相往来，这都是因为女人没有把握好和别人交往的适当距离。

女人在交往中，如何保持适当的社交距离呢？

(1)自尊同时还能尊重别人：女人在社交中，维护自尊是必需的，自尊的同时也应该注意到别人的尊严。二者是相辅相成的，应该统一起来。

(2)信赖但不轻信：信赖对方是获得对方信赖的前提条件，但是女人信赖别人也应该有个度，不要轻信、盲信对方，否则最终上当的还是自己。信

赖对方的前提条件是对方真的是值得自己信赖的。

(3)坦率但不草率:女人对别人坦率,对方才会对女人坦率,这都是相互的。但是女人应该将坦率和草率分清,不要草率地对待别人的要求,不要信口开河。

(4)表现自己不要贬低别人:别人不是自己用来表现的台阶,在人群中适当地表现自己,吸引别人的注意是可以的,但是女人表现自己不能同时贬低别人,这会显得女人非常清高自傲。夸张的表情、做作的动作会都让人讨厌,聪明的女人应该摒弃这些华而不实的东西。

(5)谦虚但不虚伪:谦虚是一个女人的良好美德,谦虚的基础应该是坦诚直率,而不是虚伪,装出来的谦虚,只会让人觉得虚伪,让人觉得反感。女人在社交中,应该用坦诚的态度,谦虚的风格向别人展现自己的人格魅力。

(6)谨慎但不拘谨:有些女人性格内向,不善于和别人进行交流,这在人际交往中是非常不利的,因为她们不善于向人们打开交际的大门,很多交际的机会就这样擦肩而过。

(7)活泼但不轻浮:一般正经的女人很容易给人造成很冷的感觉,举止落落大方是人们交往的基础,但是活泼不代表轻浮,不代表低俗。女人活泼的基础应该是自爱和自重。

(8)女人应该对自己严格要求,对别人应该宽宏大量。

女人在社交中,掌握好了以上的交往细则,在和别人打交道的时候,就能更好地处理自己的人际交往,就可以少很多的麻烦了。愿天下的每个女人都能把握好自己的社会交往尺度,成为受人欢迎的人。

社交场上多包容,收敛自己的小脾气

女人都是有小脾气的,别人一句不正确的话,可能就会让女人怒发冲冠;别人一个不适当的动作,可能就会让女人怒从中来。女人有小脾气是很正常的一件事,但是在社交的时候,女人应该学会收敛自己的小脾气,毕竟

社交场合不是很随便的场合。

女人在家里和自己的家人闹矛盾了，和自己的男朋友或者老公吵架了，和自己的朋友不和了，发脾气、使小性子都是可以的，毕竟这些人是女人比较亲近的人，他们一般也会包容女人的小脾气。女人在社交场合突然发起自己的小脾气，往往就是很不适当的，对方如果是女人不很熟悉的人，女人发小脾气就会让对方变得很难堪，很难收拾残局。在社交场合发脾气的女人只能向别人说明：女人还不成熟，在社会上的历练还是太少。

如果女人是个火暴脾气，动不动就会触到自己的发脾气"神经"，在社交场合，自己就是想控制想收敛都是很困难的一件事，必须及时地发泄出去，那就应该在生活中积极锻炼自己，提高自己收敛脾气的能力。

心理学家研究发现，女人老是发脾气对自己的身体是不健康的，是有损于女人生命的，所以当自己愤怒起来的时候，女人应该学会自己制怒，不要因为自己乱发小脾气，同时伤害了对方。女人如何收敛自己的小脾气呢？可以参考以下几种方法。

(1)情境转移法：当愤怒陡然袭上女人的心头时，女人可以用情境转移法，转移自己的注意力，消除自己的怒气。这种方法应该是最明智、最可取的，当女人为那些自己看不惯的人，自己不习惯的事而生气的时候，女人就应该将自己的注意力转移出去，离开那些让自己生气、愤怒的场合，假如是因为对方的原因让自己很生气，那就赶紧远离对方，等自己的怒气消下去以后，再和对方相见。这时，女人可以听听舒缓的音乐，出去散散步，呼吸新鲜空气，自己的怒气就会渐渐降下来。

(2)理智控制法：女人发小脾气时，往往就会让自己的感情占据上风，所以当想发脾气的时候，女人可以在心里用理智来说服自己，就像《武林外传》中的郭芙蓉一样，发脾气之前，总是默念："世界如此美妙，我却如此暴躁，这样不好，不好。"然后就平静下来一样，女人在冲动的时候，也可以在心中默念一些能让自己平静下来的语句，比如"发火是愚蠢的，解决不了问题"，"要克制自己""坚持一分钟，不要发火"，当女人坚持了一分钟后，就可以这样想，自己一分钟都能坚持下来，那三分钟同样能坚持下来，时间一久，女人就能克制自己，不随便乱发脾气了。

(3)评价推迟法：女人经常喜欢发小脾气，尤其是在社交场合，往往是因为对方的一个眼神不对，或者是对方的一个动作，一句讽刺的话让女人怒不可遏，怒气是女人对这种做法不满的一种评价，也许女人在当时觉得难以接受，但是当这件事过去了一小时，或者一个星期、一个月以后，当自己再想起这件事的时候，可能就会觉得当时的自己真是太幼稚了。以后这种情况再出现的时候，女人就能看开了。

(4)目标升华法：怒气用之不当，就会又伤人，又伤己，实在是得不偿失，如果女人将自己的怒气转移成自己工作的动力，就会让自己的事业蒸蒸日上。如果女人能够改变自己经常因为小事而发脾气的习惯，将自己的注意力全都放在自己的事业上，就会从大局考虑问题，这样一来，一些微不足道的小事就不会牵绊女人，同时也就不会发脾气了。

女人学会收敛自己的小脾气，就会让自己的生活变得更澄净，不用为日常的琐碎所牵绊，不为这些恼人的小事而费神，女人就会变得更能容忍，更能谦让，别人也会觉得女人很大度，更愿意和女人交往，这无论是对女人的生活，还是对女人的事业，都是非常有帮助的。所以希望每个女人都能在社交场合收敛自己的小脾气。

广积有用人脉，广结诚信人缘

女人要想让自己的事业越做越大，关键的就是积累对自己有用的人脉。人脉现在在社会上的地位越来越重要，有些人直接将人脉定义为财富。在好莱坞流行着这样一句话：“一个人能否成功，不在于你知道什么，而在于你认识谁。”女人要想在社会上有所成就，有所发展，就必须建立起自己广袤的人脉。

女人如何在今天竞争激烈的社会上，建立起自己的人脉呢？

(1)向落魄之人伸出援助之手：人们都喜欢向那些春风得意、优秀出众的人靠拢，都希望能从对方那里分得一杯羹。殊不知在对方得意之时建立起的关系是最不牢靠的。女人要想建立起坚实的人脉，就应该学会向那些

落魄之人伸出援助之手，正如古话所说的那样“患难见真情”，在对方困难落魄之时，在其他人都远离对方之际，你如果依然向对方靠拢，就会让对方感觉到女人不势利，是个正直的人，在这种时候，你最容易让其将你在他心中的分量加重，并视女人为自己的莫逆之交。这种时候建立起的人脉往往是你人脉网上的最结实的结点。

(2)朋友间也需要不断投资：茫茫人海，女人能结交到自己的好友不是一件很容易的事，就算是普通朋友，那也说明你们之间有缘分，值得持续交往下去。朋友之间的感情是需要不断相互维护的，女人一定要注意平时不断联络你们彼此之间的感情。假如长时间不去联络彼此的感情，双方之间的感情就会越来越淡，这样一来，假如女人想求对方帮助自己做些事情，对方可能就不会主动帮你。通过朋友的关系，女人也可以广结人脉，有朋友的关系，这种人脉建立起来就更加容易。所以女人在建立人脉的路上，不要忽视自己的朋友。

(3)结交竞争对手：女人应该明白，竞争对手往往是促进自己不断向上进取的人，结交一些自己的同行，就会让女人更有上进心。人们经常说，最了解自己的人往往是自己的竞争者，因为女人往往会看不到自己的缺点，也往往分不清自己身上的优点，而你的对手，为了超过你，往往会将你的缺点、优点研究得非常透。和对手交朋友，你往往能从对方那里学到很多有利于自己的东西，同时也能不断地取人之长，补己之短，还能更擅长发挥自己的长处，让自己不断提高。

(4)为了积累自己的人脉，女人应该学会利用自己身边的资源，不仅自己的朋友，自己的亲人、同事，甚至是老乡、同学，这些资源尽量都动用起来。老乡会、同学会往往会使人们形成相互的帮扶关系，所以对于这种可以拓展自己人脉关系的机会，女人应该多多参加，说不定，就会收到意想不到的收获。

(5)对于陌生人有需求时，应该尽量伸出自己的援助之手。女人应该明白陌生人未必就全是坏人，当对方需要你的帮助时，肯定是迫不得已的，假如对方的要求是自己可以做到的，女人就应该尽量帮助对方。陌生人会因此而感激你，甚至双方会因此成为很好的朋友关系，这也是在为女人建立人脉资源。

(6)现在的网络如此发达，女人在网络上一样可以建立起自己的人脉。比

如女人可以通过网络加入到自己感兴趣的群体中，在这些群体里面，女人可以得到很多对自己有利的信息，也会因此结识很多对自己有帮助的人。这些关系都可以为女人的事业发展提供帮助，是女人拓展自己人脉的重要途径。

(7)女人不仅应该结交一些和自己同龄、层次不同的人，也应该结交一些比自己年长或者是比自己年龄小的人，年长的人，经验丰富；年轻的人，精力充沛，创意无穷，这些都是女人可以借鉴的东西。结交一些比自己有权、有势的人，可以帮助女人解决很多自己无法解决的问题。要想结识到这些人，女人就不应该将自己限制在一个圈子里，而是应该多参加一些不同的活动，加入不同的群体，只有这样，女人才能结交到各种各样的人。

女人要想在社会上更加如鱼得水，左右逢源，就应该在生活中广建人脉，广结人缘，只有这样，女人的社会关系才会更畅达，对女人以后的事业、工作发展才更有利。

帮助别人，就是为自己多留一条出路

女人要想让自己的人缘好，就应该不仅仅只会接受别人对自己的恩惠，还要学会施与，施与别人恩惠，不仅可以帮助别人，同时也能让自己感受到施与的快乐。

女人应该学会感恩，感恩大自然、祖国、父母、老师、朋友以及其他一些对自己有恩的人。学会感恩，会让女人更珍惜生命；学会感恩，会让女人心怀感激。但是仅有感恩是不够的，女人还应该学会的是施与，施与别人自己力所能及的帮助，施与别人关心，让他人同样感受到女人深深的情意。

女人施与别人恩惠，不是非要贡献自己多大的能力，或者是倾尽自己的所有，倾尽自己所有的能力来施与别人，有时可能仅仅是在对方有难的时候帮助对方一把，一句鼓励的话语，一顿可口的饭菜，几件穿旧的衣服等微不足道的东西可能在对方看来就是最好的帮助。

人们都是怀有感恩心的，女人向别人施与恩惠，如果是等着对方来回报

自己，这就不对了，既然自己诚心诚意地想帮助别人渡过难关，只要自己的心意到了，为什么非要让对方记得自己的这份恩情呢？如果对方有了条件，肯定会心怀感激地回报当时你的帮助；但是如果对方没有那个回报条件，难道就应该对对方进行讨伐吗？施与别人恩惠，不仅是做善事，也是在收获施与的快乐，这种快乐不是用钱能买得到的，不是用东西能衡量得出的。仅仅是自己的一份心愿，自己感恩的一种方式。

希望每个女人都是会施与别人恩惠并享受其中快乐的人。

第14章

看清职场脸谱，做个懂得分寸聪明女人

人们经常说，职场是一个小型的社会，因为它里面的关系太复杂。有些女人认为只要自己的工作能力好，就算自己的人际关系不是很好，那也是没有多大问题的。持这种观点的人，往往会在职场上吃不消。因为职场上需要的不仅是工作能力，还有交际能力。职场达人之所以能在职场上游刃有余，不仅仅是因为他们的工作能力有多好，还因为他们掌握了职场上的生存本领。女人要想让自己从职场菜鸟，变成职场达人，首先要做的就是学会看职场脸谱。

把成绩归功于上司,获得上司好感

女人要想在职场上如鱼得水,能够得到上司的欣赏和喜爱,最重要的就是要和上司搞好关系,一个久经职场的女人应该明白要想让上司对自己的印象好,关键的就是不邀功。女人有什么功劳一定要先想到自己的上司,不要认为一切功劳都是自己的。

如果女人取得一点成绩就将自己的功劳说得人尽皆知,则这只会让上司对自己多几分猜忌和疑虑。上司毕竟是比女人地位高的人,他们不希望自己的风头被下属给抢了。一个让上司青睐的下属,其能力不一定非常出众,其人缘也不一定就是最好的,关键的是她能将自己的功劳归于上司,上司也是要面子的人,有时候,上司的面子比自己的面子还重要。女人要想让自己成为职场达人,首先要学会的就是在某些情况下将自己的功劳归给上司。

有些女人在职场上做出了艰辛的努力,终于取得了一定的成就,但是最后得到好处的却是自己的上司,对于这种事情,她们心里愤愤不平,甚至和上司当面对质,这样做的结果是,不仅功劳自己没有得到,反而害得自己以后没办法再在公司里混下去,最后只能一走了之。所以,聪明的做法就是将自己的功劳主动地让给上司。这样做有三个理由:

首先,将功劳让给上司是维护组织秩序的需要。一个公司的正常运作,关键的就是靠一层一层的秩序。不论女人是做出了成绩,还是出了错误,负责人都是女人的直接上司。假如女人犯了错误,女人的直接上司将自己的责任推得一干二净,这是他渎职的表现,他的上司肯定会先指责他。同样,女人做出了功劳,肯定也是上司负责,他的上司表扬他,同样,他也会表扬你。所以,女人将自己的功劳让给上司是很客观的。

其次,女人能够做出一番成绩,自己的个人努力是不能忽视的,甚至起到了至关重要的作用,但是女人由此就认为这完全是自己的功劳,那就有失偏颇了。一个女人要想做出一番成就,少不了上司的指导和支持,少不了同

事的帮助和协作。虽然女人做出了很多的努力才取得了今天的成就，但是自己在做的过程中，同时少不了的是上司提供的丰富的资源和帮助，所以，女人将功劳让给自己的上司也是理所应当的一件事。

再次，将功劳让给上司，不仅会让上司满心欢喜，也会让女人未来的职场之路走得更通畅。女人要想让自己在职场上能够更好地成长，最好的方式就是和自己的上司一起成长。女人做出了功劳让自己的上司得到了他的上司的赏识，就会将他送到了一个更高的位置上，至于其为什么能够升迁，他不会心里没数的，相反，他会记得你的贡献，在恰当的时机，他同样会选择一种方式将你举荐，这样一来，女人升迁的概率就大大提高了。

由此看来，女人将自己的功劳主动让给上司也是应该的。如果女人的上司就是喜欢将下属的功劳全都揽到自己身上，完全不管下属的人时，女人也应该学会冷静地对待这样的品质不端者。遇到这种上司最忌讳的就是冲动地对待，女人应该冷静处理，因为这关系到自己以后在公司的未来。像这样的上司，居功诿过只能让他得意一时，不能得意长久。总有一天他的小伎俩会被他的上司看清楚的。其次就是可以向上级反映，但是一定要讲究策略，搞不好不仅达不到自己的目的，还会落得一个“刁民”的称号。

作为下属，女人应该明白，自己的功劳不仅仅是自己一个人的，一定要考虑到自己的上司，自己的上司是自己的直接负责人，不管是自己的功劳还是错误，他们都有义不容辞的责任来负责，这是不能推卸的，将自己的功劳让给上司，是女人成熟的一种表现，也是女人在职场上左右逢源的通行证，将功劳让给上司。就会给上司留个会办事的好印象，他会更加信任你，以后肯定会更加赏识你，这样，才能让你的才华大放异彩。

谨慎使用特权，特权是把双刃剑

当自己的上司将特权下放给你时，你应该谨慎地对待自己手中的职权。上司将特权下放给你，这里面可能有很深的用意，可能是上司非常信任你，

也可能是上司在考验你，还有可能是上司在试探你。不管上司究竟是出于什么样的用心，女人在对待上司给的特权时，一定要小心谨慎。

有些女人一直认为，既然上司将特权下放给自己，那就说明自己是深得上司心意的人，同时也是最有可能得到提拔的人，这种观点是错误的。将特权下放给他人，是考验他人、识别他人的一个重要方法。有些女人一看自己现在手中握有特权，就感觉自己真的身在其位，于是就滥用手中的权力，完全不将自己的上司放在眼中，这样急功近利，最终会让这种女人自食苦果。上司将特权下放给你，无疑是想看你如何使用手中的特权，想看看你是不是值得自己提拔的人。

一个聪明的女人，在职场上应该分清自己的权力是什么，什么样的权力是自己不能滥用的，上司给的特权，仅是自己一时的权力而已，但这个权力在使用之前也是应该经过上司同意才能使用的，不能自己想用就用，完全不将上司放在眼里。有些女人一看上司将特权给了自己，就觉得自己的地位上升了，自己的权力大了，于是就利用自己手中的特权，做出一些越权的举动，使上司十分不满。

刘晓冉是一家公司的销售职员，在公司做了几个月，她很快就对公司的流程一清二楚。刘晓冉在公司里的业绩也是越来越好，她的成绩在公司中都是同事、领导有目共睹的，她的人缘也是越来越好，上司很想提拔她，但是由于刘晓冉到公司不是很长时间，对于她的其他情况，上司还是不熟悉的，于是有一天上司对刘晓冉说道："从明天开始，我有半个月的培训，这段时间你来代理我的工作，有什么事及时给我打电话，有些事你可以自己拿决定，因为我培训的地方信号可能不是很好。"其实，上司之所以这样给刘晓冉做交待是有原因的，他想看看刘晓冉适不适合当领导。于是故意对她说了那些话。在接下来的半个月中，刘晓冉认为虽然上司已经将特权交给了她，但是她认为有些重大决定还是和上司说一下好，所以不管一天下来多累，她总是在晚上的时候给上司通电话，报告一天的情况，上司总是说如果她觉得没问题，就可以那样办。遇到大事，自己该下决定的时候，她不是按照自己的想法办，而是让大家讨论出一个办法，然后向上司请示了以后，再下决定做某件事。半个月过去了，在刘晓冉的代理下，公司井井有条，刘晓冉和同事

的关系也处得更好了。经过这段时间的考验，上司看出了刘晓冉是个谋大局的人，不会意气用事地做出一些越权的举动。经过这次考验，刘晓冉成了公司的销售经理。

刘晓冉的成功，与她懂得如何使用上司给的特权有直接关系，就是因为她能正确地使用手中暂有的权力，而不是滥用。上司将职权下放给你，有时不是真正赋予你实权，所以你在这时候就应该多想想，是不是自己真的已经很优秀了，可以做上司了？还是上司的放权仅仅是为了考验你？不管上司放权给你是出于什么样的目的，对于你的成长，都是一次很有利的机会，你可以借此机会锻炼如何使用手中的权力。

女人在使用手中的特权时，一定要想到自己的特权虽然是上司给的，但是责任却是有上司来承担，所以不管女人利用特权做什么事情，一定要想清楚：自己这样做会不会给上司带来麻烦，自己这样做是对的吗，不行就可以在请示完以后再下决定。

所以，当上司放手赋予女人某项权力时，女人一定要谨慎对待，不要让手中的特权成为自己前进路上的绊脚石。

注意察言观色，别撞到领导枪口上

人们经常说，没事别往枪口上撞。这不仅是让女人在平时的生活中应该注意别往别人的"枪口"上撞，在职场上更是如此，尤其是上司的"枪口"。

谁会没有烦心事？谁会天天都是好心情呢？女人应该知道自己的上司同样是个普通人，同样有喜怒哀乐，爱恨情仇，就算上司久经职场的磨炼，难免也有心情不好的时候，女人在职场上一定要练就自己察言观色的功夫，不要让自己撞在上司的"枪口"上，否则会影响女人以后的工作，这样就得不偿失了。

女人要想在职场不撞到上司的"枪口"上，就应该会察言观色，观察上司的表情，观察上司的所作所为是不是有异常。女人在向上司提建议时可以先通过多种渠道了解上司，可以向上司的秘书打听上司最近的心情是好是

坏,可以试探着询问上司,千万别让自己歪打正着地撞在上司的"枪口"上。

张琳在一家公司做项目设计师,这两天交上去的方案全都被退了回来,张琳很不理解,自己费了半天劲做出的方案,上司根本就没有仔细看过,直接就给打回来。当第三次将方案交上去,再被退回来的时候,张琳十分生气,她不顾同事的劝告,气冲冲地闯进经理的办公室,对着经理说道:"经理,您一会说这个方案缺乏创新,一会说这个方案天马行空、不切实际、没有一点逻辑,我不知道您需要的到底是什么样的方案?"大家都知道,经理是个直脾气的人,有什么话都是可以直接说的,但是今天张琳万万没想到,自己撞到了经理的"枪口"上了。经理见张琳说完了,生气地说道:"本来你的这个方案就是没有逻辑,东一榔头西一棒槌的,还不让人给你提意见了吗?这个方案通不过,回去重做。"张琳不知道,上司最近因为竞争对手把本应属于自己的一个大客户争取走了,心里不高兴。上司的丈夫又和自己闹别扭,所以心里一直不痛快,现在张琳正好撞上了经理的这个"枪口",经理又怎么会给她好果子吃呢?

有些时候就是这样,一件很平常的事情,在上司心情好的时候,或者心情不差的时候说出来,那是完全没有问题的,但是当上司的心情不好的时候,如果你又不能耐心平静地与上司沟通,那么不仅不会让上司同意你的方案、建议,反而会让上司对你的印象更差,不仅达不成女人本来的目的,你反而会成为上司的出气筒。

女人在职场上,要想让自己成为职场达人,就要学会看上司的脸色,上司的脸色不好,不开心的事就留到下次说,女人对于上司近来的心情、心事要有所了解。如果某些事情、某些话必须在上司的"枪口"下说,那就应该尽量选个领导心情不是太糟糕的时候,在闲聊的时候,在走廊聊天的时候,不要在众人在场的情况下说,否则不仅女人自己尴尬,就是上司的脸上也没光彩。

如果女人真的很不走运,偏偏就撞上了上司的"枪口",那也不必过于紧张,自己一定要条理清楚地用温和的语调向上司陈述,而不是用咄咄逼人、能激起对方怒火的口吻说话。只要说的话在理、正确,就算是上司的心情不佳,他也一定会以大局为重的。一看时机不对,女人应该灵活地转换自己的话题,立即向上司承认自己的错误,这是在为自己挽回面子,也是在为上司

找台阶下。

聪明的女人就应该学会察言观色，从上司说话的语调、语速和表情上，洞悉出上司的“枪口”在哪。会察言观色的女人在职场上永不会吃亏。

不以讹传讹，做流言终结者

职场本来就是一个小型的社会，里面的人纷繁复杂，不断有留言传出也是很正常的事情。不管是谁先开始传播的流言，总会有人受到伤害。女人身在职场，应该学会警惕这些流言的传播，做同事间流言的终结者。

职场上总有些人喜欢打听别人的消息，同事之间的一些八卦新闻总是首先从他们嘴里传出来。不经意的流言，可能会为他们平凡枯燥的工作带来一丝乐趣，但是这种乐趣往往是建立在别人痛苦之上的，像这样的乐趣，只能伤害别人。这种谈人是非者，必是是非人。女人身在职场，应该和这种是非人保持一段距离，否则，也许在某一天自己也会成为他们嘴里的谈资。

女人在职场上生活，总会受到职场上流言飞语的影响。这种流言是是非者的无心之谈也好，是有意之说也罢，对当事人的伤害肯定是最大的，对于旁观者来说，也是一种不好的影响，聪明的女人，应该学会让自己摆脱职场上流言飞语的影响，不管流言是针对自己，还是针对别人，聪明的女人都应该学会制止流言的传播。女人应该如何对待职场上的流言，让它们尽早终结呢？

如果流言正好是针对自己的，女人首先应该检讨自己，想想传言说的是不是正确，如果传言是真的，自己就应该立即改正错误，或者是向大家坦言自己以前的确是做得不对，请求大家的原谅，只要女人的态度真诚，语言诚恳，相信大家都会谅解的，流言自然就会终止。假如流言是错误的，影响到女人的声誉或者对女人的生活造成了恶劣的影响，女人应该找到流言的传播者，让他对流言负责。假如传言造成的影响不是很严重，那女人应该相

信，“清者自清，浊者自浊”，只要女人行得正，那就不怕影子斜。时间一久，流言定会不攻自破。

听到是非者在谈别人是非，女人应该学会制止他们。女人在这种时候，应该毫不犹豫理直气壮地直接攻击对方，不让流言影响到同事和自己的工作。

有些是非者，不管别人的警告，在今后的工作中依然我行我素，不管别人的感受，还是喜欢传播别人的流言，上到公司领导，下到同事之间的家庭琐碎，任何一个人，任何一件小事，都能成为他们议论的对象，像这种屡禁不止的是非者，女人对付他们的最好方法就是以其人之道，还治其人之身。当他们尝到流言酿成的苦果时，自然就会有所收敛。

女人可以学着引导流言，污蔑别人的流言往往会造成对当事人的伤害，无中生有的流言往往会让当事人陷入不能自拔的泥沼，对对方的生活和工作都会造成很深的影响。这种传言，对同事之间的相处，对公司领导和下属的相处都是不利的，总体来说是对公司的不利。女人可以试着引导流言的走向，恶劣的流言往往是对人，但是好的传言可以是对事、对集体。作为组织管理者的女性，在职场上可以试着让小道消息变成提建议的渠道，比如可以说“我希望老板让我们自己解决自己的问题，应该说，我们更清楚自己手里的活儿吧”，或者是“我希望伙食能改善改善，天天吃这种饭食，我都快营养不良了”，像这样的流言不仅不会影响到同事的工作，相反，会让同事之间的相处更融洽，工作更顺利，公司也会因此不断地前进。

职场上的流言经常让身在职场的女性困扰不已，任流言传播，自己只有受伤害的下场。如果流言传到上司的耳朵里，那就不只是自己的前途问题了，更有可能是让你走人。女人学会制止流言，就会让其他的同事明白关于自己的流言全是编造的。女人制止关于其他的人流言，无疑也是在为自己做招牌，自己不是是非者，不会随便论人是非，久而久之，领导也会因此而更加赏识你。

所以，聪明的女人应该学会制止流言，让不好的流言终止在摇篮里，让传言更好地为女人和他人服务。

对待同事热情大方，处理事情冷静谨慎

同事之间能够在一起共事，本来就是缘分，有些女人经常抱怨自己的同事非常冷漠，自己简直都不想再和那些人共事。人们之间的感情本来就是相互的，你对待别人是什么样的态度，别人对你也会是同样的态度。正所谓，同事就是女人的一面镜子。

女人应该明白，要想让同事对自己的态度好，首先自己对对方的态度要好，所以女人对待同事应该心是热的。同事之间的关系毕竟不像好友之间那样亲密，双方之间的关系有可能会涉及利益之间的关系，所以，女人对待同事应该头脑冷静。女人在和同事的相处中，应该保持一定距离，不宜太近，也不宜太远。

女人要想让自己和同事之间的关系变得很融洽，很和谐，很热情，首先女人对待同事的态度应该是热情的。女人对待同事的态度往往会影响到对方对女人的评价，这些评价直接导致对方对女人的态度。一个充满热情、待人和善的女人，别人对她的态度肯定也不会是冷漠无情的。女人对待同事的态度应该热情、诚恳、宽容、关切。

女人在一天的生活中，除了和自己的亲人接触时间比较长之外，接触时间最长的就是自己的同事了，同事之间经常是抬头不见低头见，女人在工作中遇到难解决的事情，往往也会找同事帮忙解决，所以，女人和同事相处时，一定要和同事搞好关系。见到同事主动向同事问好，同事肯定会觉得你很尊重他，自然他也会更加尊重你。同事有困难相求时，如果是你力所能及的事，你应该热情诚恳地帮助同事解决困难；如果的确是超出你能力范围的事，那你应该诚恳地向对方说出自己的难处，相信对方会感觉到你的诚意的。主动向同事表示你的关心和关怀，当对方取得成绩时，向他表示自己衷心的祝贺；当对方遇到伤心事时，真心地安慰和鼓励对方，而不是冷嘲热讽，只要女人真诚地关心对方，就算对方和女人的关系本来不是很好，也能化敌

为友。同事有什么错误,不要直接用很激烈的言语对其工作能力进行贬低,因为对方心里本来就已经不是很好受了,关键的是找出补救的方法和犯错的真正原因,宽容对方,对方一定会对你非常感激的。

女人真诚热情地对待自己的同事,就一定能够得到对方真诚的回报和帮助,让女人更清楚地认识到自己的价值,给自己一个准确的定位。女人对待同事的态度应该诚恳、热情,但是女人同时应该明白的是,同事终究是同事,彼此之间可能会夹着利益的冲突,所以女人和同事相处的时候,应该冷静地对待彼此之间的感情,不能不分轻重地将自己所有的小秘密全告诉给同事,这往往会为自己的今后埋下不和谐的伏笔,假如对方是个是非小人,说不定就会拿你的小秘密大做文章,给你在前进的道路上设障碍。

女人和同事相处,少不了要和各种各样的人打交道,女人在和同事打交道的时候,一定要多长个心眼,头脑冷静,不让自己卷入职场的是非之争中。有些人喜欢在职场上搬弄是非,挑拨离间,这些人喜欢凭空捏造很多莫须有的事情来迷惑众人的耳目。女人在职场上不可能对所有的事情都了如指掌,假如不慎听信了是非者的片面之词,则往往会使同事间的相处变得困难,甚至会造成无法挽回的局面。为了避免进入小人设下的圈套,女人一定要时时保持清醒、冷静的头脑,对待任何事情一定要深思熟虑,不要听信一个人的片面之词,而应该多向几个人询问,仔细调查事情之后再做决定,只有这样才能防止自己犯下的错误。

女人对待同事的态度应该诚恳热情,但是当和同事的相处遇到问题的时候,一定要头脑冷静,别让自己的不小心毁了自己的形象。

和同事保持适当的距离

职场上的人心不同,各如其面。人的面孔尚且如此不同,人们的内心更是不容易参破。职场上,女人和不同的同事之间的关系肯定是不一样的,女人不可能在职场上的每个人投入相同的感情,因此就有了远近亲疏的不同,

这是很正常的。那么，女人如何处理好职场上同事之间的远近亲疏问题呢？

首先，女人应该分清自己的感情和工作的界限，不管女人和同事之间的关系是远是近，都不能因此影响到自己和对方的工作，这是最根本的前提。所以女人在工作的时候，应该将自己的私人感情抛开，不让主观感情左右理智。因此女人和同事之间的关系不管亲疏，一定要“和”，就像古人说的“君子之交淡如水”，女人都是情感动物，很容易让自己的情感占据理智的上风，同事一个不善意的眼神，一个不怀好意的微笑，一句不适当的话，都能在女人的心湖上掀起层层涟漪，从而影响女人一天甚至是好几天的工作。所以，为了避免这种不利影响，女人在职场上，千万不能为自己树敌，就算双方不是好朋友，也应是平平常常的同事关系，没有利益之争，没有尔虞我诈。

其次，女人应该尽量不和同事发生矛盾，这就要求女人在和同事的相处中应该大度一点，不管对方和自己的关系怎样，一定要宽容，同事们相处时间太久，一些鸡毛蒜皮的小摩擦肯定是常有的，如果女人总是斤斤计较，就算双方关系本来很好，最终也会形同陌路。对同事宽容一点，遇到什么分歧或者是有争议的地方应该本着和解的态度，毕竟双方的目的都是为了将一件事情做好，只是思路不同而已。假如女人和某位同事有成见，那就应该积极化解，毕竟双方抬头不见低头见，不管这种成见是公开的，还是隐秘的，女人应该积极寻求化解的途径，假如化解不了，但是也不影响工作，双方不是朋友关系，仅是同事关系，只要能在工作上合作就可以了。

再次，职场上的人秉性不同，人心各异。有些人是势利小人，有些人憨厚朴实；有些人斤斤计较，有些人大公无私；有些人傲慢无礼，有些人文质彬彬……因此女人要想控制好同事之间的远近亲疏关系，重要的就是会和不同的职场人士打交道。

比如，有些人喜欢在同事面前处处显示自己高人一等，狂妄自大，还喜欢背后议论他人。女人和这种同事打交道时，一味地迁就对方，会让他们觉得女人很懦弱，对待这种人，就应该尽量和他们保持距离，并且找机会适当地挫挫他们的锐气，让他们知道人外有人。一些职场小人，不管他们现在对女人是什么态度，女人一定要和他们保持距离，像这种经常嚼人舌根的小人，永远都是老板厌恶的对象，和这种人在一起，女人无疑是在惹火烧身。

女人不仅应该会处理同事之间的“疏”,更要拿捏好“亲”的尺度。女人在职场上不应该被自己的感情冲昏了头脑,不能因为私交甚好,就用感情因素代替了公事的准则,让自己做出一些违背职业道德的事情,这样长时间下去,不仅两个人的朋友关系难以维系,就连女人的工作也会受到影响。女人应该分清楚,自己在工作上的好朋友是一个圈子,自己在生活中的好朋友是另一个圈子,工作上同事相处得好,只要有利益关系夹杂在内,那永远成不了真正的朋友,当事关自己的利益时,一样会撕破脸。所以,就算女人和同事的关系看上去很亲近,但是仍然避免不了双方之间的竞争关系,职场上的朋友只是为了更好地利用资源,取长补短,女人在职场上,千万不能以自己好友的期望值去要求职场上私交甚好的同事。

不管是对于职场上的同性,还是异性,女人都应该掌控好亲疏的尺度,适当的远近距离,可以让自己在职场上保持一个中立的立场,不卷入职场的是非中。不管是和哪个同事打交道,女人一定要分清自己的职责权限,看清对方的真实意图,不让对方的甜言蜜语断送了自己的职业生涯;不让自己的爱恨情仇,成为工作上的绊脚石。

通过客户拓展自己的人脉资源

职场上女人经常和客户打交道,不要小看自己的这些客户资源,将这些客户资源利用起来,女人甚至可以挖掘出比客户更重大的人脉资源。

现在的通讯非常发达,人们之间的资源经常是共享的,客户之间经常也是信息相通的,他们不仅仅是生意场上的竞争关系,更多的可能是朋友关系。所以女人在了解了这层关系后,就应该和自己的客户搞好关系,也许现在的客户就是女人的贵人,会让女人结识一些更有实力的客户资源。

如何让自己更好地挖掘客户背后的人脉资源呢?

首先最重要的是,将客户和自己之间的工作做好,让客户对自己的工作满意,这是女人向客户展示自己能力的一种途径,几次合作下来,客户会发

现你对工作非常认真，只有这样，你和客户之间的交往才能长期进行下去。只有具备这个前提，你才能更深入地挖掘客户背后的人脉资源。

除此之外，女人还应该将自己的目光放在和客户除工作时间外的交往上。工作上的交往让客户了解了女人的工作能力，生活中的交往，会让客户知道女人会办事、会交际的能力。时间一久，客户一旦觉得女人是个很好的合作伙伴，自然就会将女人介绍给他认识的朋友，这样一来，不仅省了女人的工夫，同时因为是客户介绍的，所以双方之间就会少了很多初次交往的陌生和尴尬。

女人应该知道客户不仅仅是自己生意上的伙伴，有时候双方甚至可以在生活中成为好友，这样既能使双方之间的感情更好，也能更好地促进以后的交流合作。如在平时生活上多和客户进行沟通，对客户关注的东西、客户的爱好、客户的需要有所了解。这样，女人在和对方沟通的时候，说出的话才更能切合对方的心意，做出的事才更能博得客户的欣赏。如果客户有什么困难，女人应该出手援助，而不是坐视不理，虽然这样做会为自己带来一些麻烦，但是因此却能换来客户对你的信任，就算是自己受点累，也是值得的。

为了和客户搞好彼此的关系，在和客户的交往中，女人就应该想办法给对方留个好印象，为自己树立个好形象。和客户初次见面的时候，通常是互换名片，不要小看这些小小的名片，关键的时候，一样能为女人发挥大的作用。有些女人在接到了大量的名片后，经常是随手一扔，然后某天突然想到某个人正好可以帮助自己时，却怎么也找不到这个人的名片了。所以，女人应该经常“温习”这些名片，女人还可以在这些名片的背后记录上这些人的职务行业等。以便在以后经常向对方表示问候，哪怕是最基本的寒暄，或者是一句普通的问候。这样时间一久，对方肯定也会乐意与女人交往。

如果公司有什么活动，女人可以主动邀请自己的客户来参加，也可以让客户带着自己的好友来参加，这样一来不但可以加深女人和客户之间的感情，让客户更愿意和你所属的公司进行交往合作，同时你也能结识更多对自己事业和工作有帮助的人。另外，客户如果举行什么活动，你也应该主动参加，即使是平时的一些娱乐活动，你也应该尽可能地参加，因为客户在和他的人脉相处时，也会通过一些平时的休闲活动来增进彼此之间的感情，所以

你在此时就可以认识到更多有利于自己事业的人。

当女人得到客户的信赖后,对方当然会愿意为你结识更多的客户资源而牵线搭桥。这样一来,你就不愁结识不到更多的人脉资源了。

钱没了可以再挣,但是如果女人输在了自己人脉资源的不够上,那就只能怪自己不主动了。一点点的差别,却可能书写出女人完全不同的两种人生。愿职场上的每个女人都会挖掘客户背后的人脉资源。

第15章

用好女性优势，做个睿智迷人的女人

现在的社会中，很多人都戴起了面具，他们喜欢将自己真实的面目隐藏起来，因为只有这样，才能将他们自己的真实心思掩藏在心底。对此，聪明的女人应该同样有心计，不让自己盲目地走进对方所设的圈套中。女人要想在社会上更好地立足，就应该同样懂得筹谋心计，这不是让女人要心计陷害别人，而是更好地保护自己。

感情需常常维护，才能坚定稳固

女人最珍贵的情谊就是感情，但是要想让感情长久，最重要的就是在平时不断地给感情投资，不管这份感情是恋人之间的爱情，朋友之间的友情，还是同事、客户之间的情谊。

女人在生活中应该注意维护自己的感情，就算是当初的感情很好，假如不去投资、维护它，在经过一段时间后，你会发现，基础再好的感情，也经不起时间的考验和历练。

一段缠绵悱恻的爱情，往往是最令女人刻骨铭心的。女人不要以为爱情就能经得起时间的考验，很多凄美的爱情往往就是因为女人不知道长期投资才造成的。无论两个人当时是多么相爱，在时间的面前一样会变得苍白无力。聪明的女人应该在生活中学会用爱的思想给爱做长期投资。长期投资的爱情才能更新鲜、更持久。最真挚的爱情往往不是一时激情冲动的结果，而是经过长时间感情维护，长时间的感情投资才能最终度过人生的风风雨雨，相伴到老的。

不仅爱情的维护需要长期投资，就是朋友之间的友情也同样需要投资。女人在生活中，少不了要结交些至亲好友，当女人遇到困难的时候，这些好友会在第一时间赶过来帮助女人。女人不要因此认为自己的朋友关系不管时间怎样变更，永远会一如往常。再坚固的友情，在长时间的不联系之后，同样会被逐渐淡忘，不要以为今天很铁的姐妹儿，在音信全无好久一段时间后，对你的情谊依然会像从前那样纯粹。时间的隔阂可能已经让彼此变得很陌生，友谊怎么会不淡薄呢？所以，友谊的维持，同样需要的是感情的长期投资。

女人在社会上行走，免不了要结交很多事业上、工作上、爱好上等不同领域的好友，不管对方在哪一领域和女人有交集，双方都会建立一种长期稳固的情谊，尤其是在事业和工作上对女人有帮助的人，他们往往就是女人事

业不断发展、工作不断前进的人脉资源,女人要想和对方保持长期友好的工作伙伴关系,一定要想办法稳固双方之间的情谊,最好的方法就是感情的长期投资。那么女人在生活中,如何做好感情的长期投资,让自己建立起来的这些情谊更好地维持下去呢?

首先,平时的时候,如果不方便与朋友见面,那一定要经常给朋友打电话或发短信,或者是发邮件,现在的网络如此畅通,一个电话、一个短信就可以让身隔千里之外的朋友如见其面,虽然不能面谈,但是网络上的沟通同样可以向对方传递出女人的思念和牵挂。

其次,多增加彼此见面的机会,再好的感情也经不起时间的流逝,不时的见面,可以更好地增进双方感情。如果对方有什么喜事,或者是有什么伤心的事时,你应尽可能地当面向对方表示祝贺和安慰,这样往往能让对方感觉到你的诚意和关怀。

最后,对方有什么困难的时候,女人不可以抽身而退,因为患难才能见真情,这是亘古不变的真理。当对方遇到困难时,往往是最需要帮助的时候,如果你这时候挺身而出,虽然为自己招来了麻烦,但却为自己的未来打下了感情基础,当自己在未来的某一天遇到困难时,对方肯定也会出手援助。

女人要想让自己事业上的伙伴关系更牢靠,关键的还是自己对对方来说是有一定价值的,双方的资源能够共享。所以对女人来说,最重要的就是要不断提高自己的"含金量",使自己的价值更高,这样一来,自己在人脉网上就是一个大的结点,女人和别人的感情基础才能更牢固。

总而言之,女人要想让自己的未来更辉煌,要想让自己身边的感情更稳固,最好的方法就是对感情进行长期投资。只有这样,女人的爱情才更甜蜜,友情才更稳固,合作上的伙伴之情才更坚固,由此,女人的未来才会更绚丽、更精彩。

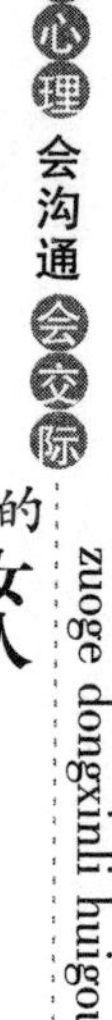

女人用似水柔情打动人心

女人在社交中,应该发挥女人柔的本性,如果说男性是以阳刚著称于世的,那么女人就是用柔情似水打动人心的。

柔的性情,让女人在社交中更能游刃有余。有些时候,刚强所不能解决的问题,在柔的感化下,可能会迎刃而解。有些人在社交中喜欢以强硬的姿态出现在众人的面前,女人在和对方交往的时候,如果以硬碰硬,可能双方就会两败俱伤。如果女人以柔的方式对待对方,用温柔的方式和对方进行交流,往往要比直接以硬碰硬的方式好。以柔克刚可以为女人带来以下好处:

能更好地说服对方:这种方式常用在谈判中,有些女人觉得谈判是不能用柔的,有些人在谈判时甚至通过提高音量的方式来增加自己的气势,以便压倒对方。谈判的成功不是靠声音的大小来决定的,更重要的还是要有有力的证据,女人用柔的方式,往往就会让人觉得有如春风化雨一般,娓娓道来的理由,条理清楚的脉络,往往更能说服对方。以柔克刚的方式不仅仅只用在谈判桌上,在平时的社交场合更加适用,女性似乎天生就是受保护的身份,女人用柔的方式和对方进行理论,就算是再强硬的男人,也会因此变得温柔起来,就算是有什么争端,也会大事化小,小事化了。

能更好地征服别人:漂亮的女人是所有异性都倾慕的对象,漂亮但是不懂得温柔的女人往往会击溃男人的好感,太野蛮的女人往往会使自己变得没有女人味。女人在使用以柔克刚的方式和别人交往的时候,更容易唤起对方对自己的好感。同时也更能博得对方的认同,这样一来,女人往往可以使自己的家庭更和睦,使邻里之间更亲和,使同事间的相处更友好,使朋友间的关系更融洽。

女人如何在社交中更好地锻炼自己以柔克刚的本领呢?

首先要锻炼的就是自己的微笑,一个面带微笑的女人往往让人觉得更

易亲近。

其次，锻炼自己的耐力。有些女人不管做什么事，都喜欢一惊一乍，这就是因为她们没有耐力、不能容忍。女人要想用柔的方式说服别人，首先要保证自己能沉住气，情绪上来的时候，不让感情冲垮自己的理智，只有这样，女人才能冷静地将事情考虑周全。也只有这样，女人才能说出令众人信服的理由。

再次，锻炼自己的承受力。不是所有的事情都是春风拂面，女人要想锻炼自己的柔，最好能够让自己做到“泰山崩于前而色不变”。这不仅是在锻炼女人的胆量，更是在锻炼女人的心志。当女人达到宠辱不惊的境界时，就能善用以柔克刚的方式了。

每个女人都应该珍视自己作为女人的资本，让女性的温柔更好地展示女性的魅力和风采。

用好女性魅力，社交更顺利容易

随着社会的发展，女人在社会上占据的地位越来越重要，参与社会交往的比例也不断增加，相比较男人来说，女人本身具有很多独特的优势。在社会交往中，女人发挥出自身的优势，在社交中才能表现得更优秀。

女人应该清楚作为女人，自己具有哪些独到的优势，以便在社交中将其不断发挥出来。

首先，女性的语言表达能力要比男性强，女性在和人交往的时候，生动形象的语言往往更能打动对方，女人的语言更有感召力和感染力，当女性用柔美的语言，甜美的嗓音和对方交谈时，很少有人会忍心拒绝。

其次，女性的思维要比男性更细腻，说话的时候，不仅会考虑到大局，更能兼顾到细节。而这些优势，在男性的世界中，却是很少见的，女性的心思细腻，能够察觉到对方细微的情绪变化，并不断调整自己的说话内容或者是语调等。而男性往往会忽视对方谈话中的细节，也许一个细节的不对，就会

中断双方的谈话。

再次,女性在交往中,不仅态度谦和,笑容和蔼,感情也要比男性丰富,女性更容易体谅别人的困难和处境,更容易为对方着想,这在社交场合很容易引起别人的好感,也会更容易和别人交往。女性的记忆力要比男人强,更容易记下和自己交往的人的姓名、喜好,以及其他一些关于对方的信息,这样做很容易给对方留下深刻的印象,为以后的交往也打下良好的基础。

不仅如此,女性天生就要比男人能忍耐。女性一般不会轻易发怒,只有当她们忍无可忍时,才会还击对方。而男人却经常控制不住自己的情感,他们经常犯的毛病就是太冲动,相比之下,女人似乎更能三思而后言。

女性比男性更感性,这也注定了女性在和别人交往的时候,要比男性更有亲和力和理解力,男性的世界经常是理智来主宰,女性的世界,似乎就更人性化,一些死的条条框框在女性的世界中是行不通的,女人喜欢跟着自己的感觉走,所以,在和人打交道的时候,不会将自己的感情拘泥于一些毫无人性的制度中。

在人际交往中,女人经常会有这样的发现,一个说话幽默风趣、落落大方的女性往往很容易成为人们眼中的焦点。而有些女人比较内向,她们认为自己很卑微,在社交中,不喜欢放开自己,让人觉得她们不善于和别人打交道,因此很容易成为别人忽视的对象。为什么同样是女人却有如此不同的结果呢? 就是因为有些女人没有发现自己作为女人身上具有的优势。女人要想在社交中更好地发挥自己的优势,就应该善于发现自己身上的闪光点。

克服自卑,让自己变得更加自信;摆脱自己的小姐脾气,让自己变得更加成熟;摆脱自己爱耍小性子的习惯,让自己变得更加沉稳。女人天生就是一道亮丽的风景线,世界因为有了女人变得更加和谐。

无数的优秀女人在世界上已经创造出骄人的成就,这些成就有些是男人都做不来的,她们因此成为全球女性的楷模,一个个平凡女性在商界、媒体界、政界等领域创造出了一个个令男人都艳羡的神话,为什么她们可以成

为鳌头，而其他女性不可以？就是因为她们善于挖掘自己作为女人的优势，不管是在什么样的社交场合，她们的表现都让人折服。

由此可见，社交中，女人的魅力不仅仅是表现在容貌上，影响人们更多的是女性身上的其他优势，只要女性在社交中善于发挥自己作为女人的优势，明天的你也许同样是社交场上的奇葩。

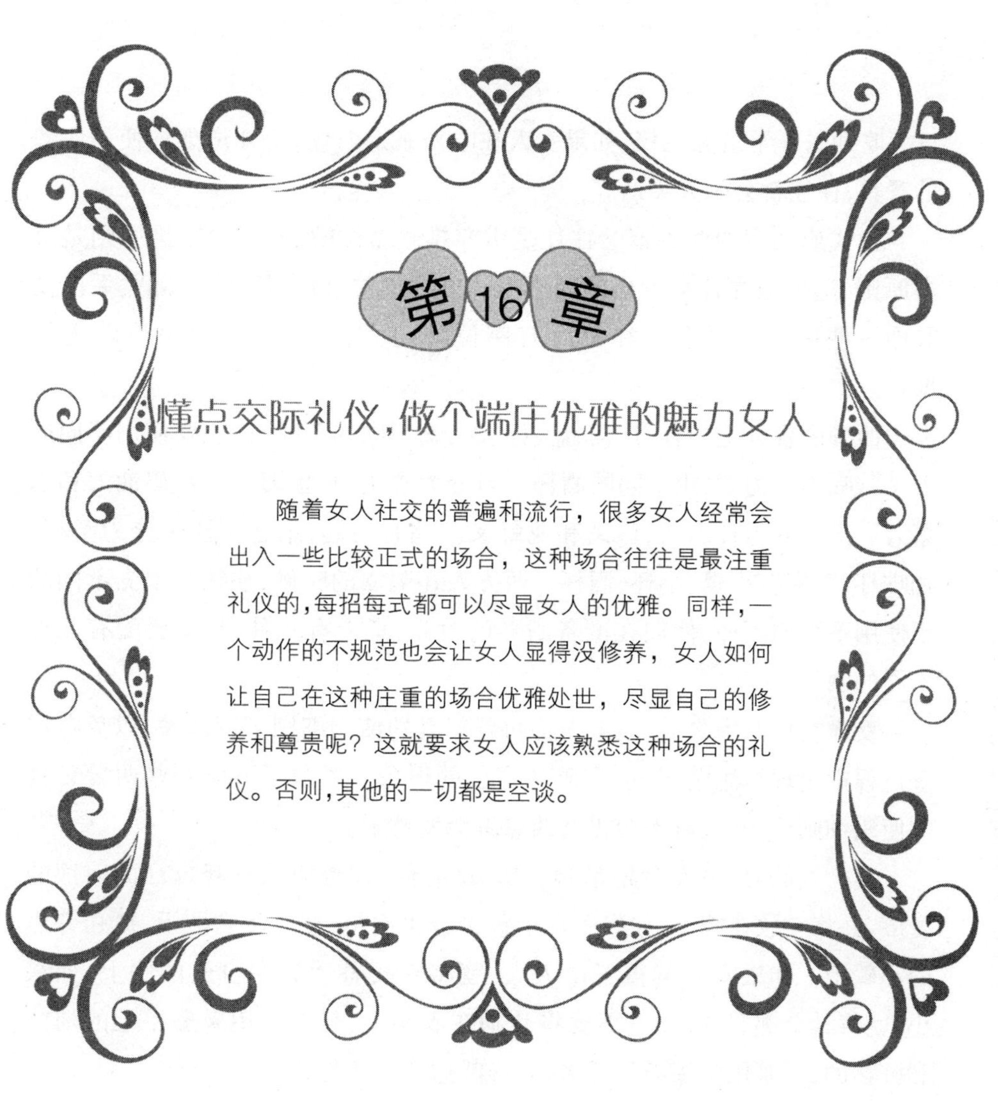

第16章

懂点交际礼仪，做个端庄优雅的魅力女人

随着女人社交的普遍和流行，很多女人经常会出入一些比较正式的场合，这种场合往往是最注重礼仪的，每招每式都可以尽显女人的优雅。同样，一个动作的不规范也会让女人显得没修养，女人如何让自己在这种庄重的场合优雅处世，尽显自己的修养和尊贵呢？这就要求女人应该熟悉这种场合的礼仪。否则，其他的一切都是空谈。

西餐餐具有讲究，学好规矩不失仪

吃西餐非常讲究礼仪，如果女人在吃西餐的时候，不知道如何使用西餐的餐具，往往就会闹大笑话。

正式或大型的西餐聚会往往是讲究排座席位的，席位的安排原则是尊右原则，这里面往往会考虑的因素有宾客的地位、政治情势、人际关系以及其他一些因素。桌上往往都设有座位牌，女人按照自己的座位牌坐好即可。

西餐的餐具主要有刀、叉、盘、杯、碟，吃不同的菜时，往往要使用不同的刀叉。喝不同的酒，用不同的酒杯。刀分为食用刀、鱼刀、肉刀、奶油刀和水果刀。叉可分为食用叉、鱼叉和龙虾叉。匙有汤匙、菜匙。杯子分为茶杯、咖啡杯，并配有小碟、小杯、酒杯。西方人在喝酒的时候，往往会根据不同的酒使用不同的酒杯，他们在准备酒杯的时候，桌上有几种酒，就会配有几种不同的酒杯。

女人在用西餐之前，应该先将西餐餐具的使用细则了解清楚，以免在用餐过程中出现尴尬情况，以致破坏自己的形象。了解了下面一些西餐餐具的使用细则后，女人就不会再为西餐聚会发愁了。

宴会开始时，主人会先拿起餐巾，这时候，你也应该拿起自己面前摆的餐巾，并将它放在腿上，如果餐巾中包裹着小面包，那就将它取下，放在旁边的小碟中。如果女人觉得餐巾太大，就将它折叠后放在自己的腿上，如果小，就将其全部展开，千万不要将其别在衣领上，餐巾是用来擦手上的油渍和脏物的，不要用来擦刀叉或者是碗碟，这是不礼貌的。

正餐的开始往往是从汤开始的，桌上摆的最大的那把勺，往往就是汤匙，女人不要错用放在桌子中间的那把匙，那可能是取蔬菜用的。

当女主人拿起匙、叉之前，客人是不能动用任何一道菜的，女主人通常是等到每位客人都拿到自己的菜之后，才开始正式用餐。当女主人拿起她

的匙、叉时，就表示客人可以用餐了。女人在使用刀叉时应该注意的是，使用刀叉的原则，一般是用右手持刀或者汤匙，左手拿叉，用手轻握在尾端，食指放在柄上。女人在用汤匙盛汤时，用右手拇指和食指握汤匙柄，手持汤匙，将其侧起，顺汤碗靠自己的方向，将汤匙伸入汤里，汤匙不可盛得太满，不可使汤滴在汤盘外面。

使用刀、叉吃东西时，应用叉子将食物固定，用刀子将食物切成小块，然后再用叉子将食物扎起来蘸上调味品食用。有些西方人喜欢先将食物全都切成小块后再食用，也有些人喜欢边切边吃，这没有严格的规定，完全是个人喜好问题，女人可以自己决定。当女人吃到一半想放下刀、叉时，应将刀、叉以八字形摆在盘中。不用刀时，应将刀横放在盘子的中央。

如果女人在用餐的时候，发现自己够不到调味品，应该请别人帮忙将其递过来，而不是俯身去取。有时候，女人在食用完第一道菜时，往往服务员会将第一套餐具撤去，并及时补上下一套使用的餐具，所以，女人在食用完第一道菜时，应该将刀叉整齐地摆在盘中，以方便服务员撤走。

在宴会上如果有鱼这道菜，它多半会在汤以后送上，桌上有食用鱼的专用叉子，这种叉子与吃肉的叉子相仿，但是要稍微小一些，鱼叉往往会放在肉叉的外侧，离盘子稍远的地方。鱼在上桌之前，往往已经剔掉了鱼骨，如果女人吃的鱼肉中还有鱼刺时，可以左手拿着面包卷，或者是一小块面包，按着鱼肉，右手拿着刀子，把刺拨开。而不是直接用手将其拿出来。

如果女人嘴里有东西要吐出来时，应将叉子递到嘴边，或用手指直接将其取出，再将其放到碟子边缘，整个过程尽量不要引起别人的注意。

当女人用餐完毕时，应将刀、叉并排横斜在餐盘上，柄朝右，这时，服务人员就会上前收拾餐具了。

女人在用完餐时，切忌用餐巾使劲擦嘴，或者是擦手，正确的使用餐巾的方法应该是用餐巾的一角轻轻拭去嘴上或者手上的油渍。

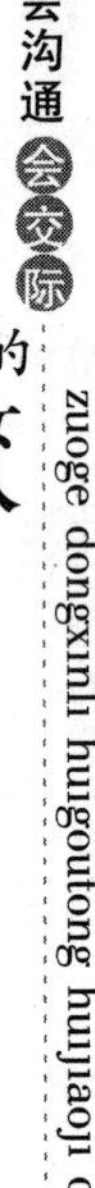

中餐座次讲规矩，女人切莫人前失礼

中国人在聚餐的时候，往往讲究座次的安排，尤其是身份、年龄、地位有所悬殊时，更注重如何坐，如果坐错了，一会显得女人不懂礼仪，二会让长者或者是地位高者觉得这是对他的一种不尊重。为此，女人应该懂得一些中餐座次的规矩。

中国的饮宴文化，源远流长，经过千百年的演进，终于形成了今天一整套饮食进餐文化，其中聚餐时的座次排序就是从古代逐渐传承下来的。

古时候的座次主要是按阶层划分，可以分为宫廷、官府、行帮、民间等。而现在的座次礼仪，则简化为主人和客人了。

女性如果去赴宴，在去赴宴之前，应该打扮一下自己，以示对此宴会的重视和尊重，然后根据自己和主人关系的远近带一些小礼品或好酒，如果对方家里有孩子的，可以为孩子带些零食或者是小玩具。不管是什么宴会，女人一定要守约，如果自己不能按时到达，应该向主人说一下缘由。如果主人家里还有其他的客人，女人可以根据自己是否认识对方来进行自报家门，或者是让主人引见，然后听凭主人的安排入座。

总的来说，中餐讲究的是，“尚左尊东”“面朝大门为尊”。若是圆桌，正对大门的视为主客，主客左右手边的位置，则以离主客的距离来看，越是靠近主客的位置，说明对方的地位越高。相同距离的位置时，左侧的人要尊于右侧。如果有正对大门的位置，则正对大门右侧的一位是主客。如果不正对大门，则面东一侧的右席是主客。

如果女人是主人，那么应该在宴会开始前提前到达，在靠门位置等待客人，并为来宾引座。假如女人是被邀请者，那就应该听从主人的安排，坐在自己应坐的位置上。

如果宴会是在饭店举行，尤其是在中低档餐厅就餐时，为了防止过往侍者和食客的干扰，通常将靠近墙壁的座位视为上座，靠过道的座位视为

下座。

如果就餐的人一共三个人，那么居中的位次要高于两侧的座位。

这些习俗，都是人们总结出来的经验，在宴会上，不可能仅仅有一席，因此，女人也应该注意多个宴席时的礼仪。

如果宴会不是一桌，桌与桌的排列也是有规矩的，首席桌应该居中，左边的应该是2、4、6席，右边是3、5、7席，根据主客的身份、地位、亲疏来坐。但是应该注意的是，各桌的主位要与主桌的主位保持同一方向。在饭店或者礼堂，如果宴会分两桌，或者是两桌以上，在排序时还要讲究桌子的大小问题，背对餐厅或礼堂的位置是正位，右边为大，左边为小，也就是中间位置的桌子应该是最大的，右边的次之，左边最小。

在一些高档的餐厅用餐时，室内往往会设置一些优美的景致或者精彩的演出，可供用餐者欣赏，人们往往会将观赏角度最佳的座位设为上座。

上面说的这些基本上都是比较正式的宴会上的座次规矩，如果举行的是家宴，一般不会有太多的讲究，座次的排序往往是按照长辈的尊卑排的。而且在家时，往往就是一台圆桌，就算是多桌宴席，往往也不会分出桌次的顺序。

知道座次如何分出主位还是不够的，关键的还是看怎么坐，什么样的人该坐什么位置，女人也应该有所了解。

一般来说，职位或者地位尊者为尊，依职位高低定座次，即以官阶高低定位，不能逾越。

在家宴中是以年龄高低定座次，作为女士，应以夫为贵，排名顺序，和丈夫相同。像这种长幼有序的座位方式在非正式场合用得比较多。

就座的时候，也是有讲究的，女人应等长者坐定后，方可入座。按照礼仪的要求，如果宴会上有女士，男士往往是等女士坐定后再入座，所以女士应该尽早入座，免得别人在一边等你。用餐时，女士的坐姿要端正，与餐桌保持适宜的距离。用餐完毕后，宾客应等男女主人离席后，方可离席。

不管是就座，还是离座，女人都应该尽量不弄出声响，这也是宴会上的一种礼貌。女人无论是赴家宴，还是赴商务宴，一定要分清自己的地位、身份，不要在这种大众场合破坏自己的形象。

懂点舞会礼仪，展现女性魅力

现在舞会对于女人来说已经不是一件很陌生的事情，无论是国际舞会，还是国内舞会，都是一个高尚、讲究礼仪的活动，舞会现在已经成为很多女人结交朋友，展示自己个性魅力的地方，因此女人一定要知道一些舞会的礼仪。

女人参加舞会，一定要知道两个方面的礼仪常识，即舞会的着装礼仪和舞会的交际礼仪。

良好的着装能很好地塑造女性的形象，女人如何让自己的着装更好地彰显个性魅力呢？

女士在参加舞会前，应该知道舞会的性质，是正式的还是非正式的，然后女性再选择出和舞会相协调的服装，女士应该选择便于舞动的裙装或旗袍，不适合穿长裤，除非长裤的设计非常精致，看起来和舞裙一样得体。搭配一双和衣服色彩相协调的高跟鞋。舞会是女士彰显自己高贵气质的舞台，所以女性还应该佩戴一些尊贵的首饰来点缀自己。在一些正式、大型的舞会上，女性的穿着更应该十分讲究，尤其是当请柬上写着请穿礼服时，女性更应该为舞会早做准备。女士在正式的舞会上，往往要穿晚礼服，晚礼服在法国的意思是：袒胸露脊。如果女性经常有机会参加一些大型的正式舞会，应该为自己备一套晚礼服，假如不是常穿的话，可以向婚纱店租一套。

不仅女性在穿着上应该注意，女性参加舞会不可缺少的还有一样东西，那就是手袋，手袋的装饰也是非常重要的，手袋的材料最好是缎子或丝绸。

女性在参加大型的舞会时，穿露肤的晚礼服时，一定要佩戴首饰，而且女性佩戴的首饰应该是成套的，如项链、耳环、手镯最好是一套。晚礼服是盛装，女性佩戴的首饰，最好也应该是珍贵的珠宝首饰，这样的首饰往往会为女性增添不少光彩。

另外，女性最好在参加舞会时携带一块小手帕，以备出汗时使用。

女性除了注重在舞会着装上的礼仪之外，更应该重视的就是舞会上的交际礼仪了。一般来说，舞会上的交际礼仪如下：

同性不宜共舞：如果是两个男性共舞，浅层含义就是他们不想和在场的每个女士共舞，也就是在向别人说他们是同性恋，同样，两个女士也是不适合共舞的，以免引起别人的误会。

礼貌接受邀请：如果女士参加舞会时，是和男友或者是伴侣一起去的，那么当别人在邀请女士共舞时，女性应该在征得自己舞伴同意之后再礼貌地接受对方的邀请。如果女人是单身参加舞会，那应该接受主人给自己安排的舞伴。当男士彬彬有礼地邀请女士共舞时，如果女士拒绝，是很不礼貌的，所以女士应该接受对方的邀请。

当两个男士同时邀请女士时，女士为了不得罪其中的任何一个人，应该选择的答案是同时拒绝对方，如果两个男士一前一后地邀请女士时，女士应该遵循先来后到的顺序，接受对方邀请，并向后面的男士说："对不起，请等下一次吧！"并且女士应该履行自己许下的承诺。

主动邀请男士：一般来说，女士是不主动邀请男士的，当对方是长者、贵宾或者是女士心仪已久的男士时，女士可以主动上前，不失身份地问对方："先生，不知能否有幸请您跳一支舞？"

切忌总和一个人跳舞：舞会上的规定是，女人和自己的男伴应该跳第一支舞，然后在第二支舞时，双方可以和其他舞伴跳舞，以便结识更多朋友。女人的舞伴越多，表明女性的魅力越大。

不要轻易拒绝别人的邀请：舞会本来就是一个交友的场合，所以女性在舞会上不应该轻易拒绝别人的邀请。当对方是个自己感觉不佳的男士时，女性在拒绝对方时，应该注意自己的礼貌用语，委婉地拒绝。

随时保持优美的姿态：舞会上的灯光往往是昏暗的，非常朦胧，男性看女性也只能是看见朦胧的形态，所以女性应该时时注意自己的优美姿态。

尊重主人为舞会所做的安排：不管是当面，还是背后，女人都不能对舞会的安排进行批评，不要随便改变舞会的安排，也不要因为个人的兴趣随意

延长舞会的时间。如果女人想提前离开舞会,可以悄悄地向主人告别,不要高调地告诉众人自己要离开,以扫别人的兴致。

女人在参加舞会时,如果注意到以上这些细节,就会在舞会上表现得更加出彩,给别人留下深刻的印象,尽显自己的个人魅力和良好形象。

女人拜访他人,要显示真诚并礼数周全

拜访他人是一件看似寻常、简单,实则十分讲究的事。拜访的礼仪是否得体,往往会影响到女人给对方留下的印象,并直接影响到以后的交往。如何让自己拜访别人这个工作做得又好又能达到自己想要的结果呢?为此,女人应该了解一些关于拜访的礼仪知识。

拜访通常分为商务上的正式拜访和家庭中的非正式拜访,不管是哪种拜访,女性都应该注意自己的礼仪。

女人在拜访别人前,应该事先和对方约定好,以免自己扑空,或者是打乱对方的计划。女人不管是拜访什么人,都应该按时赴约,拜访时间的设定应该根据自己的拜访目的和主人的时间而定,拜访通常是宜短不宜长的。尤其是主人还有其他的事要忙的时候,一看到对方有终止拜访的意愿时,女人就应该及时终止自己的拜访,可以另行约定时间进行下次的拜访。

在上午拜访时,女人经常会碰到这样的情况,接待者在约定好的拜访时间因有事而脱不开身,当这样的情况发生在你身上时,你应该另外派个人,并让拜访人员在客厅或者是会议室,安静地等候。你如果是拜访人员,此刻应该听从接待人员的指示,安静地等候,如果对方没有说“请随便参观参观”时,女人就东张西望,是很不礼貌的。

在拜访时,如果女人和前来拜访者的意见不一致时,不应该和对方争论不休,而应该对拜访者的拜访表示谢意,把彼此观点不同的问题绕过去暂不讨论。虽然双方的观点不一致,但是这并不影响双方之间的感情。女人在拜访别人时,应该仔细观察对方的表现,识趣地按照对方的话题走。当对方的话题

离自己的谈话目的越来越远时，你可以适当地转移话题，但是生硬地转移往往会让对方不高兴，所以你在转移话题时，应该注意转移的技巧，不要弄巧成拙。

女人在拜访别人的时候，举止应该优雅，谈吐应该文雅，不能乱动主人家的东西，不能斥责对方的孩子。在和主人交流的时候，对主人的家庭情况可以略做了解，但是不应关心过度，反复盘问，否则会有追究对方隐私的嫌疑，会引起对方的反感。女人拜访别人的时候，切忌信口开河，滔滔不绝，而应该仔细观察主人的神色，再决定自己该聊什么话题。

拜访虽然是向对方表示自己的诚意或表达自己的目的，女人应注意的是，不要忽视自己的细节。表现再好，语言再柔顺，态度再谦恭，如果细节没有注意到，一样会给对方不好的印象。如何注意细节呢？如到达拜访人的所在地时，应该轻敲对方的门，或者是按响对方家里的门铃，等对方来接你，而不是直接推门而进。进屋后，等主人安排就座后再坐下，当后来的客人到达时，女人可以站起来，向对方点头示意，这也是一种常见的与陌生人打招呼的方式。和被拜访者告别时，礼貌用语是少不了的，应和客人、主人一一告别，向他们说“再见”“请留步”等。

女人不仅会拜访自己熟识的人，有时候，甚至会拜访一些国际友人，女人在拜访国际友人时，因为双方的文化习惯不同，所以之间难免会有一些差异，但是女人在拜访国际友人时，同样应该注意的是，自己的言行举止应该落落大方，举止文明，不让对方产生误解。礼仪讲师谭小芳表示，女人在拜访国际友人时，为了让自己不失礼仪，应该随身携带一些备用的物品，纸巾、擦鞋器、袜子和爽口液，简称涉外拜访四设备。入室后，女人还应有四除去：帽子、墨镜、手套和外套。

拜访他人从小处来说，它直接关系到的是女性的个人形象。往大了说，它可能直接影响到公司的形象，进一步影响到公司的业绩。往更大了说，它影响的可能是一个国家的形象，影响到国人在其他外国友人心中的形象。

所以，女人不管是拜访工作上的伙伴，还是拜访家人、朋友，一定要做好的就是自己的礼仪要正确，不让对方在拜访礼仪上给自己挑出毛病。

敬酒拒酒有学问，女人不可不知

有时候，喝酒不仅可以增进双方之间的感情，还可以缩短彼此的距离。很多时候，同学、朋友聚会的时候需要喝酒；与客户谈生意、吃饭的时候可能需要喝酒；有些公司会在平时也会举行一些庆祝酒会，因此，女人应该知道一些敬酒的礼仪。

敬酒应按年龄大小、职位高低、宾主身份来分出敬酒的先后顺序，分清主次。即使对方是女人不熟悉的人，也应该事先打听清楚对方的身份，或者对方的名号，避免在交流的时候出现尴尬情况，或者伤害彼此的感情。如果宴会上有自己有事相求之人，你自然应该对对方非常恭敬，但是不能因为恭敬对方，而忽视了宴会上的其他长辈和身份更高的人。所以，就算对方是对自己有帮助的人，也要先敬席上更高身份或者是地位更高的人。

女人在敬酒的时候，上身应该挺直，双腿站稳，双手举起酒杯，等对方饮酒时再跟着饮。女人敬酒时态度要热情大方。在规模盛大的宴会上，如果你是主人，还要依次到各桌上敬酒，每桌也会派遣出一位代表，到主人的桌上回敬你一杯。正式的宴会中，主人皆有敬酒之举，如果你会饮酒，就应该回应对方的敬酒。

敬酒就是要向对方表示你的诚意，适可而止就可以了，不要诚心将对方灌醉，也不要偷偷地向对方的饮料里掺上烈性的酒。因为有些人可能是不能饮酒的，所以当对方一再婉拒你的敬酒时，你就应该点到为止。

女人在酒桌上，仅仅知道敬酒的礼仪是不够的，也要知道拒酒的技巧。酒具有两面性，虽然说饮酒可以增进双方的感情，消除双方之间的隔阂，可是饮酒过多就会伤身，尤其是对女性来说，饮酒过多，更是不利于自己身体健康的。所以聪明的女性，在酒席上既要知道如何敬酒，更要知道如何让自己少饮酒。

宴会上女人拒酒可以有三种方法：第一种方法是主动要一些非酒类饮

料，并向别人说明自己不饮酒的理由，比如自己身体不舒服，或者是自己对酒类过敏等。第二种方法就是让对方在自己酒杯里倒上一些酒，然后用手轻轻推开酒瓶，按照喝酒的礼节，像这种酒，女人是可以不用喝的。第三种方法是，当敬酒者向你酒杯里倒酒时，你可以用手轻轻敲击酒杯的边缘，这种做法的含义就是“我不喝酒”。当别人热情地向你敬酒时，你不要东躲西藏，也不要故意将酒杯倒过来，甚至是将对方倒的酒直接倒在地上。这样做都是很不礼貌的。

女人拒绝别人的敬酒，本来就有违对方的心意，所以在拒绝对方敬酒的同时，应该说几句圆场的话，不要让对方陷入尴尬的场面。女人可以委婉地向对方表示自己不喝酒并不表示双方的感情差。所以，女人在拒酒的时候，应该适当地说些拒酒词，既让自己拒得有理由，也让对方被拒得有面子。

比如当别人向女人敬酒时，假如女人的确不会饮酒，这时候不妨说服对方以茶代酒。女人可以借对方敬酒的同时问道：“我俩有没有感情？”如果对方说有，女人可以说：“只要感情有，喝什么都是酒。感情的基础就是理解对方，现在你也应该理解理解我。”这样一来，对方肯定不好意思再强迫女人必须喝酒了。

不管是在什么酒宴上，女人要想让自己表现得体，喝酒的时候不失风范，就应该熟悉喝酒时的礼仪和拒酒时的技巧，巧妙地让对方喝掉自己敬的酒，同时用巧妙的技巧，让自己摆脱被灌醉的下场。

礼物不要随便送，精心挑选表诚意

女人和别人相处，在恰当的时机送上一些自己精心准备的小礼物，往往会让对方感到舒心。精心的礼物可能不是很贵重，但是只要恰到好处，对方一定能看出女人的诚意。

女人如何送礼物，是一门艺术，女人所接触的人是形形色色的，双方之间的感情也是千差万别的，针对不同的人，女人所送的礼物也是不同的。在

和别人的相处中，女人如何让自己所送的礼物，既能表达出自己的深意，又能让对方接受得欢心呢？

送礼物是一门学问，不管是和领导的上下级相处，和自己的朋友亲密相处，还是为了讨得自己的爱人更加欢心，这里面都会牵扯到如何送礼物的问题。所以，为了让自己的爱情更甜蜜，让自己的友情更坚固，让自己的工作更顺利，女人一定要掌握送礼物的技巧。下面的这些技巧，可以帮助女人更好地选择自己要送给别人的礼物。

(1)了解对方的品位。女人要想送给对方礼物，首先应该清楚对方是个什么样的人，什么样的礼物是和对方搭配的，假如女人选的礼物是和对方的身份相差悬殊的，那么非但不能表示出女人的诚意，还会让对方非常反感。

(2)不可包含任何动机。女人送给别人礼物，应该让对方感到的是真诚，而不是别有用心，假如女人送的礼物，含有影射意义或者是其他意思的时候，女人最好还是不送为好。

(3)无论女人送给什么人东西，也不论对方和自己的交情怎样，女人首先要保证的是，自己送给别人的东西是新的，不是二手货。

(4)女人送给别人礼物的时候，最好是发挥自己的想象力，送给别人的礼物，最好是有纪念意义的东西，是让对方能时时将其拿出来，并能让对方时时想起女人的东西。

(5)送给别人的礼物，无论是女人花多少钱买来的，女人切记，将礼物送给对方时，一定要将上面的标签撕下来。有些女人认为自己送给对方的礼物是个好东西，上面的明码标价可以让对方看出自己的诚意，其实这种做法往往会让对方觉得反感，对方会认为女人这样做是别有用心的，或者是让对方认为女人这样做，目的是想让对方按照同样的标准回赠给女人。这样的礼物，会有几个人愿意接受呢？

(6)女人要想送给别人礼物，千万不要忘了要有个漂亮的包装，不仅礼物的内容重要，一个好的包装形式，也是很能影响人的。所以，女人在送给别人礼物时，不妨将礼物的包装做得漂亮一点，这是很能吸引人眼球的。

(7)送礼物一定要分清对象，先看清对方是什么身份的人，如果对方是个女士，那可以选择一些好的装饰品，如耳环、口红或者是手镯等，或者是手机、衣服上的挂饰等，这些东西很能讨得对方的欢心。如果对方是个男士，女人在选择送的礼物时，可以选择手表、剃须刀等东西。女人应该注意的是，如果对方和自己的关系只是一般的朋友关系，女人送给男人的礼物千万不能选择领带和腰带，因为它们的深层含义往往是拴住男人。

(8)女人送给别人的礼物，最好不要选择服装、鞋子之类因人而异的东西。首先，因为女人不知道对方穿什么号码或者是对方脚的尺码是多少，假如买的衣服、鞋子正好适合对方，对方可能会十分欢喜，假如女人选的衣服无论是款式，还是尺码都不能让对方满意，那女人送的礼物就算是白送了。

(9)送礼物要选择合适的时机，不要想到对方对自己有帮助时，才想到给对方送上礼物，这样做很有可能使对方因此而不接受女人的礼物。送礼物不一定非要讲究什么时间，假如女人觉得对方对自己有帮助，应该在平时就将礼物送到，而不是在需要帮助的时候再送，平时多送几次，真正需要帮助的时候，可能就不需要送礼物了。

所以，女人要想送给别人合适的礼物，就应该了解清楚这些送礼物的学问，懂得了这些，女人送给别人的礼物才会使他们舒心。

接打电话需注意，语速语气显礼仪

现在，打电话是一件再平常不过的事了，但是打电话并不是一件简简单单的事，打电话可以说是一门艺术，要想让自己打电话打得顺畅，就应该注意打电话时的一些礼仪和技巧。

女人应该知道虽然自己和别人打电话，虽然拿起的是一部无生命的设备，但是和女人交谈的对方却是活生生的人，女人和对方交谈的重点还是思想上的交流，语言上的沟通。所以，女人虽然是通过电话和对方进行沟通，但是应该让自己表现得和面对面的交流一样。女人为了在打电话的时候给

对方留下一个良好的印象,女人应该做好以下几个方面。

(1)接电话的第一声很重要:我们都有这样的经验:当我们接电话的时候,如果对方的声音甜美亲切,我们往往会对对方的印象不错,因为对方的声音给了你一个好印象。同样,女人在和别人通电话的时候,也应该让自己的声音甜美、亲切起来,另外还要注意让自己的声音悦耳,吐字清晰,语言文明。

(2)迅速准确地接听,当有电话铃响起时,女人应该尽快将电话接起来,也许对方正有急事找你处理。如果电话一直在响,但是始终无人接听,就会让对方很急躁,从而会影响电话这头的你或者你所在的公司在对方心中的形象。如果你的桌子上放着好几部电话,在电话响起的瞬间,你应该尽可能地接起电话,哪怕是告诉对方待会儿给他回过去,都比让电话一直在响要好。

(3)用喜悦的心情接听电话:电话交流虽然不是两个人面对面交谈,但是女人的心情同样会通过电话向对方传递过去,有可能是通过语言、语速或者是语调传递的,这些声音的变化,往往也会影响对方的情绪。假如对方心里本来是高兴的,但是你电话中的语气如果不是很高兴,那么很有可能会影响对方的好心情。为了避免这样的事情发生,女人在接电话的时候,不管自己的心情如何,都应该让自己保持一份良好的心情和对方进行交流,毕竟自己的坏心情和对方是没有关系的,对方没必要为女人的坏心情买单。

(4)端正坐姿:一个人的举止、姿态有时可以影响一个人的语气、语调,比如,如果女人打电话的时候是弯腰蜷在椅子上,那么对方听到的声音就很可能是慵懒的,甚至是无精打采,没有生气的;如果女人坐姿端正,那么发出的声音往往就是悦耳的,也是充满活力的。

(5)认真清楚地记录对方在电话中说的重要信息:对方在电话中说的重要信息可以概括为“5W1H”,分别是:When(何时)、Who(何人)、Where(何地)、What(何事)、Why(为什么)、How(怎样做)。女人在接电话的时候一定要记录好这些资料,按照这样的方法记录电话内容,就会既简洁又完备。

(6)注意挂电话时的礼貌:挂电话时,如果女人的条件允许,最好是等对方说出挂电话的要求,然后等对方挂掉电话之后再将电话挂掉。如果不管对方有没有说完,就武断地挂掉电话,是很失礼的。

女人打电话的时候,如果能够注意到这些细节,那么打起电话来往往会越打越舒畅。

第17章

交际阳光心态，女人善待自己担待他人

女人要想让自己处世愉快，要想让自己的生活更加阳光，最基本的保障就是要有一个阳光的心态，一个乐观的生活态度，没有阳光的心态，女人的生活不会阳光；没有阳光的心态，女人的生活不会快乐，因为心态决定一切。每个女人都希望自己的一生快快乐乐、无忧无愁，生活中如此多的琐碎让女人烦忧，女人要想让自己乐观处世，最重要的就是让自己有个阳光处世的心态，只有这样，女人才会活得快乐。

女人要大气，豁达生活少计较少算计

在很多人的印象中，女人似乎天生就是喜欢斤斤计较的人，而男人天生就是大大咧咧的人，不会将一些小事放在自己的心上。女人如果想让自己的生活变得更加阳光，就应该改变自己斤斤计较的习惯，做个大气女人。

斤斤计较的女人身边往往不会有真心的朋友，就算是有朋友，往往也是和她一样斤斤计较的人。斤斤计较的女人往往说话都比较刻薄，不是出言讽刺别人，就是故意从对方说的话中找出漏洞，借此攻击对方。斤斤计较的女人喜欢占便宜，哪怕是微不足道的小便宜，就是花再大的力气，就算是冒点风险，她们也是要将其得到的。

和斤斤计较的女人相反，大气的女人身边往往不缺朋友的陪伴，和她打交道的人，都会从女人的大气中感觉得出女人性格的豪爽，做事的大度。大气的女人，因为不会斤斤计较自己的利害得失，只要自己损失的不是很多，她们根本就不会将其放在心上；对于别人不小心犯的错误，大气的女人通常不会将其放在眼里，更不会因此而大做文章，将对方的一切努力全都否定。正是因为女人的大气，所以她的生活会变得更阳光，更洒脱，同时也更舒心。

美国心理学家威廉通过多年的研究，用铁的事实证明了，凡事太过斤斤计较的人，往往都是不幸的人，她们很多都是多病的或者是短命的。其实出现这样的情况，我们是可以理解的，太过斤斤计较的人，大部分都会患有严重的心理疾病。因为爱计较的天性，所以她们喜欢将自己的注意力集中到一事一物的纠缠中，这就会让自己变得非常焦虑。因为斤斤计较，所以这些人在看待周围的事物时都是用不满的眼光，因此她们经常会和别人闹意见，甚至因为对方和自己的分歧，使自己心里充满了冲突。因为爱计较，因为经常和别人闹矛盾，所以很多事情都会被她们郁积在心里，久而久之，便成了心理上的忧患，她们很难让自己从这些忧患中解脱出来，因为她们放不下自己的成见，放不下自己斤斤计较的毛病，于是她们的生活变得越来越不尽如

人意，越来越不愿意接触别人，尤其是陌生人。因为斤斤计较，所以她们经常看不到生活中阳光的一面，所以她们眼中的世界，往往是阴暗的，让人厌恶的。威廉还发现，太爱计较的人，往往会得一些类似的病，比如经常会失眠，有消化系统的疾病以及神经性、皮肤性的疾病。

知道了上面这些信息后，女人可以知晓斤斤计较对自己的身体是有百害而无一利的，所以，为了自己的健康，女人首先应该摆脱自己斤斤计较的天性，让自己做个大气的女人。如何让自己变得大气呢？

对那些看不惯的事、看不惯的人，女人可以换一个角度重新认识此事、此人，也许就不会让自己斤斤计较了；女人在平时的时候多和自己的朋友相处，自己的心情就会变好，和朋友的相处会让自己的心境更加宽广，朋友的大度也会让女人渐渐改变自己自私自利的心境，让女人逐渐摆脱斤斤计较的习性，变得大气起来。女人还可以在平时多读一些放松心灵的好文章，让自己从书籍中汲取利于自己身心的营养，让自己的视野跟着作者不断扩大，让自己的情感在作者的诉说中解脱，让自己的心灵不断净化。

女人要想让自己的生活变得更加精彩，要想让自己的生活变得更加简单快乐，要想让自己成为一个受人欢迎的人，就应该让自己摆脱斤斤计较给自己的桎梏。只有这样，女人才会真正给自己解压，让自己变得越来越大气。

女人要开心，不为生活的小烦恼所困扰

法国大作家大仲马曾经说过：“人生是无数小烦恼组成的念珠。”一句话就说明了烦恼在人的生活中无处不在，但是为什么有的女人就可以生活得很开心，有的女人就整天的闷闷不乐呢？

生活中经常会有很多事让女人变得烦恼不堪。生活中的烦恼积压过多，女人压在自己身上的包袱就会越来越重。这不仅会影响到女人日常的生活，更让女人的生活态度发生改变，由原来的热爱生活，变成后来的厌恶

生活。因为烦恼过多,女人在生活中,根本就看不见自己生活的乐趣。时间一久,女人就会成为一个不快乐、不开心的人。

女人想让自己过什么样的生活,关键还是自己说了算,一个整天闷闷不乐的女人,生活乏味单调得犹如一潭死水。而一个快乐的女人,生活处处洒满阳光,就算生活中有很多事情是自己不能改变的,但是她们能摒弃生活的烦恼,让自己活得处处充满精彩。

要想让自己的生活变得快乐起来,女人应该学会给自己减压,让自己学会摒弃生活中的烦恼。摒弃生活中的烦恼,不是让女人变得神经大条,任何事得过且过,而是让女人放弃生活中那些恼人的小琐碎,为自己找片晴朗的放松心灵的天空。

女人怎样做才能让自己摆脱生活中那些让自己困扰的烦恼呢?如何才能让自己变得开心起来呢?

很多女人之所以让自己生活在一堆烦恼中,就是因为自己舍不得放开自己的心,总是将眼光定格在那些让自己生气、烦闷的一刻。假如你因为老公天天回来很晚,家务活都不知道帮女人分担一点而使你心烦。你可以想:正是因为你老公的艰辛付出,你才能有现在生活的经济来源,整个家庭的运转才得以维持。如果你是因为朋友经常在他有困难的时候才想到你,从而给你的生活添了不少麻烦而烦忧的,那你可以这样想:谁都会有遇到困难的时候,朋友在这时想起自己,说明朋友没有忘记自己,没把自己当外人……

生活中的很多事情都是具有两面性的,女人如果仅看到生活中不好的一面,自然心情就好不了。如果女人能从看似不好的事中解读出它的另一面,那么自己就能天天怀有一个好心情,能让自己天天面对的都是新生活。

所以,女人要想让自己摆脱生活中那些琐碎的烦恼,就应该给自己找到解压的办法,不要再用以往那种一成不变的眼光看待自己身边的人和事,对待某些事不要太计较,对待某些人不要太苛刻,就算是遇到一些令自己心烦的事,假如自己能够改变,那就尽量改变,假如自己无法将其改变,那就换个想法接受好了。

将太多的事积压在心里,时间一久,女人就会生出各种病,心情好才是身体健康的保障,所以,为了让自己心情愉快,女人首先应该将生活中的小烦恼摒弃掉。

女人要感恩，对身边的一切心存善念

西方人经常将十一月的第四个星期四定义为感恩节，就是经常提醒自己要感恩，虽然在我们中国还没有这样一个节日，但是每个女人都应该有颗感恩的心，感谢自己身边的一切。

每个女人从自己出生为人，直到自己离世的那天，都应该学会感恩，感谢父母给了自己生命，感谢老师教会自己了很多的知识，感谢社会提供给自己一个安静祥和的生活环境，感谢好友给自己的帮助，感谢单位或公司给自己生活的保障，感谢陌生人给自己的帮助，感谢爱人给自己的真爱，感谢孩子给自己的敬爱……女人生活在世，没有一天不是需要和别人打交道的，所以，每个女人都应该有一颗感恩的心，对自己身边的一切都持有感恩的态度，让自己做一个幸福的女人。

人生的道路曲折漫长，女人不可能孤家寡人地过一辈子，也不可能自给自足地生活一辈子，女人要想生活，要想发展，就免不了要受到他人的帮助，与此同时，也应该懂得感恩。

女人年少时，是父母的含辛茹苦才将你培养成一个大姑娘，遇到困难，父母总是宁肯苦了自己，也不让你受到一丁点的苦，就是父爱和母爱的伟大，女人才能有个无忧无虑的童年，才能有个温馨的家。是老师的无私，将自己所会的知识，耐心地传递给了你，你才能不断接受更高的教育，跨进更高的学府。因为爱人的真爱，你体会到了爱情的甜蜜，爱情的真挚，为了你，爱人可以赴汤蹈火，可以经受任何的苦难，可以让他自己压力重重。是孩子的来临，让你体会到作为母亲的幸福，是孩子的来临让你变得坚强。……

学会感恩，女人就会发现身边的很多事都是需要我们珍惜的，就像自己整天无视的生存环境，如果没有革命先驱的英勇奋斗，也许女人还生活在以往的处处征战、百姓生灵涂炭的水深火热中。学会感恩，女人就会知道自己身边的一切都是应该值得珍惜的，因为它们并不是天生固有并永世长存的，

就像你的父母，他们辛苦地将你养大，但是可能还未见到你的报答，因为某种不幸而失去了生命。懂得了感恩，女人就会在任何时候都能向父母尽孝，而不是“子欲养而亲不待”。

学会感恩，女人会发现生活变得更加简单，更加快乐，自己的人缘也会越来越好；学会感恩，女人就会觉得生活更加有趣，而不是觉得生活杂乱无章，因为生活本来就是由琐碎组成的；学会感恩，女人就不会过分地苛责别人，就不会让自己随时不满了。

感恩生活赐予自己的一切，女人就会更加热爱生活。感恩挫折磨炼了女人的坚强，感恩苦难造就了女人一颗坚强的心，感恩竞争让女人的知识和能力不断飞升……

女人能够以人的身份活在世上，本来就是一种幸运，当女人匆匆离世的时候发现自己整天生活的不快乐，不是谁对不起自己，就是谁做了什么事伤害了自己，自己脑海中的一切都是对生活的怨恨，到头来女人才发现自己的一生根本没有任何的快乐可言，那这一生可真算是白活了。女人应该在有生之年，知道阳光的祥和，知道大地的宽容，知道海洋的浩大，知道森林的神秘。只有感恩，女人才能感受到大自然的恩赐；只有感恩，女人才能感受到人间的美好；只有感恩，女人才能知道很多人是自己一生中应该珍惜的人；只有感恩，女人才能知道，自己的一生，是快乐的一生。

愿天下的每个女人都是一个会感恩的人，愿天下的每个女人都是快乐的人。

女人要放松，会工作更要会休息

现在的女人，很多都是要在社会上打拼的，不管是为自己，还是为了家庭，因此现在很多女人每天面临着巨大的压力。很多女人白天废寝忘食地工作，晚上还有可能会连夜加班，繁忙的工作让女人每天像个陀螺一样转个不停。短时间这样拼命地工作，女人的身体可能还接受得了，长期这样工作

下去，女人就是在透支自己的生命。

聪明的女人不是那种整天废寝忘食，让自己忙得连休息时间都没有的女人，而是那些既会工作又会休息的女人。只有这样的女人，才是会享受生活的女人。

人们经常说的一句话就是不会休息的人，就不会工作。这句话虽然简短，但是里面涵盖的道理却是非常明白的，假如女人为了工作占用了休息时间，那么女人的工作时间就会让休息占用，就算女人想尽千方百计让自己在工作的时候不犯困，但是因为自己没有休息好，女人的精神状态肯定不好，自己根本就无法理智、清晰地处理每个问题，更不要说集中精力做好每项工作了。因为休息不好，女人的工作效率会变得非常低，女人的工作热情也会大大下降，同样，女人出错的概率也会大大增加，这些都是一连串的连锁反应，要想改变这一局面，女人最好的方法就是每天保障自己有个适宜的休息时间，让自己有个良好的睡眠。

女人为了让自己的工作变得更高效，首先应该保障的是自己有个好睡眠，让白天的繁忙，白天的紧张，白天的疲惫，能在夜间的睡眠中得到休息，让自己疲惫的大脑在此刻有个好的调节，为第二天的工作养精蓄锐。有些女人经常在休息的时间难以入眠，因为自己的工作压力大，自己时时担心第二天的工作会做不好，因此自己根本无法入睡。如果女人正经受这种痛苦的折磨，那么以下小建议也许会帮女人解决掉这种烦恼。

每天八点钟之前关掉电脑和电视，让自己不要再想工作上的事情，因为电视和电脑的辐射往往会驱散女人的睡意，让女人无法尽早入眠。将闹钟定好后，放在自己看不到的地方，以免因为总想看时间而增大了自己睡眠的压力。将闹钟放在女人看不到的地方，还会让女人忘掉时间，更快地进入睡眠。睡觉前，将房间的温度调到合适的温度，不要太热，也不要太冷，合适的温度更有利于女人的睡眠。适度锻炼，做一些有氧活动，注意活动不要太剧烈，只要自己能感到适度的疲劳就好，适度的锻炼既能让女人发泄心中的情绪，也能更好地促进女人入睡。

女人应该知道人活一世，不仅仅是为了工作，除了工作，女人一生中还有很多事情要做。女人人生的价值，也不仅仅是只能通过工作才能得到实

现。工作仅仅是女人生活中很小的一部分，有些女人一生都在兢兢业业地工作忙碌中，也许自己在工作中的确取得了很多傲人的成就，但是自己在回首一生的时候，就会发现，为了取得工作上的这点成绩，自己付出的代价实在是太多了，身体累垮了不说，很多人生乐趣，自己也没有机会去体验。

有些女人将工作看成是自己生命中的一切，其实不然，工作对很多女人来说，仅仅是为了更好地生活，但是工作还应该有更多的含义，因为它可以帮女人完成更多的富有意义的事情。如果女人仅将自己的眼光盯在工作上，就会让自己生活的圈子变得越来越狭隘，甚至到最后忘了自己工作的目的是什么。

现在社会上经常报道一些英年早逝的人，明明他们可以为社会作更大的贡献，为什么会早早地逝去？就是因为他们不知道合理的休息，过度透支了自己的身体，这不仅是家庭的损失，也是国家的损失。这些人的英年早逝应该为女人敲响警钟，自己的身体是最重要的，没有健康的保障，其他的一切都是空中楼阁、天方夜谭。

女人为了让自己的工作越来越好，自己的事业越来越强，不断地努力工作是很正常的，但是努力工作，不代表拼命工作。会休息的女人才会更好地工作，因为她们会将工作和休息的时间安排妥当。

既会工作，又会休息的女人才是一个真正会享受生活的女人，真心祝愿天下每个女人都是一个会享受生活的女人。

女人要做梦，有梦想才有追求的动力

人人都希望让自己的一生过得精彩，女人也不例外。但女人如何才能让自己的生活过得有意思，过得更精彩呢？正确的做法应该是让自己心怀小理想，每天充实地生活。

理想这个词，对我们来说并不是一个陌生的词，从小老师就教导我们做个有理想的人。理想是我们小时候成长的动力，现在，理想同样可以成为我

们生活的动力。结婚成家不是女人的终极理想，她只是女人一生中必经的一个阶段。真正的理想会成为女人生活的动力，是女人拼搏的方向，它甚至影响女人的生活，主宰女人对生活的态度。

要知道，理想不是幻想，理想和幻想的最大区别就是，幻想往往是经过女人的努力却无法实现的，其实现的概率很小，而理想扎根于现实，是女人根据自身条件、外界环境、社会因素、家庭条件等所有的因素综合考虑后，才萌生出的一种对美好生活的渴望和对未来的期待。

女人有了自己的小理想，就不会总是面对大把大把的时间而不知道如何消磨了。一旦心中拥有理想，自己做事就会更有动力，因为每时每刻的努力都是在向理想靠近，自己前进了一小步，离梦想的距离就会更近一步。每天一点小进步，会让女人欣喜若狂；每天一点小进步，会让女人觉得生活没有虚度，因为留下了自己的痕迹。这些小进步积累到一定程度，可能就是女人理想实现的一天。

女人应该让自己有个小理想，哪怕这个理想只是想让自己的生活变得不再那么悠闲，不再那么单调，不再那么无聊。女人可以将自己的喜好作为理想，为了让自己的摄影更加精彩，为了让自己的歌声更加嘹亮，为了让自己的书法更加遒劲，为了让自己的瑜伽更加自如……任何一个目标在未实现以前都可以作为女人的小理想，都可以让女人的生活变得更有动力。

有些女人抱怨自己的生活没有理想，甚至就算是有理想，那也是不能实现的，因为自己的理想是和工作相矛盾的，总不能因为要实现自己的理想，就将工作丢了，就将饭碗扔了吧？其实这是一个误区，谁说理想就一定是和工作相矛盾的？理想的范围很大，工作为何就不能成为女人每天的理想？工作的时间似流水一样匆匆而过，如果女人认为工作是和理想脱节的，那女人的年华就会在千篇一律的工作中逝去。如果女人将自己的工作当做自己的理想，那么每天的工作都是特殊的，每天都会在工作中有新成就，每天都会发现工作中的新乐趣，不断坚持下来，女人也会在工作中实现理想。

愿天下的每个女人都是一个有理想的女人，哪怕这个理想小得说不出口，没关系，只要它能让女人觉得自己生活充实，那它同样是个大理想。

女人要豁达,学会取舍和放弃

女人一生在世,总要经历很多事情,如果每件事女人总是追求完美,就会将自己搞得筋疲力尽,还有可能会费力不讨好,最后什么事都做不好。人生路漫漫,女人要想追求到自己真正想要的,那就得学会放弃,放弃那些对自己无谓的东西和无谓的人,做个达观女人。

有些女人之所以不愿放弃,就是因为自己想拥有得更多,就是因为这个也不想放弃,那个也不舍得丢掉,时间一久,压在女人身上的东西就会越来越多。如果女人什么都不想放弃,则堆积在心里的事情就会越来越多,就会给女人造成更大的压力,女人的压力一大,自然就会增加心理的焦虑。如果女人事事都追求完美,最终只有一个下场,那就是将自己搞得越来越疲惫,最终还什么事情都做不好。所以女人要想让自己有更多的时间和精力去做自己应该做的事情,就应该分出什么事情是主要的,必须要做好;什么事情是无谓的,自己是可以放弃的,将这些事情想清楚以后,女人做事的时候就会有的放矢了。

女人应该明白,不是所有的东西都是女人所能拥有的。无谓的坚持叫固执,无谓的坚信叫顽固,无谓的爱情叫痴迷。女人不是一个储物器,也不是一个收容所。女人总是在经过很多事情之后,蓦然回首才发现,原来自己当时真的很傻,明明知道没有结果,自己还一再往下陷,到最后,受到伤害的还是自己。

放弃并不代表失去,有时放弃是为了另外一种收获。理智地放弃那些对自己无谓的东西,是一种明智。很多女人之所以不会放弃,是因为自己太自信,自信自己的观点是正确的,自信自己的做法是正确的。可是在自己正确的想法和做法下,正确的结果却始终没有出现,这难道不令人匪夷所思吗?所以女人在做决定的时候,千万不要因为太自信而忽视了其他人的作用,就像一个集团、一个公司的运行,集思广益方能做出正确的决定,毕竟一

个人的思路太狭隘,总是会有些地方被自己忽视掉。无谓的坚持只会让女人更受重创,所以女人不管做什么事情,不管自己做成的把握是多大,如果发现达成自己的目标是一件极困难的事情,那就应该尽早学会放弃,转而去做自己有可能成功的事情。要记住:条条大路通罗马。适时、适当地放弃,可以让女人离成功更近。

让女人学会放弃无谓的,不是让女人无原则、无条件地退缩,碰上点困难,就往后撤,如果是这样,那女人最后肯定会一事无成。该放弃的时候放弃,那是明智,不该放弃的时候放弃,那是愚蠢。女人放弃无谓的,是根据自身情况决定的,不是一遇到困难、挫折就退缩。

女人放弃无谓的,自己就会有更多的时间和精力去做更值得自己做的事情,就会更有信心地去珍惜自己应该追求的人。世界上很多让人感动的人往往是那些能够在某方面坚持到底的人。一个什么都想拥有的女人,往往最终什么也得不到。一个能在某方面坚持到底的女人,她不仅成就了自己,更成为人们的榜样,因为她自己知道什么东西该放弃,什么东西不该放弃。历史上很多名人用自己的亲身经历告诉我们,一个人要想有所成就,关键是知道自己应该坚持什么,如鲁迅先生的弃医从文,让中国文学史上多了个大文豪。

女人要想做出一番成就,一定要分清什么值得坚持,什么值得放弃,对待那些无谓的东西,一定要敢于放弃。只有这样,自己才会轻装上阵,奔向自己梦想的彼岸。

女人要知足,知足常乐幸福生活

现在很少听到女人说自己是快乐的,现在社会的诱惑越来越多,女人对自己的要求也越来越高,很少女人会对自己的现状很满意,就算自己所拥有的一切都是别人艳羡的,但是女人自己往往总会为自己找出不合心意的地方。女人要想让自己生活快乐,最实用的办法就是学会知足常乐。

有些女人经常是身在福中不知福，生活太好，就会觉得自己过得太安逸；生活不好就会觉得自己受尽了苦。自己身体有点发福，就天天嚷着自己太胖了；身体瘦下来了，又说自己脸色不好看。自己的老公能挣钱的时候，就嫌老公不会顾家；老公整天围着自己转了，女人又说自己的老公没点事业心，没出息……每天总会有些事让女人闷闷不乐，因为这些事的存在，女人的脾气也是不断见长，从三天大吵两天小吵的场面变为一天一吵，夫妻之间的感情往往就是这样越吵越淡，家庭的和睦往往就是这样吵没的。因此，家庭关系从此变得岌岌可危，为什么女人会有那么多心烦的事呢？

究其根本，就是因为女人总是喜欢追求完美，不会知足，没拥有的东西，自己想尽千方百计也要将其拥有，自己一旦拥有了，又会发现还有东西是自己没有拥有的，于是就要去拥有。世间的诱惑那么多，女人的欲望总是无止境的，这样循环下来，女人永远得不到快乐，永远不会知足。

做个乐天女人，女人就会放下自己过多的欲望，就会让自己的生活变得更加简单，就会让自己的生活少很多是非。因为知足，女人会更珍惜自己所拥有的东西，不会让自己活得太累、太疲惫。

人生这条路，不管女人是披荆斩棘走过来的，还是欢欢喜喜走下来的，生活不会给女人第二次机会。有些女人甘愿做一辈子欲望的奴隶，每天都是辛辛苦苦地工作，拼命努力地赚钱，为的就是实现自己的欲望，这样一来，女人一生都会在忙忙碌碌中度过，很难享受到生活的一点乐趣，到最后的时候，还是觉得自己有很多东西没有得到，最后只能遗憾地离世。聪明的女人是知道满足的女人，有些事太过强求，只会增加自己的压力。就像自己要减肥，有的女人的减肥效果已经很明显了，为了让自己变得更苗条，女人甚至到了连饭都不吃的地步，甚至是让自己饿晕，以致最后得了厌食症，这样做就是过犹不及了。

不管是女人自身，还是女人的家庭、工作，总会有些事让女人不满意，甚至是十分不满意，因为很多女人天生就有攀比心，总觉得别人的比自己的好，自己总是想方设法要超过别人。所以女人为了这个目标，往往将自己搞得筋疲力尽。殊不知，别人有的东西未必就是适合自己的，就像某个女人朋友的老公很会挣钱，很会养家，这个女人拿对方和自己的老公相比，觉得自

已的老公差的简直不是一星半点，所以就看不惯自己的老公，觉得自己的老公就是一个不中用、没出息的人，可是自己的老公毕竟是自己选择的，当时老公的表现肯定是让自己心动的。朋友的老公会挣钱，可是未必会顾家，自己的老公不会挣钱，可是他可能更疼惜你。女人应该学会珍惜自己拥有的，否则等到失去的时候再想着珍惜，那就不能挽回了。

懂得知足，不是让女人变得不思进取，变得不求上进，而是让女人懂得享受现在，珍惜拥有。珍惜自己身边的人，珍惜自己目前所拥有的东西，珍惜自己的一切，做个乐天的女人，而不是做个只会抱怨、只会发牢骚的女人。

社会上的很多人已经用他们自身的经历告诉女人这样一件事，用有限的生命去满足自己无穷的欲望，这本身就是一件极具挑战性的事情。

每个人的生命只有一次，聪明的女人应该让自己在这短短几十年的时间内活得更加精彩，让自己的人生不会虚度，只有这样，女人才不会后悔，才能活得更快乐。

参考文献

[1] 宿春礼,熊永鑫. 性格决定命运全集[M]. 哈尔滨:黑龙江科学技术出版社,2007.

[2] 吴淡如. 性格决定幸福[M]. 南昌:21 世纪出版社,2008.

[3] 吴维库. 阳光心态[M]. 北京:机械工业出版社,2006.

[4] 李欣频. 十四堂人生创意课[M]. 北京:电子工业出版社,2008.

[5] 李开复. 做最好的自己[M]. 北京:人民出版社,2005.

[6] 金韵蓉. 幸福女人的芳香生活[M]. 北京:中信出版社,2005.